# 古代国家の神祇と祭祀

三宅和朗著

吉川弘文館

# 目次

# 表目次

# 序論　問題の所在

七世紀後半、日本の古代国家は律令体制を整えると、中央では神祇令にみられるような国家祭祀の体系（四時祭）や大祓の儀式を整備し、諸国の主要な神社を官社として国家の統制下に組み入れるという、律令制的神祇祭祀体制を構築した。本書は、そのような律令国家の神祇祭祀体制にはいかなる特質があり、かつ、それが平安期にどのように展開していったかを解明しようとした諸論文を収録して一書としたものである。

これまで、神祇や祭祀は伝統・文化の問題、あるいは敬神観の問題として扱われる傾向があった。しかしながら、古代の神祇祭祀は国家の側から王権の正当化や在地支配の道具として位置付けられていたことからも、律令制的神祇祭祀体制の研究は古代国家の政治支配と密接に連関するものでなければならない。その点では、調庸制・国郡制・班田制・都城制などの、数多くの律令国家体制に関する研究と何ら変わるところがないはずである。また、その平安期への展開過程を明らかにすることは古代天皇制や国家支配のあり方の変遷を究明することにもなろう。かかる観点はすでに岡田精司氏が提示されているが[1]、それに立脚して奈良・平安時代の神祇祭祀を分析した研究は、さほど多くないのが実情である[2]。本書に収めた諸論考は、岡田氏が指摘された視点を受け継ぎ、古代国家の神祇と祭祀をめぐる諸問題を実証的に考察したものばかりである。

ところで、最近、岡田荘司氏は「国家公的の性格をもつ祭祀制について、時代の変遷過程を追求してゆくことは国家体制の推移と関連する」という「視野を含んで[3]」、律令制期の祭祀制から平安時代のそれへの変遷を論じた大著[4]を上梓されている。一見すると、本書と共通する立場で議論されているかの如くである。しかし、その一方で相違するところも少なくない。本書の視点を明らかにするためにもここで取り上げて検討を加えておきたい。まず、本書の内容と関わる点で岡田説を整理すると、以下の通りである。[5]

（一）律令祭祀制は祈年祭などの場で「全国官社の祝部が中央神祇官に幣帛を受け取りにくる幣帛班給制度によって運用された極めて中央集権的性格の強い」ものであったが、「この体制が完全に実施できたのは、奈良時代後期の宝亀年間頃までの僅かの期間」であった。

（二）九世紀に入ると、「特定有力大社を対象とした奉幣祭祀」を特徴とする天皇祭祀が律令祭祀制と「並存・平行」して運用された。そして、とくに「十世紀以降は天皇の内廷機構の充実、殿上方機能の拡大により、殿上人ら天皇近臣団を勅使として神社に遣わし奉幣する天皇直轄祭祀が主流となった」。

岡田氏の学説は最近の古代史学の研究成果を受け入れつつ、「神道史学の新たな構築」[6]を目指して、律令祭祀制から平安期の天皇直轄祭祀制への展開を構想されたものである。しかしながら、この説には、さしあたって、以下の点で再検討の余地があろう。

第一に、岡田氏の指摘にあるように、律令体制下の神社恒例祭祀で朝廷から勅使が派遣される奉幣はきわめて特別の例であったとしても、[7]氏が臨時祭祀における奉幣を考慮されていない点があげられる。すなわち、本書I―一「日本古代の「名山大川」祭祀」においても述べたように、律令制期での天皇の臨時の祈雨奉幣には天下諸社（全官社）におよぶ場合があった。それが一〇世紀中頃以後になると、奉幣は伊勢神宮や畿内諸社を対象とするものとして限定化されていく。これは岡田説とは逆に、天皇の祭祀の縮小化として理解されるのではないだろうか。氏も認めておられるように、平安期の天皇直轄祭祀は二二社などの「特定有力大社を対象とした奉幣祭祀」であったはずである。

第二に、律令祭祀制の特質は祈年班幣制―官社制にあったことは承認されるところであるが、九世紀以降に顕著になる神階にもとづく神々の掌握の事実を岡田氏が看過されている点も問題であろう。後述の如く、平安期に入っても、国家は神々への統制を放棄したわけではないのである。

かかる点からすると、岡田氏が提示された律令祭祀制から天皇直轄祭祀制へというシェーマは律令祭祀制期においても、平安期においても〝片手落ち〟の評価を下していたといわざるを得ないのである。では、そのような〝片手落ち〟の評価が生まれたのはなぜであろうか。その答は左のような文章[8]にも端的に窺われるように思う。

古代律令祭祀機構の成立は、大化前代の天皇による内廷的機能が外廷へ移され、神官(神祇官)を設けて太政官から特立する形態を確立した。天皇の家政と国政の機関は分離され、中央集権的制度のもとで祭祀は外廷官司である神祇官の所管とされ、天皇祭祀は自ずと制御された。

急激な律令制の導入は、日本的思考とは乖離し、完全に定着するには至らなかった。平安期に入ると、律令祭祀制とは異なった性質の事柄が展開するようになる。公祭の成立は、その顕著な事例であって、日本の実情に叶った形式によって運用されるようになる。それは特定神社への内廷的機関および天皇近臣による「奉幣」祭祀の形態であった。……嵯峨朝の賀茂祭以降、仁明・文徳・清和朝には、こうした事象が著しく、中国から流入された律令制は、日本的思考との対峙の中で超克されていった。

右の引用文からも明らかなように、岡田説においては、古代日本における律令制導入の意義を軽視する点が特徴的であるが、これは天皇祭祀(敬神)を「日本的思考」と位置付けることに由来している[9]。すなわち、岡田氏の古代神祇祭祀の理解は「国家体制の推移」と関連させて論ずる観点と、それとは別個の、天皇の敬神観という観点とを〝接ぎ木〟させた形によって成立しているといえよう。その結果、先に指摘したように、律令体制では祈年祭などの班幣、平安期では天皇直轄祭祀の面のみが過大視されてしまうのではあるまいか。天皇の敬神観念を軸にした神祇祭祀論では問題が天皇個人の信仰に矮小化してしまい、律令制的神祇祭祀体制やその平安期以降の展開も正しく把握できなくなるはずである。そのような意味からも、岡田氏が示された諸説のうち、天皇の敬神観にもとづく古代祭祀論(10)については直ちに継承すべきではないと思う。

さて、以上のことを踏まえたうえで、本書所収の各論文の概要や問題点を次に簡単に整理しておきたい。

序論　問題の所在〔一九九四年九月稿、未発表〕

Ⅰ　古代国家の神祇・祭祀

一　日本古代の「名山大川」祭祀〔一九八八年九月稿、一九九四年九月補筆、未発表〕

律令国家が執行した祭には恒例の祭祀と臨時の祭祀との二種類があった。このうち、従来、臨時祭祀(奉幣)についてはほとんど顧みられなかったように思う。本稿は、その臨時祭祀からみた律令制的神祇祭祀体制の構造と変遷を考察した論文である。ここではとくに祈雨奉幣を取り上げて、奉幣対象が七世紀後半以後、伊勢神宮・畿内諸社・天下諸社の三種に限定されていたことを指摘し、かかるあり方が律令国家の恒例祭祀の構造と一致していること、一〇世紀中・後期には三種の奉幣のうち、天下諸社への祈雨奉幣が姿を消し、伊勢・畿内諸社への奉幣に限られるが、それが平安中期以降の天皇祭祀を特徴付ける二二社制の母体となったことを論じた。古代国家の畿内重視の姿勢は九・一〇世紀で終わるわけではなく、形を変えつつも二二社制にまで影響をおよぼしたものと考えられよう。このことは、諸国大祓や七瀬祓の問題からも指摘されるものと思う(本書Ⅲ—二「諸国大祓考」参照)。なお、本稿中に九世紀末までの祈雨奉幣の史料を整理したものを掲げたが、一〇世紀代の例についてはすでに「十世紀祈雨祭祀史料集成稿」(『中部女子短期大学社会文化研究所研究年報』三、一九八七年)として発表している。

二　古代奉幣儀の検討〔一九九四年九月稿、未発表〕

律令制下の祭祀における奉幣・班幣については、岡田精司氏が両者をはっきりと区別すべきことを指摘されて[11]以来、岡田説が通説化した感があるが、本論文は、奉幣（奉幣使発遣儀）の場を中心に奉幣の史的意義を考察したものである。奉幣儀は八省院（小安殿―東福門）・内裏内・建礼門前などで行われ、祈年祭などの班幣儀が神祇官で執行されていたこととは相違していたこと、伊勢神宮への奉幣は天皇の小安殿出御のもとに執行されたが、諸社への奉幣は左仗―建春門などで天皇不出御のままなされて両者には待遇差があったことなどを明らかにした。この論文では、大極殿背後の小安殿の存在を奉幣の儀場として注目したが、これまで、小安殿は天皇の大極殿出御の際の単なる控えの場所ととらえられてきたためか、数多くの宮殿プラン研究のなかでもほとんど問題とされてこなかったようである。本稿では、奉幣儀を手がかりとして、小安殿を天皇出御のいわば私的空間と位置付けた[12]が、これは奉幣論の〝副産物〟であった。

なお、上記の如く、奉幣儀においては、伊勢幣と諸社幣には取り扱いの相違があったが、これに類似するのが建礼門前で行われた荷前儀の別貢幣[13]であろう。『儀式』一〇・『西宮記』恒例第三によると、天皇の父系直系祖先の山陵と外戚墓とでは幣物の扱いが異なっていた。すなわち、前者は幣物が天皇の御座の南の幄に置かれた後、使が御座の前に列べるのに対し、後者は幣物を御前に列べず、使が直ちに取って退出するものであった。荷前の別貢幣において、対象陵墓の相違によって幣物の扱いに格差が設けられていたのは奉幣儀とも共通するところであろう。

## Ⅱ　古代祝詞の諸相

一　『延喜式』祝詞の成立〔「『延喜式』祝詞の成立」（一九八四年一〇月稿、『日本歴史』四五四、一九八六年刊）と「『延喜式』祝詞成立に関する諸問題」（一九八五年一月稿、『中部女子短期大学社会文化研究所研究年報』創刊号、

一九八五年刊）とをあわせて一部加筆修正のうえ、一論文として収録した〕

『延喜式』巻八に収載された諸祝詞の多くは神祇令四時祭の祝詞であることに着目して、その形式的・内容的分析を通して、諸祝詞は、律令制以前に成立していたもの、律令制形成期に成立したもの、平安初期に制定されたものの三段階に分類できることを指摘した。そして、第二段階で成立した諸祝詞は伊勢神宮を頂点に組み立てられており、律令制的祭祀体制や記紀神話の体系との共通性があること、第三段階ではそうした伊勢神宮中心の祝詞構成が変質していくことなどを論じた。

二　古代祝詞の変質とその史的背景〔「古代祝詞の変質」（一九八六年五月稿、『史学』五六―三、一九八六年刊）を大幅に加筆修正のうえ、収録した〕

『続日本紀』以下の五国史およびそれ以後の諸史料に採録された諸祝詞の史的分析を試みた論文。本章で扱った諸祝詞はいずれも冒頭部に天皇の勅命である意の語句を冠していたことからも、民間祭祀での祝詞ではなく、古代国家が執行した神社祭祀の場で奏上されたものであった。しかも、各祝詞を比較してみると、時代の推移のなかで、祝詞のあり様が変化していったことが知られる。このような祝詞の変質は古代国家の神祇体制の変容そのものを反映しているといえよう。そして、かかる観点から古代祝詞を検討することによって、祝詞を古代史の研究テーマとして扱う道が拓けてくるはずである。しかも、この祝詞と古代国家との関係は前章の『延喜式』祝詞成立論にもそのまま該当するところであった。

本論文において、具体的に論及したのは、諸祝詞の形式が九世紀前・中期と一〇世紀末葉を画期として大きく変化したこと、その変化の背景に官社制から九世紀前・中葉以降の神階社制、さらには一〇世紀後半の、中央における二二社制、諸国における国内神祇掌握体制の成立という古代国家の神祇政策の転換があったことである。

なお、ここで神階社制の史的意義について付言しておきたい。神階社制は八世紀中頃、国家が官社（神）に神階を授けるという形ではじまり、以後、九世紀中葉には国司を介して官社・非官社（神）への神階授与、一〇世紀後半には各国司による国内諸社（神）への一方的な授与という展開をたどった。そもそも、神階社制とは、国家が律令制的位階制に準拠する形で、神位記を作成して神々の序列化を図ったものに他ならない。とすれば、祈年班幣制が諸社祝部の幣帛不受によって衰退していくなかで、神階社制が八世紀中頃以降、徐々に拡大して、神祇統制の役割を果たしていった事実は、班幣制とは別レベルでの、律令制（文書行政）の神々の世界への浸透と評価することができよう。

Ⅲ　古代国家と儀式

一　古代大祓儀の基礎的考察〔「古代大祓の基礎的考察」（一九八九年一月稿、『史学』五九―一、一九九〇年刊）を一部加筆修正のうえ、収録した〕

律令制下では六・一二月晦日に天皇―百官人を対象とする朱雀門前大祓が行われていたのが、一〇世紀後半には各諸司においても諸司単位の祓が実施されるようになったこと、その一方で、九世紀前半になると、内裏外郭の建礼門前や八省院東廊でも大祓が臨時に実施されるようになるが、その新たに出現した大祓儀は天皇や内裏を中心とするものであり、ケガレの祓除と不可分であったこと、また、それが八・九世紀における女帝の終焉、幼帝の出現と密接することなどを論じた。

二　諸国大祓考〔同題の論文（一九九〇年四月稿、黛弘道編『古代王権と祭儀』〈吉川弘文館、一九九〇年刊〉所収）を一部加筆修正のうえ、収録した〕

律令国家が執行した諸国大祓の実例をもとに、諸国大祓の対象となる国が近江・（伊賀）・伊勢、畿内諸国、天下諸国の三種に限られていたことを指摘し、それが律令制的神祇祭祀体制の構造と一致すること、こうした諸国大祓のあり方のうち、畿内を単位とする諸国大祓が平安期の七瀬祓の成立に影響をおよぼしたことなどを述べた。

ところで、文献史料からみる諸国大祓については、史料残存が限られており、手がかりに乏しい。とくに諸国大祓が行われたのが各国（国衙）レベルに留まったのか、あるいは諸郡（郡衙）にまでおよんだのかははっきりしない。しかしながら、考古学の発掘調査において、地方官衙関連の遺跡から、中央の都城と共通する人形・馬形などの大祓関係遺物が出土していることは注目に値する。近年、滋賀県長浜市の大戌亥遺跡において、奈良時代末から平安初期の土器が出土する自然流路から人形・斎串などが出土し、諸国大祓との関係が指摘されている[14]のはその好例である。同遺跡の自然流路の上流方向には坂田郡衙と推定される遺跡が位置していることから、諸国大祓が郡レベルでも実施されていたことも推定されよう。諸国大祓の実態解明に向けても、今後とも発掘調査によるデータの蓄積・検討が待たれるところである。[15]

ただ、その際、次の二点を指摘しておきたい。第一は、とくに郡衙での大祓の場合、関連遺跡から出土する遺物には、都城と共通の祓の遺物だけではなく、在地系の祓の遺物の存在も無視できないのではないかという点である。律令国家体制内の郡司の在地性からしても、郡レベルにおける大祓には在地の祓と中央の祓が重層化していたことが予想されるからである。勿論、在地の祓は地域毎に多様に展開していた可能性があり、それを具体的に検出するにはかなりの困難がともなうであろうが。[16]第二は、大祓を論ずる時に〝祭祀〟という語が多用される点である。神を祭場に迎えて祭る行為の祭祀と罪穢を除く儀式としての祓とはまったく別次元である。[17]したがって、たとえば、〝人形の祭祀〟や〝大祓の祭祀〟といったいい方は誤りといわざるを得ない。マツリとハラエとの混乱を避けるためにも、本書では、人形・馬形などの、明らかに祓関係とみられる遺物を祭祀遺物と呼称することを避けて、大祓関係遺物などと呼ぶこととした。[18][19]

三　古代大儺儀の史的考察〔「日本古代大儺儀の成立」（一九九一年五月稿、『日本歴史』五二二、一九九一年刊）と「日本古代の大儺儀の変質とその背景」（一九九二年三月稿、『史学』六一―一・二、一九九二年刊）とをあわせて一部加筆修正のうえ、一論文として収録した〕

大晦日の晩、内裏から鬼を追い払うという日本の大儺儀を中国・朝鮮の儀と比較検討し、日本の儀は中国から方相氏による鬼の駆逐の部分のみを継承し、ケガレの追放（祓）という独自の形として成立したものであることを明らかにした。また、日本では九世紀中頃には、大儺儀において天皇出御が後退しはじめること、大儺が追儺と名称を改めること、さらには、一〇世紀後半には、内裏とは別個に貴族の私宅などでも追儺が行われるようになるが、その段階での追儺儀は鬼を追う役の方相氏が鬼そのもの（＝ケガレ）とみなされて追放されるようになることなどを指摘し、かかる変化の背景に、葬送儀礼の場に方相氏が携わっていたことや平安初期に貴族の間で死穢への忌避意識が増大したことなどを想定した。

このように中国伝来の大儺がケガレを祓う儀式として日本で受容されていたとすると、想起されるのは、かつて山中裕氏が、年末に行われた大祓・追儺・仏名会には共通の基盤として日本古来の祓の風習があったことを指摘されていた点である。[20]本論文では仏名会については言及できなかったが、大祓と大（追）儺には共通して「祓の思想」[21]があったことは間違いあるまい。その意味で、本稿は前章の続編でもあった。

最後に、本書全体に関わることで次の三点についてあらかじめ断っておきたい。

（一）本書で扱う史料は主として律令体制の成立期の七世紀後半からはじめて一〇世紀末までのものとしたことである。一〇世紀末までとしたのは、本書ではそれぞれのテーマに即して、立論に必要なデータを列挙していく方針をとったが、時代的に無限定に史料を羅列するのも無意味かと思い、当面の目標を一〇世紀末で区切りとしたという、あくまでも便宜的な措置に過ぎない。言及の要があれば、勿論、一一世紀以降についても触言していくこととした。

（二）本書所収の論文のなかには既発表のものがあるが、今回、旧稿を本書に収録するにあたって、旧稿中の未熟な考察箇所を可能な限り補訂し、また、新しい研究成果を批判的に吸収することを旨としたため、収録の論文にはすべて加筆・修正を施した。したがって、旧稿に関しては本書所収のものが現時点での筆者の理解を示していることである。

（三）本書で使用した史料について、依拠した刊行本は逐一注記する形を採らず、本書末に「主要史料典拠刊行本一覧」として列挙した。

注

（1）岡田精司「律令的祭祀形態の成立」（『古代王権の祭祀と神話』塙書房、一九七〇年）、同『古代祭祀の史的研究』（塙書房、一九九二年）。
（2）川原秀夫「古代における祭祀統制とその変質」（『歴史学研究』五七三、一九八七年）、小倉慈司「八・九世紀における地方神社行政の展開」（『史学雑誌』一〇三―三、一九九四年）などが参照される。
（3）岡田荘司「平安時代の祭祀儀礼」（『平安時代の国家と祭祀』続群書類従完成会、一九九四年）六頁。
（4）岡田、前掲（3）書。
（5）岡田、前掲（3）三～五頁。
（6）岡田「神道史学のゆくえ」（『国学院大学日本文化研究所報』二四―四、一九八七年）二頁。
（7）岡田「平安前期　神社祭祀の公祭化・上」（前掲（3）所収）五一～五二頁。
（8）岡田「平安前期　神社祭祀の公祭化・下」（前掲（3）所収）一五九～一六〇頁。
（9）敬神観念については、大関邦男氏が古代国家の敬神とは「神だから尊崇するという超歴史的なものではなく、国家のための験を示す神に対する尊崇という律令国家のイデオロギーと密接したものであることを看過し難い」（「神戸について試論」

〈『国学院雑誌』九五―一一、一九九四年〉五九頁）と指摘されているのが参照されよう。

（10）「神道史学の新たな構築」を唱えられている岡田説においても、敬神観という、神道史学の伝統的な立場が土台にあることを確認しておかねばならない。

（11）岡田「律令的祭祀形態の成立」〈前掲（1）〉一四八～一四九頁。

（12）平安期の儀式書などから知られる限りでは、小安殿の利用例は伊勢神宮への奉幣儀を除くときわめて少ない。たとえば、①元正朝賀儀や天皇即位儀などで、天皇が大極殿に出御する前に、いったん、小安殿に入御する（『儀式』五・六）、②正月の供ニ御薬一儀は、八省院で元正朝賀儀がある時には小安殿で行われる（『小野宮行中行事』）、③正月の御斎会の竟日（一四日）、講読師以下への布施は、雨儀の時には小安殿で実施される（『西宮記』恒例第一）という程度である。したがって、小安殿ははじめから伊勢奉幣の場として設定されたと判断することも不可能ではない。しかし、長岡宮段階で内裏と大極殿・朝堂が分離した際、小安殿の儀式のなかには、小安殿と共通の性格の内裏へ儀場を移行させたものもあったことを予測するならば、小安殿が本来、伊勢奉幣のためにのみ設置された殿舎とはにわかに推断できないように思うのである。

（13）荷前儀については、服藤早苗「山陵祭祀より見た家の成立過程」（『家成立史の研究』校倉書房、一九九一年）四四～四六頁参照。

（14）金子裕之「平城京と祭場」（『国立歴史民俗博物館研究報告』七、一九八五年）二八〇頁。

（15）「大戌亥遺跡・記者発表資料」による。同遺跡の資料は大橋信弥氏から提供を受けた。

（16）坂本太郎「郡司の非律令的性質」（『日本古代史の基礎的研究』下、東京大学出版会、一九六四年）。

（17）ちなみに、大戌亥遺跡における〝在地系の祓〟の遺物としては、人形・斎串などが出土したのと同じ自然流路から多数発見された牛・馬の骨が該当する可能性があろうか。

（18）祭と祓が別の行為であることについては、田中初夫「おほはらへことば（大祓詞）」（『国学院大学日本文化研究所紀要』四七、一九八一年）一八五頁、岡田「八十島祭の機能と本質」（『古代祭祀の史的研究』〈前掲（1）〉）一七九～一八〇頁などに指摘がある。

（19）祭祀遺物と同様に、祭祀遺跡という用語の使用にも注意が必要であろう。祓に関わる遺跡と祭祀遺跡とはやはり区別さるべきと思うからである。大場磐雄氏が祭祀遺跡を「神祭りを行ったことを考古学上から立証し得られる跡」と定義付けられていた（『祭祀遺蹟』〈角川書店、一九七〇年〉一九三頁）ことも参照されよう。

(20) 山中裕『平安朝の年中行事』（塙書房、一九七二年）二八五～二八九頁。また、山折哲雄氏も、仏名会・追儺の行事がともに年終に邪霊や悪鬼を追い払うという信仰や観念に根ざしたものであると指摘されている（『仏教民俗学』〈講談社学術文庫、一九九三年〉三六～四六頁）。

(21) 山中、前掲(20)二八五頁。

# Ⅰ　古代国家の神祇・祭祀

# 一　日本古代の「名山大川」祭祀

## はじめに

律令国家が執行するさまざまな祭には、大別して四時祭、すなわち恒例の祭と臨時の祭との二種類があった。これまでの律令制祭祀の研究を振り返ってみると、次のような二つの傾向と問題点があったと思う。

まず、第一に、研究の対象としては、律令制祭祀の典型とされる祈年・月次・新嘗の三祭に集中したことである。そして、各祭祀と天皇との関係、神々の統制・序列化、あるいは、三祭祀の成立事情といった観点から、優れた考察がなされ、学説の対立もみられる。(1)しかしながら、上記の恒例の三祭以外については、さほど分析されてこなかったのが実情であろう。とくに、臨時祭に関しては、その内容が多様なことに由来するためか、言及された研究は皆無に近いと思う。いったい、臨時祭祀の実相は律令国家の恒例の祭祀とどのような関係にあったのであろうか。

第二として、分析の対象が律令制の成立期である七世紀後半から八世紀初頭に限定されてしまった感があることである。しかし、これも平安期への展開という問題となると不十分さが目立つ。もっとも、この点について、従来の研究では祈年祭などにおける祝部の不参の問題を指摘することが多い。(2)これは律令制祭祀の衰退をよく表すものであり、その限りでは、けっして誤りではない。しかしながら、平安期にみられる二十二社制・祈年穀奉幣・国内神名帳などが律令制的神祀祭祀体制とどのような関係にあるのかは、これまでも十分に明らかにされてこなかったことも確かであろう(3)。

そこで、本章では、上記の課題にすべて答えることは不可能であるが、臨時祭――そのなかで、祈雨祭祀（祈雨祭祀には、旱魃の際に雨を祈る場合と霖雨の時に止雨を祈る場合との両様が存する）を中心に律令制的神祀祭祀体制の構造と変遷を具体的に跡付けていくこととしたいと思う。なお、祈雨祭祀を選択したのは実例が六国史などの諸史料に多数みられ、ためにその特徴や変化の様相を把握することが比較的容易であることに他ならない(4)。

## 1　「名山大川」の祭祀

日本古代の祈雨祭祀を論ずるに際し、六国史の祈雨記事にしばしば登場する「名山大川」の語句を一つの手がかりにして考察を加えてみたいと思う。

そもそも、「名山大川」の祭祀は中国・朝鮮にみられた。古代中国において、「名山大川」とは五嶽・四鎮・四海・四瀆の山・海・大河を指し（表1）、「名山大川」に雨を祈ることは唐祠令にも規定（第四二～四四条）がある。また、史書にその具体例(5)を見出すこともさして困難ではない。

新羅では、八世紀に入ると、唐に対して自らを諸侯に位置付けることで中国の礼の規制を受け、『礼記』五（王制）の「諸侯祭㆘名山大川之在㆓其地㆒者㆖」にもとづいて三山五岳四鎮四海四瀆以下の「名山大川」を大・中・小祀に編成していた（『三国史記』祭祀志）ことが知られている(6)。しかしながら、日本では、中国式の「名山大川」の祭祀がそのまま実施されていた形跡はない。「名山大川」の語句は後述の通り、各史書の編者が祈雨祭祀記事を構成する際の修飾語の一つに過ぎなかった。実例を六国史に求めると、類似表現まで含めて一六例を数える。さしあたって、『続日本紀』（以下『続紀』と略）にみえる「名山大川」について考えてみたい。

二三〜三三頁の表3[8]は『日本書紀』（以下『紀』と略）以下、六国史にみえる祈雨記事を整理したものである。『紀』については、史料上の信用度が高いとされている天武・持統紀の例のみを掲出した。

表1　中国の「名山大川」[7]

| | 東 | 南 | 中 | 西 | 北 |
|---|---|---|---|---|---|
| 五嶽 | 泰山 | 衡山 | 嵩山 | 華山 | 恒山 |
| 四鎮 | 沂山 | 会稽山 | | 呉山 | 醫無閭山 |
| 四海 | 東海 | 南海 | | 西海 | 北海 |
| 四瀆 | 大淮 | 大江 | | 大河 | 大済 |

この表の『続紀』に関わる部分から直ちに気が付かれることとして、たとえば、『続紀』に「名山大川」[9]に雨を祈るということがしばしばみられること、祈雨神として著名な丹生川上神が史料上に初見するのが天平宝字七年（七六三）（47）であったことなどであろう。しかし、かかる事実をもとに、天平宝字七年から丹生川上神に祈雨奉幣がはじまるなどとして、そのまま史実として理解することができないことはいうまでもない。それは『紀』の場合においても同じである。天武紀と持統紀の祈雨記事には、前者に「雩（之）」という記事が多い（八例）のに対して、後者には「遣二大夫謁者一、詣二──一請（祈）雨」という記事が頻出している（八例）ように、顕著な相違が知られ、これが天武・持統紀の編纂事情の差にその因を求められるからである。したがって、『続紀』の場合も同様のことを念頭におかねばなるまい。そこで、巻による記事の違いに着目してみると、A＝巻一〜一七（21〜46）、B＝巻二四〜三四（47〜63）、C＝巻三七〜四〇（64〜73）の三グループに弁別することが可能である[10]。このような区分を認める根拠としては、次のような諸点が指摘されよう。

（一）Aグループには、「祈二雨于名山大川一」という表記が特徴的であるが、それはB・Cグループには見出されない。また、Aでは奉幣の対象も「諸社」とのみ記す例が少なくない。

(二) Bグループでは、祈雨祭祀の対象となる神名が明示され、とくに丹生川上神があらわれ、祈雨の時には「黒毛馬」「白馬」を奉ると記されていること、「祈雨」の語がみられないこと(49のみが例外的である)、さらには、各記事の末尾に「旱(霖雨)也」という語句が位置する例が多いということなど、A・Cグループと異なる表現が目立つ。[11]

(三) Cグループにおいては、祈雨神の名称を記している点ではBと共通するが、その反面、「祈雨」の語が再登場し、「旱也」は一例(72)しか存しないなど、B群にみられた諸特徴と一致しない点もある。

このようにみてくると、『続紀』における祈雨記事には三群があったといえるが、かかる区分はいかようにして生じたのであろうか。この区分の時期に祈雨方法に変化があったとは考え難く、また、養老令(神祇令)には唐の祠令と異なり祈雨の規定がないことからして、各群の編纂時における施行律令の相違にその原因を求めることはできない。かかる区分はやはり『続紀』編纂過程上の表現方法の変化として処理すべきであろう。これは、『続紀』編纂過程研究の成果としての『続紀』三区分説[12](『続紀』の区分として、巻一〜二〇、巻二一〜三四、巻三五〜四〇の三区分を想定している)とも矛盾しないことからも裏付けられよう。したがって、ここでは、『続紀』の当該記事が三グループに区分できること、それは編纂上の表現の相違に起因すること、「名山大川」の語句は『続紀』における分布の偏在からしても、祈雨記事の単なる修飾語であったと推定されることまでを確認して論を先に進めたいと思う。

そこで、以上のことをふまえて、「名山大川」に雨を祈るとは、実際には何を指示していたのかを次に考えていきたい。その際、参考になるのは祈雨奉幣の対象となった神々をみると、既述のように、Aグループでは「名山大川」に雨を祈るというように奉幣の対象が具体的に明らかにならない例がほとんどであるが、逆にB・Cグループでは延暦七年(七八八)の「天皇沐浴。出〻庭親祈焉」という史料(68)を除けば、すべてにおいて祈雨の時に奉幣された神社名が判明する点である。B・Cグループにみえる祈雨神(社)を整理すると、以下の通りである。

伊勢神宮―一例
畿内諸神（名神）―一三例
丹生川上神―一五例
七道名神―一例

右記のなかでは、丹生川上神が大和国吉野郡の式内社（『延喜式』〈以下『式』と略〉神名帳）であることから、丹生川上神は畿内諸神の例に包摂せしめることができる。また、「七道名神」への祈雨（69）も前後の記事を子細にみると、延暦七年四月三日に「遣ニ使畿内一祈レ雨焉」（66）、同一〇日に「奉ニ黒馬於丹生川上神一。祈レ雨也」（67）と畿内神への祭祀があり、翌々日には「勅ニ五畿内一。頃者亢旱累レ月」とあるので、この時の「亢旱」の中心が畿内であったことが窺われる。そして、一六日に桓武天皇自らが「出レ庭親祈」ると「天闇雲合、雨降滂沱」とあり（68）、翌月二日に「詔ニ羣臣一曰。宜ニ差レ使祈ニ雨於伊勢神宮及七道名神一。是夕大雨。其後雨多」（69）と続くのである。この一連の記事からすると、「亢旱」の中心が畿内諸国であったという関係から、畿内の諸神への祈雨が先行した状況があったように思量される。そして、それが原因で畿内神への奉幣と七道名神への奉幣が別々になってしまったのではないだろうか。延暦七年四月～五月の祈雨奉幣は伊勢神宮と畿内諸社と天下諸社を対象とするものであったと推考しておきたいと思う。このような判断に導かれるのは、表3および「六国史以後」の祈雨祭祀史料（一〇世紀末まで）を整理した限りでは、天下諸国（諸神）への奉幣例が多く（一九例）、それに比べて七道諸国（諸神）への祭祀は69を含めても四例にすぎず、しかも、その各例に69のケースと同様なことが想到されるからである。

とすると、『続紀』後半のB・Cグループにみられる祈雨奉幣の神社は伊勢神宮・畿内諸社・天下諸社の三種類であったと考定される。したがって、Aグループの「名山大川」とは、先述の『続紀』編纂過程の問題を念頭におけば、この三種類の神社への祈雨のいずれかに比定し得ることが予想されるであろう。

そこで、『続紀』前半における「名山大川」の語句の使用傾向をみると、「名山大川」が畿内に存することが間違いなく指摘できるものが三例（23・31・46）あり、「京及諸国」の「名山大川」とするものが一例（40）認められる。(13) 残りの七例については手がかりを欠く。このうち、すくなくとも、「名山大川」の語が畿内神に対する祈雨の修飾語句として使用されたケースが『続紀』後半のB・Cグループの畿内諸神（社）への奉幣記事と対応することはいうまでもない。また、Aにおいて、畿内神と限定できない「名山大川」例については『続紀』の後半記事との関係からして、伊勢神宮・畿内諸神（社）・天下諸神（社）のいずれかであったとみるのが順当なところであろう。

かくて、『続紀』前半記事の「名山大川」の語は天下諸神（社）への祈雨記事に使われる一方、伊勢神宮や畿内諸神（社）への祈雨の記事が作成される際にも使用されていたことが明らかになったと思う。ところで、祈雨に関わる「名山大川」は『続紀』以外の他の史料にも見出される。そうした例から、帰納される「名山大川」の語義がここに得られた見通しと合致するか否かをあわせて検討しておきたいと思う。(14)

a 遣二大夫謁者一、祠二名山岳瀆一請雨。　（『紀』持統六年五月辛巳条）

b 勅二郡国長吏一、各禱二名山岳瀆一。　（『紀』持統六年六月壬申条）

c 勅云々。宜下遣二使山城大和等一。奉二幣名山一。以祈中甘雨上。　（『続日本後紀』承和四年六月己未条）

d 勅。……宜下奉二幣於貴布祢丹生川上雨師諸社一。祈中霈沢於名山大川上。　（『続日本後紀』承和七年六月癸丑条）

e 勅二東海。東山。北陸。山陰。山陽。南海道諸国一。班二幣境内名山大沢諸神一。并転二読大般若金剛般若等経一。祈二甘雨一也。　（『三代実録』貞観一三年六月戊子条）

f 自二去月一至レ此。亢陽不レ雨。名山大川能興レ雲致レ雨。並班レ幣祈レ雨。賀茂御祖別雷。松尾。稲荷。貴布祢。丹

生川上。乙訓。水主八社是也。（『三代実録』元慶二年六月丁卯条）

a・bは持統紀の例（表4、12・13）で『後漢書』順帝紀にもとづく記事であることはすでに指摘がある。[15]「名山岳瀆」が何を指すのか詳らかにし得ないが、他の天武・持統紀の祈雨祭祀が畿内（2・14・18）と天下（1）を対象とするものであったことからすると、a・bの二例も畿内神か天下諸神を意味するのであろうか。cは「名山」とのみあるが、「山城大和等」への遣使奉幣であるから、畿内の「名山」であることは疑いない。dは貴布祢・丹生川上社、fは賀茂社以下の八社の畿内神への祭祀記事に「名山大川」の語句が登場している。eは「名山大沢諸神」に「甘雨」を祈るとあり、この「名山大沢」[16]が東海道以下、六道諸国の境内諸神を指すことは前後の文脈から察知される。しかれば、極め手に乏しいa・bはしばらく措くとして、c・d・fの「名山大川」とは畿内の祈雨神のことであり、それに対して、eの場合は「名山大川」を天下諸神とする見解に近いといえよう。

以上のa～fの用法からすれば、「名山大川」の語は天下諸神（それに準ずるものを含む）への祈雨記事と畿内神への祈雨記事に適用されたものであったと考えられる。これが先の『続紀』における「名山大川」の使われ方とけっして齟齬をきたすものではなかったことは改めて強調するまでもないであろう。

## 2　日本古代の祈雨祭祀

### （1）古代国家の祈雨祭祀

前節に述べた古代日本の史書にみる「名山大川」の使用傾向は、そのまま祈雨祭祀の構造的特徴をよく物語っているように思う。それは六国史の祈雨祭祀記事の一覧表である表3に「六国史以後」の事例をも加えて整理した表2からそのような判断が生まれるからである。そこで、表2について説明を加えておきたい。

まず、表2は、表3においては祈雨の際に諸社奉幣が行われる例がほとんどであることをもとに、伊勢神宮・畿内諸社・天下諸社（七道諸社を含む）への祈雨奉幣を中心に各例数を表示したものである。ただし、表3にみる限りでも、祈雨祭祀記事のすべてに奉幣のことが明記されているわけではない。一例をあげると、『続紀』養老元年四月丙戌条の「祈二雨于畿内一」（表3、36）の如く、奉幣のことが記されていない記事も少なくないのである。しかし、このような場合、前後の例と比べて、畿内諸社への祈雨奉幣を推定することは不当ではあるまい。表2では右のようなケースは「畿内諸社」への祈雨奉幣例に含めている。

次に、『紀』と『続紀』前半部分（21〜46）の「名山岳瀆」「名山大川」の祭祀であるが、そのなかで所在などにつき手がかりを欠くものについては、ひとまず「不明」の欄に入れた。『続紀』の前半のなかで「諸社」への祈雨奉幣とあるのみで「諸社」の具体的名称を明らかにし得ないものも同様に集計したが、前節の『続紀』の「名山大川」に関する考察結果を応用すれば、やはり伊勢神宮・畿内諸社・天下諸社の三者のうちに比定されよう。したがって、『続紀』前半の「不明」の一五例は本来、その数が大幅に減少するはずである。

また、「六国史以後」の欄で「不明」数が比較的多いのは「諸社」ないしは「十一社」「十三社」「十五社」「十六社」などに雨を祈るとのみあって、その具体的神社名を判定し得ない事例を多数含んでいるからである。しかし、これらのケースは諸他の例に照らして、おおむね伊勢神宮を含む畿内の神社を指すとみてまず間違いない[17]。この見方を採用すれば、「不明」の八〇例のうち約八割は伊勢および畿内神への奉幣の欄に移行することになる。

かくて、表2を大観すると、日本古代の祈雨祭祀には次のような特徴があったことが分かる。それは祈雨奉幣が圧倒的に多かったこと[18]、かつ、その奉幣対象は伊勢神宮・畿内諸社・天下諸社の三種に限定されていたということである。[19]勿論、「不明」の例数は「六国史以後」を中心に少なくない。しかし、『続紀』後半から『三代実録』に至るまでの間は、すくなくとも右の原則はまず動かし難いと思うのである。事情は『続紀』前半においても同じであろう。ただし、「その他」については、右の原則に一致しないものであるから、注意を要する。そこで、「その他」の五例について一瞥しておこう。

表2　祈雨奉幣の例数

| | 祈雨奉幣 | | | | |
|---|---|---|---|---|---|
| | 伊勢神宮 | 畿内諸社 | 天下諸社 | その他 | 不明 |
| 日本書紀(天武・持統紀) | | 三 | 一 | | 一六 |
| 続日本紀(前半) | | 一一 | | | 一五 |
| 続日本紀(後半) | 一 | 二五 | 一 | | |
| 日本後紀(欠佚部も含む) | 八 | 三一 | 六 | | 七 |
| 続日本後紀 | 七 | 三〇 | 八 | | 二 |
| 文徳実録 | 三 | 六 | | | 一 |
| 三代実録 | 五 | 三六 | 五 | 一 | 七 |
| 六国史以後　~九五〇年まで | 一三 | 三七 | 三 | 四 | 五七 |
| ~一〇〇〇年まで | 一七 | 四一 | | | 二三 |

『三代実録』にみる222の肥前国司の祈雨奉幣は仁和四年(八八八)の讃岐守菅原道真の祈雨(『菅家文章』七)とともに国司による祈雨祭祀である。これについての詳細は後述に委ねるが、ここで問題としたいのは、中央政府の手による祈雨奉幣と国司によるものとは区別されるということである。これまで祈雨奉幣の原則として追及してきたのはあくまでも前者であった。後者を中央の祈雨奉幣の事例に加える必要はないのである。

また、「六国史以後」にみえる残りの三例は『貞信公記』に「定二御読経請僧一、召二神祇官・陰陽寮等一令レ卜二雨不レ止崇〔祟〕一……又可レ祈二魚住神一官符事、仰二左大弁一」(延長四年〈九二六〉八月五日条)、「左大弁来、令レ見下可レ祈二住(住吉)魚(魚住)神一符案上」(同年八月二四日条)とあるなかの魚住神への止雨祈禱の例と『本朝世紀』天慶二年(九三九)七月辛丑条および『北山抄』六、同六年五月の祈雨(いずれも読経)に登場する比叡神の場合である。魚住社は式外社であるが、播磨国明石郡の「魚住船瀬」(『類聚三代格』一六、天長九年五月一一日太政官符など)近傍の神社であろうこと

表3　六国史にみる祈雨祭祀記事

| No | 年月日 | 旱・霖雨 | 祈願 | 祈雨祭祀の対象 | 祈雨祭祀の方法 | 出典 |
|---|---|---|---|---|---|---|
| 1 | 天武五・是夏 | 大旱 | | 四方ノ諸神祇 | 遣使、奉幣 | 日本書紀 |
| 2 | 六・五・是月 | 旱之 | 雩 | 京及畿内 | | 〃 |
| 3 | 八・六・二三 | | 雩 | | | 〃 |
| 4 | 八・七・六 | | 雩 | | | 〃 |
| 5 | 九・七・五 | | 雩之 | | | 〃 |
| 6 | 一〇・六・一七 | | 雩之 | | | 〃 |
| 7 | 一二・七・一五 | | 雩之 | | | 〃 |
| 8 | 一三・六・四 | | 雩之 | | | 〃 |
| 9 | 朱鳥元・六・一二 | | 雩之 | | | 〃 |
| 10 | 持統二・七・一一 | 旱也 | 大雩 | | | 〃 |
| 11 | 四・四・二二 | 旱也 | 祈雨 | 所々 | | 〃 |
| 12 | 六・五・一七 | | 請雨 | 名山岳瀆 | 遣使 | 〃 |
| 13 | 六・六・九 | | | 名山岳瀆 | 郡国長吏ニ勅シテ禱ラシム | 〃 |
| 14 | 六・六・一一 | | 請雨 | 四畿内 | 遣使 | 〃 |
| 15 | 七・四・一七 | | 祈雨 | 諸社 | 遣使 | 〃 |
| 16 | 七・七・一四 | | 祈雨 | 諸社 | 遣使 | 〃 |
| 17 | 七・七・一六 | | 請雨 | 諸社 | 遣使 | 〃 |
| 18 | 九・六・三 | | 請雨 | 京師及四畿内諸社 | 遣使 | 〃 |
| 19 | 一一・五・八 | | 請雨 | 諸社 | 遣使 | 〃 |
| 20 | 一一・六・癸卯 | | 請雨 | 諸社 | 遣使 | 〃 |
| 21 | 文武二・四・二九 | | 祈雨 | 芳野水分峯神 | 馬ヲ奉ル | 続日本紀 |
| 22 | 二・五・一 | 諸国旱 | | 諸社 | 奉幣 | 〃 |
| 23 | 二・五・五 | | 祈雨 | 京畿、名山大川 | 遣使 | 〃 |
| 24 | 二・六・二八 | | 祈雨 | 諸社 | 馬ヲ奉ル | 〃 |
| 25 | 大宝元・四・一五 | | 祈雨 | 諸社、名山大川 | 奉幣 | 〃 |
| 26 | 元・六・二五 | 時雨降ラズ | 祈雨 | | 四畿内ヲシテ雨ヲ祈ラシム | 〃 |

| | | | | | | | |
|---|---|---|---|---|---|---|---|
| 27 | | 三・七・一七 | | 祈雨 | 名山大川 | 遣使 | 〃 |
| 28 | 慶雲 | 元・六・二二 | | 祈雨 | 諸社 | 奉幣 | 〃 |
| 29 | | 元・七・九 | 時雨降ラズ | 祈雨 | 諸社 | 遣使 | 〃 |
| 30 | | 二・六・二六 | | 祈雨 | 諸社 | 奉幣 | 〃 |
| 31 | | 三・六・四 | | 祈雨 | 名山大川 | 京畿ヲシテ雨ヲ祈ラシム | 〃 |
| 32 | 和銅 | 二・六・一六 | | 雩 | 畿内 | 遣使 | 〃 |
| 33 | | 三・四・二二 | | 祈雨 | 諸社、名山大川 | 奉幣 | 〃 |
| 34 | | 七・六・二三 | 膏沢未ㇾ降 | 祈雨 | 諸社、名山大川 | 奉幣 | 〃 |
| 35 | 霊亀 | 元・六・一三 | | 祈雨 | 諸社、名山大川 | 遣使、奉幣 | 〃 |
| 36 | 養老 | 元・四・一七 | | 祈雨 | 畿内 | | 〃 |
| 37 | | 六・七・七 | 炎旱 | | 名山（大川）、神祇 | 奉幣、奠祭 | 〃 |
| 38 | 天平 | 四・五・二二 | | 祈雨 | 五畿内 | 遣使 | 〃 |
| 39 | | 四・六・二八 | 陽旱 | 数雩祭 | | | 〃 |
| 40 | | 四・七・五 | 亢旱、不ㇾ雨 | | 天神地祇名山大川 | 京及ビ諸国ヲシテ幣帛ヲ致サシム | 〃 |
| 41 | | 九・五・一九 | 疫旱 | | 山川、神祇 | 祈禱、奠祭 | 〃 |
| 42 | | 一五・五・一三 | 不ㇾ雨 | 祈雨 | 畿内諸神社 | 奉幣 | 〃 |
| 43 | | 一七・五・一八 | 不ㇾ雨 | 祈雨 | 諸国神社 | 奉幣 | 〃 |
| 44 | | 一七・七・一五 | | 祈雨 | | 遣使 | 〃 |
| 45 | | 一八・七・一 | | 祈雨 | 畿内 | 遣使 | 〃 |
| 46 | | 一九・七・一七 | 京師亢旱 | 祈雨 | 名山、諸社 | 奉幣 | 〃 |
| 47 | 天平宝字 | 七・五・二八 | 旱也 | | 四畿内群神<br>丹生河上神 | 奉幣<br>加㆓黒毛馬㆒ | 〃 |
| 48 | | 八・四・一六 | 旱也 | | 畿内群神 | 遣使、奉幣 | 〃 |
| 49 | 天平神護 | 二・五・一七 | | 祈㆓澍雨㆒ | 丹生川上神及五畿内羣神 | 奉幣 | 〃 |
| 50 | 神護景雲 | 二・五・二三 | 旱也 | | 畿内羣神 | 奉幣 | 〃 |
| 51 | 宝亀 | 二・六・一〇 | 旱也 | | 丹生川上神 | 黒毛馬ヲ奉ル | 〃 |
| 52 | | 三・二・二四 | 旱也 | | 丹生川上神 | 黒毛馬ヲ奉ル | 〃 |
| 53 | | 三・六・二三 | 旱也 | | 畿内群神 | 奉幣 | 〃 |
| 54 | | 四・三・一三 | 旱也 | | 丹生川上神 | 黒毛馬ヲ奉ル | 〃 |

| | | | | | | |
|---|---|---|---|---|---|---|
| 55 | 四・四・一三 | 旱也 | | 丹生川上神 | 黒毛馬ヲ奉ル | 〃 |
| 56 | 四・五・一 | 旱也 | | 畿内羣神 | 奉幣 | 〃 |
| 57 | 五・四・二三 | 旱也 | | 丹生川上神 | 黒毛馬ヲ奉ル | 〃 |
| 58 | 五・六・五 | 旱也 | | 丹生川上神 | 黒毛馬ヲ奉ル | 〃 |
| 59 | 六・六・二五 | 旱也 | | 丹生川上神 | 黒毛馬ヲ奉ル | 〃 |
| | | | | 畿内諸国界ニ能ク雲雨ヲ興ス神社 | 遣使、奉幣 | |
| 60 | 六・九・二〇 | 霖雨也 | | 丹生川上、畿内群神 | 遣使、白馬及幣ヲ奉ル | 〃 |
| 61 | 七・六・一八 | 旱也 | | 丹生川上神 | 黒毛馬ヲ奉ル | 〃 |
| 62 | 八・五・一三 | 霖雨也 | | 丹生川上神 | 白馬ヲ奉ル | 〃 |
| 63 | 八・八・八 | 霖雨也 | | 丹生川上神 | 白馬ヲ奉ル | 〃 |
| 64 | 延暦元・四・一六 | | 祈雨 | 畿内 | 遣使 | 〃 |
| 65 | 四・五・二六 | | 祈雨 | 五畿内 | 遣使 | 〃 |
| 66 | 七・四・三 | | 祈雨 | 畿内 | 遣使 | 〃 |
| 67 | 七・四・一〇 | | 祈雨 | 丹生川上神 | 黒馬ヲ奉ル | 〃 |
| 68 | 七・四・一六 | 不ㇾ雨 | | | 天皇沐浴、出ㇾ庭親祈焉 | 〃 |
| 69 | 七・五・二 | | 祈雨 | 伊勢神宮及七道名神 | 遣使 | 〃 |
| 70 | 九・五・二一 | | 祈雨 | 五畿内 | 遣使 | 〃 |
| 71 | 九・五・二九 | 炎旱 | 祈ニ嘉澍一 | 畿内名神 | 奉幣 | 〃 |
| 72 | 一〇・六・二六 | 旱也 | | 丹生川上神 | 黒馬ヲ奉ル | 〃 |
| 73 | 一〇・七・一 | 炎旱 | | 畿内諸名神 | 奉幣 | 〃 |
| 74 | 一二・六・八 | | 祈雨 | | | 日本紀略 |
| 75 | 一五・八・七 | 淫雨不ㇾ晴 | | 畿内諸□ | 奉幣 | 日本後紀 |
| 76 | 一七・壬五・二五 | | 祈雨 | 丹生 | | 日本紀略 |
| 77 | 一七・六・四 | | 祈雨 | 丹生 | | 〃 |
| 78 | 一七・七・二五 | | 祈ㇾ霽 | 丹生 | 奉幣 | 〃 |
| 79 | 一九・八・一四 | | 祈ㇾ晴 | 丹生 | 白馬ヲ奉ル | 〃 |
| 80 | 二〇・五・一七 | | 祈雨 | 丹生 | 奉幣 | 〃 |
| 81 | 二三・六・二一 | | 止ニ霖雨一 | 丹生 | 奉幣 | 〃 |
| 82 | 二四・七・二六 | | 祈雨 | 畿内名神 | 遣使、奉幣 | 日本後紀 |

| | | | | | | |
|---|---|---|---|---|---|---|
| 83 | 大同三・五・二一 | | 祈雨 | 丹生川上雨師神 | 黒馬ヲ奉ル | 〃 |
| 84 | 四・五・二五 | | 止二霖雨一 | 松尾、鴨御祖、鴨別雷等社 | 遣使、奉幣 | 日本紀略 |
| 85 | 四・六・八 | | 祈雨 | 吉野丹生川上雨師神 | 遣使、奉幣 | 〃 |
| 86 | 四・七・一七 | 亢旱 | | | 宜二国司斎戒、依レ例祈一レ雨 | 〃 |
| 87 | 弘仁元・五・二〇 | 霖雨 | | 丹生川上雨師神 | 遣使、奉幣 | 〃 |
| 88 | 三・六・二六 | 甘沢不レ降 | 致二嘉雨一 | 畿内ノ名神 | 走幣 | 日本後紀 |
| 89 | 三・七・一 | 疫旱 | | 天下名神 | 走幣 | 〃 |
| 90 | 三・七・二 | | 救二疫旱一 | 伊勢大神宮 | 奉幣 | 〃 |
| 91 | 六・八・三 | 霖雨不レ晴 | | 伊勢大神宮并賀茂大神 | 遣使、奉幣 | 〃 |
| 92 | 七・七・二〇 | 風雨不レ時 | | 名神 | 宜シク畿内七道諸国ニ仰セテ官長斎戒シテ奉幣スベシ | 類聚国史 |
| 93 | 八・六・四 | | 祈雨 | 天下諸国 | 遣使 | 日本紀略 |
| 94 | 九・四・丙戌 | | 祈雨 | 京畿 | 遣使 | 〃 |
| 95 | 九・四・二二 | | 祈雨 | 伊勢大神宮 | 奉幣 | 〃 |
| 96 | 九・七・一四 | | 祈雨 | 貴布祢神社、室生山上龍穴 | 遣使 | 〃 |
| 97 | 九・一〇・九 | | 祈雨 | 貴布祢神 | 賽 | 〃 |
| 98 | 一〇・五・一七 | | 祈雨 | 貴布祢社 | 奉幣 | 〃 |
| 99 | 一〇・六・九 | | 止二霖雨一 | 丹生川上雨師神并貴布祢神 | 白馬ヲ奉ル | 〃 |
| 100 | 一〇・七・二 | | 祈雨 | 丹生川上雨師神 | 黒馬ヲ奉ル | 〃 |
| 101 | 一〇・七・一七 | | 祈雨 | 伊勢大神宮 | 遣使、奉幣 | 〃 |
| 102 | 一〇・八・二八 | | 止二霖雨一 | 貴布祢神 | 奉幣 | 〃 |
| 103 | 一〇・八・三〇 | | 祈レ晴 | 丹生川上雨師神 | 奉幣 | 〃 |
| 104 | 一一・六・二六 | | 祈雨 | 名神 | 走幣 | 〃 |
| 105 | 一二・六・五 | | 祈レ霽 | 貴布祢丹生二神 | 奉幣 | 〃 |
| 106 | 一三・七・五 | | 祈雨 | 畿内諸国 | 遣使 | 〃 |
| 107 | 一三・七・六 | 炎旱 | | 群神 | 走幣 | 〃 |
| 108 | 一四・五・一 | | 止二霖雨一 | 貴布祢神社 | 奉幣 | 〃 |
| 109 | 一四・五・三 | 霖雨不レ止 | | 雨師神社 | 遣使、幣并馬ヲ奉ル | 〃 |
| 110 | 一四・六・四 | | 祈雨 | 貴布祢、乙訓、広湍、龍田四神 | 遣使、奉幣 | 〃 |

| | | | | | | |
|---|---|---|---|---|---|---|
| 111 | 一四・七・四 | | 祈雨 | 吉野川上雨師神社<br>大鳥、積川両社 | 幣帛、馬ヲ奉ル<br>奉幣 | 〃 |
| 112 | 一四・七・七 | | 祈雨 | 伊勢大神宮 | 奉幣 | 〃 |
| 113 | 一四・七・一七 | | 祈雨 | 雨師神 | 奉幣 | 〃 |
| 114 | 天長元・八・一 | | 祈レ除二風雨損一 | 名神 | 奉幣 | 類聚国史 |
| 115 | 元・八・一七 | | 調二風雨一 | 伊勢太神 | 遣使、奉幣 | 〃 |
| 116 | 四・五・二一 | | 祈雨 | 畿内七道諸国 | 遣使、走幣 | 日本紀略 |
| 117 | 六・二・二〇 | | 祈二春雨一 | 五畿七道諸国名神 | 奉幣 | 〃 |
| 118 | 六・八・二七 | | 停二霖雨一 | 貴布祢社<br>丹生河上雨師社 | 奉幣<br>奉幣、副以二白毛御馬一 | 〃 |
| 119 | 八・八・五 | | 防二風雨之災一 | 名神 | 奉幣 | 類聚国史 |
| 120 | 八・八・一三 | | 祈レ防二風雨之災一 | 伊勢太神宮 | 奉幣 | 〃 |
| 121 | 九・五・一九 | 澍雨不レ降 | 雩事 | | 四畿内国司ニ仰セテ社毎ニ幣料ヲ宛テ雩事ヲ行ハシム | 日本紀略 |
| 122 | 九・七・一五 | | 防二風雨一 | 五畿内七道諸国名神 | 奉幣 | 類聚国史 |
| 123 | 九・七・二二 | | 防二風雨一 | 伊勢太神宮 | 奉幣 | 〃 |
| 124 | 九・八・一一 | | 祈二止雨一 | 明神 | 頒幣 | 日本紀略 |
| 125 | 一〇・壬七・二八 | 霖雨 | 祈レ霽 | 丹生川上雨師神、松尾、賀茂上下及貴布祢社 | 大和山城二国介以上ヲシテ奉幣セシム | 続日本後紀 |
| 126 | 承和元・六・一七 | 旱也 | 祈二甘雨一 | 群神 | 走幣 | 〃 |
| 127 | 元・六・二八 | | 祈雨 | 伊勢大神宮及畿内七道名神 | 奉幣 | 〃 |
| 128 | 元・七・一三 | | 淫霖ヲ防グ | 畿内名神 | 走幣 | 〃 |
| 129 | 元・八・二二 | 暴風大雨相并 | 祈レ止二風雨一 | 畿内名神 | 走幣 | 〃 |
| 130 | 二・七・二 | | 預攘二風雨之災一 | 天下名神 | 走幣 | 〃 |
| 131 | 二・七・五 | | 防二風雨之災一 | 伊勢大神宮 | 奉幣 | 〃 |
| 132 | 二・八・一 | | 霖雨霽 | 畿内名神<br>丹生川上社 | 賽、頒幣<br>殊奉二白馬一疋一 | 〃 |
| 133 | 三・壬五・二九 | | | 貴布祢、丹生川上等神 | 奉幣 | 〃 |

| | | | | | | |
|---|---|---|---|---|---|---|
| 134 | 三・六・六 | | 祈雨 | 松尾、賀茂御祖、住吉、垂水等社 | 奉幣 | 〃 |
| 135 | 四・六・二八 | | 甘雨ヲ祈ル 豫防㆓風雨㆒ | 山城大和等ノ名山名神 | 遣使、奉幣 五畿内七道諸国ヲシテ奉幣セシム | 〃 |
| 136 | 五・八・一九 | | 祈㆓止雨㆒ | 貴布祢神、丹生河上雨師神 | 幣帛并白馬ヲ奉ル | 〃 |
| 137 | 五・八・二八 | 降雨殊切 | 祈㆑霽 | 賀茂上下、松尾、乙訓、垂水、住吉等名神 | 奉幣 | 〃 |
| 138 | 五・九・八 | | 祈㆑止㆓風雨㆒ | 貴布祢、丹生河上雨師神 | 幣馬ヲ奉ル | 〃 |
| 139 | 六・三・二九 | | 祈雨 | 貴布祢、雨師二神 | 奉幣 | 〃 |
| 140 | 六・四・一〇 | | 祈雨 | 丹生川上雨師神 | 遣使 | 〃 |
| 141 | 六・四・一七 | 不㆑雨 | 祈㆓澍雨㆒ | 松尾、賀茂上下、貴布祢、丹生川上雨師、住吉諸社 | 頒幣 | 〃 |
| 142 | 六・四・二〇 | | 雩シテ甘雨ヲ致ス | 名神 | 七道諸国宰ヲシテ奠祭セシム | 〃 |
| 143 | 六・四・二二 | | 祈雨 | 伊勢大神宮 | 遣使、奉幣 | 〃 |
| 144 | 六・四・二二 | | 雩 | 山城国宇治、綴喜、大和国石成、須知等社 | 遣使 | 〃 |
| | | | 雩 | 自余之国 | 国司ヲシテ雩セシム | |
| 145 | 六・六・一 | | 祈雨 | 丹貴二社 | 遣使 | 〃 |
| 146 | 六・八・七 | | 祈㆓止雨㆒ | 丹生川上雨師神 | 遣使、奉幣 | 〃 |
| 147 | 七・四・二九 | 炎旱 | 甘雨ヲ祈リ風災ヲ防グ | 松尾、賀茂、乙訓、貴布祢、丹生川上雨師、垂水等社 | 奉幣 | 〃 |
| 148 | 七・六・九 | 亢陽、陰雨不㆑下 | 霈沢ヲ祈ル | 貴布祢丹生川上雨師諸社、名山大川 | 奉幣 | 〃 |
| 149 | 七・六・一五 | | 祈㆓霈沢㆒ | 伊勢大神宮及賀茂上下、松尾等社 | 奉幣 | 〃 |
| 150 | 七・六・二九 | | 甘雨ヲ祈請ス 豫メ風雨ヲ防グ | 神祇名神 | 内外諸国ヲシテ奉幣セシム 宜シク五畿内七道諸国ヲシテ奉幣セシムベシ | 〃 |

| | | | | | | |
|---|---|---|---|---|---|---|
| 151 | 八・四・二九 | 時雨不レ降 | 甘雨ヲ祈リ、兼ネテ風災ヲ防グ | 松尾、賀茂、乙訓、貴布祢、垂水、住吉、雨師神 | 奉幣 | 〃 |
| 152 | 八・八・三〇 | 雨水殊甚 | 祈ニ止雨一 | 雨師 | 奠幣 | 〃 |
| 153 | 九・三・一五 | | 祈ニ甘雨一 | 貴布祢、住吉、垂水、丹生川上等諸社 | 遣使、頒幣 | 〃 |
| 154 | 九・三・二二 | | 祈雨 | 松尾、鴨御祖、鴨別雷、乙訓等名神 | 遣使、奉幣 | 〃 |
| 155 | 九・七・六 | | 祈雨 | 貴布祢、乙訓、丹生川上雨師神社 | 奉幣 | 〃 |
| 156 | 九・七・一九 | 災旱 | | 伊勢八幡等大神 | 神祇伯ニ命ジテ祈禱セシム | 〃 |
| 157 | 一一・壬七・二一 | | 祈レ防ニ風雨災一 | 伊勢大神宮 | 奉幣 | 〃 |
| 158 | 一二・四・二七 | | 祈雨 | 畿内名神 | 奉幣 | 〃 |
| 159 | 一二・五・一〇 | 不レ雨 | 雩シテ甘雨ヲ祈ル | 名神 | 宜シク五畿内七道諸国ヲシテ奉幣セシムベシ | 〃 |
| 160 | 一二・七・二七 | 雨降、数々難レ晴 | 祈ニ止雨一 | 伊勢大神宮 | 遣使、奉幣 | 〃 |
| 161 | 一四・七・二三 | | 祈ニ止雨一 | 丹生川上雨師神 | 白馬幣帛ヲ奉ル | 〃 |
| 162 | 一五・六・二 | | 祈レ止ニ霖雨一 | 雨師神社 | 奉幣 | 〃 |
| 163 | 一五・六・一〇 | | 雨害ヲ防止ス | 名神 | 宜シク五畿内七道諸国ヲシテ奉幣セシムベシ | 〃 |
| 164 | 嘉祥 元・六・一三 | | 祈レ防ニ水殄一 | 伊勢大神宮及賀茂上下、松尾社 | 奉幣 | 〃 |
| 165 | 元・七・二 | | 祈ニ甘雨一 | 松尾、賀茂上下社、貴布祢、雨師社 | 奉幣 | 〃 |
| 166 | 元・七・一〇 | | 祈ニ甘雨一 | 畿内名神 | 奉幣 | 〃 |
| 167 | 仁寿 元・五・九 | | 祈レ霽 | 丹生川上雨師社 | 遣使、奉ニ幣馬一 | 文徳実録 |
| 168 | 元・六・三 | 雨降ルコト旬ニ渉ル | 祈レ霽 | 伊勢、賀茂、松尾、乙訓等神社 | 遣使、奉幣 | 〃 |
| 169 | 二・七・一〇 | | 祈雨 | 賀茂、松尾、稲荷、貴布祢等名神 | 遣使、奉幣 | 〃 |

| | | | | | | | |
|---|---|---|---|---|---|---|---|
| 170 | | 二・八・一 | | 請レ止二風雨一 | 伊勢太神宮 | 遣使、奉幣 | 〃 |
| 171 | | 二・壬八・二九 | | 請以レ止レ雨 | 賀茂松尾大神等社 | 遣使、奉幣 | 〃 |
| 172 | 斉衡 | 元・七・二七 | | 豫請レ止二風雨一 | 伊勢太神宮 | 遣使 | 〃 |
| 173 | | 二・壬四・二三 | | 請レ止二淫雨一 | 丹生川上雨師神社 | 遣使、幣馬ヲ奉ル | 〃 |
| 174 | | 三・七・一 | | 祈雨 | 諸神社 | 遣使、奉幣 | 〃 |
| 175 | 天安 | 二・七・二二 | | 祈雨 | 雨師、乙訓、水主、貴布祢神等 | 宣命 | 〃 |
| 176 | 貞観 | 元・八・九 | 霖雨 | 祈以レ止レ雨 | 丹生河上雨師社 | 遣使、幣青馬等ヲ奉ル | 三代実録 |
| 177 | | 元・九・四 | | 祈レ止二霖雨一 | 賀茂御祖、別雷、松尾、貴布祢、乙訓、稲荷等神社 | 遣使、奉幣 | 〃 |
| 178 | | 元・九・八 | | 為二風雨一祈 | 山城国月読神〔他五神〕、大和国大和神〔他二六神〕、河内国枚岡神〔他一神〕、和泉国大鳥神、摂津国住吉神〔他八神〕 | 遣使、奉幣 | 〃 |
| 179 | | 元・一〇・七 | | 祈レ無二風雨之災一 | 畿内畿外諸国ノ天神地祇 | 賽、遣使、班幣 | 〃 |
| 180 | | 三・五・一五 | 不レ雨 | 祈雨 | 石清水等ノ近京名神七社 | 遣使、奉幣 | 〃 |
| 181 | | 八・六・九 | 旱也 | | 境内諸神 | 五畿七道ヲシテ奉幣シ、兼ネテ金剛般若経ヲ転読セシム | 〃 |
| 182 | | 八・七・三 | | 祈雨 | 宮城中及京畿七道諸神 | 班幣 | 〃 |
| 183 | | 八・七・一四 | 旱災 | 祈二嘉澍一 | 丹生川上雨師神<br>賀茂御祖別雷、松尾、丹生川上、稲荷、水主、貴布祢神 | 黒馬一疋ヲ奉ル<br>遣使、班幣 | 〃 |
| 184 | | 八・七・一六 | | 天下可レ憂二水疫一 | 国内諸神 | 五畿七道ヲシテ頒幣シ、兼ネテ金剛般若経ヲ転読セシム | 〃 |
| 185 | | 九・五・三 | 霖雨不レ止 | 祈レ止二霖雨一 | 稲荷神等ノ畿内諸神 | 遣使、班幣 | 〃 |

| | | | | | | |
|---|---|---|---|---|---|---|
| 186 | 一〇・六・二三 | | 祈二嘉澍一 | 賀茂以下諸社十所 | 奉幣 | 〃 |
| 187 | 一〇・九・七 | | 祈二止雨一 | 十四箇神 | 遣使、奉幣 | 〃 |
| 188 | 一一・六・一七 | 旱災 | 甘雨忽降シム | 伊勢大神宮 | 遣使、奉幣 | 〃 |
| 189 | 一二・六・一〇 | 霖雨 | 祈二止雨一 | 賀茂、貴布祢神 | 遣使、奉幣 | 〃 |
| 190 | 一二・六・二二 | 霖雨 | 祈レ止二霖雨一 | 賀茂御祖、別雷両社 | 遣使、奉幣 | 〃 |
| 191 | 一三・五・一九 | | 祈雨 | 丹生川上雨師神社 | 遣使、奉幣 | 〃 |
| 192 | 一三・六・一〇 | 不レ雨 | 祈雨 | 諸神社 | 班幣 | 〃 |
| 193 | 一三・六・一三 | | 祈二甘雨一 | 境内名山大沢諸神 | 東海、東山、北陸、山陰、山陽、南海道諸国ニ班幣シ、大般若金剛般若等経ヲ転読セシム | 〃 |
| 194 | 一三・壬八・七 | 雷、大雨 | 請二止雨一 | 諸神社 | 遣使、班幣 | 〃 |
| 195 | 一五・五・五 | 雨雹之恠 | 謝二神怒一 | 賀茂御祖別雷、松尾 | 遣使、幣并走馬ヲ奉ル | 〃 |
| 196 | 一五・五・九 | | 雨雹之咎徴ヲ申謝ス | 賀茂神社 | 遣使、奉幣 | 〃 |
| 197 | 一五・五・二〇 | | 祈二嘉澍一 | 賀茂、松尾、乙訓、稲荷、貴布祢、丹生川上雨師神 | 奉幣 | 〃 |
| 198 | 一五・七・九 | | 祈雨 | 賀茂、松尾、稲荷、乙訓、貴布祢神社 | 遣使、奉幣 | 〃 |
| 199 | 一五・七・一九 | | 甘雨ヲ祈ル | 伊勢大神宮 | 遣使、奉幣 | 〃 |
| 200 | 一六・八・一七 | 霖雨 | 祈二止雨一 | 丹生川上雨師神 | 奉幣 | 〃 |
| 201 | 一六・八・二四 | | 祈レ止二風雨一 | 畿内諸神 | 班幣 | 〃 |
| 202 | 一七・六・三 | | 祈二嘉澍一 | 賀茂御祖別雷、松尾、稲荷、乙訓、貴布祢<br>丹生川上社 | 遣使、奉幣<br>奉二黒馬一 | 〃 |
| 203 | 一七・六・八 | 雨沢不レ降 | 甘雨ヲ祈ル | 春日、大原野神社 | 遣使、奉幣兼禱 | 〃 |
| 204 | 一七・六・九 | | 祈二甘雨一 | 伊勢大神宮 | 遣使、奉幣 | 〃 |
| 205 | 一七・六・二三 | 不レ雨 | | 仏神 | 転レ経走レ幣 | 〃 |
| 206 | 一七・七・二 | | 祈雨 | 賀茂御祖別雷、松尾、稲荷、乙訓、木嶋、貴布祢、丹生 | 遣使、班幣 | 〃 |

| | | | | | | |
|---|---|---|---|---|---|---|
| | | | | 川上神社 | | |
| 207 | 一七・七・二六 | 霖雨 | 祈二止雨一 | 丹生川上神社 | 遣使、幣白馬ヲ奉ル | 〃 |
| 208 | 元慶元・六・四 | | 祈二甘雨一 | 丹生川上神<br>貴布祢神 | 幣黒馬ヲ奉ル<br>奉幣 | 〃 |
| 209 | 元・六・一四 | | 祈二甘雨一 | 石清水八幡并賀茂御祖、別雷、松尾、稲荷、木嶋、乙訓、大依羅、垂水、広田、生田、長田神社 | 奉幣 | 〃 |
| 210 | 元・六・二三 | | 祈雨 | 丹生川上雨師神 | 幣黒馬ヲ奉ル | 〃 |
| 211 | 元・六・是月 | 大旱 | | | 走幣修法 | 〃 |
| 212 | 元・七・一九 | 未レ雨 | | 伊勢、賀茂御祖別雷、松尾、平野、大原野神社 | 遣使、奉幣 | 〃 |
| 213 | 二・六・三 | 亢陽不レ雨 | 祈雨 | 名山大川、賀茂御祖別雷、松尾、稲荷、貴布祢、乙訓、水主社<br>丹生川上社 | 班幣<br>加二奉黒馬一疋一 | 〃 |
| 214 | 二・八・二五 | 雨猶不レ止 | 祈二止雨一 | 貴布祢、丹生河上両社 | 遣使、白馬各一疋ヲ奉ル | 〃 |
| 215 | 三・五・二一 | | 祈二膏雨一 | 賀茂御祖、別雷、松尾、稲荷、貴布祢、乙訓等神社 | 奉幣 | 〃 |
| 216 | 四・五・一六 | 膏雨難レ得 | 祈雨 | 賀茂御祖、別雷、松尾、稲荷、乙訓、貴布祢社<br>丹生川上社 | 遣使、奉幣<br>加二奉黒馬一 | 〃 |
| 217 | 四・六・二二 | 不レ雨 | 祈雨 | 賀茂等十社<br>丹生川上社 | 遣使、奉幣<br>加二奉黒馬一 | 〃 |
| 218 | 七・五・二二 | 旱 | 雩 | 松尾、賀茂御祖、別雷、稲荷、貴布祢、水主、乙訓七社 | 遣使、奉幣 | 〃 |
| 219 | 七・七・一三 | 霖雨 | 祈二神明一 | 伊勢大神宮<br>賀茂御祖別雷、松尾、稲荷、貴布祢、大和等神社 | 賽、遣使、奉幣<br>賽、遣使、班幣 | 〃 |

| | | | | | | |
|---|---|---|---|---|---|---|
| 220 | 七・九・二 | | 祈㆓止雨㆒ | 丹生河上神社<br>賀茂御祖、別雷、松尾、貴布祢、稲荷、乙訓、丹生川上神社 | 加㆓奉白馬㆒<br>奉幣 | 〃 |
| 221 | 仁和元・五・一四 | 霖雨未㆑止 | 祈㆓止雨㆒ | 丹生河上神 | 遣使、奉幣、白毛御馬ヲ奉ル | 〃 |
| 222 | 元・七・一一 | 澍雨不㆑降 | | 諸神 | 肥前国司奉幣シ、転経セシム | 〃 |
| 223 | 元・七・一三 | | 祈雨 | 丹生川上雨師神 | 幣黒馬ヲ奉ル | 〃 |
| 224 | 二・八・七 | 霖雨、大風雨洪水 | 祈㆓止雨㆒ | 賀茂上下、松尾、稲荷社<br>丹生河上、貴布祢社 | 遣使、奉幣<br>加㆓奉白馬各一疋㆒ | 〃 |
| 225 | 三・七・一五 | 雨水 | 祈㆑止㆓霖雨㆒ | 丹生川上雨師神 | 白馬ヲ奉ル | 〃 |

（注）〔　〕は補足説明、（　）は推定によるもの。

は想像に難くない。比叡社はいうまでもなく近江国滋賀郡の式内社（『式』神名帳）であった。この二社は畿外に存在するものの、魚住の地が大化改新詔で畿内の四至の一つとされた「赤石櫛淵」（『紀』大化二年〈六四六〉正月甲子朔条）とは至近距離に位置し、比叡社も同じく「近江狭々波合坂山」の周辺に所在していたことは注意される。やはり畿内諸社への祈雨という原則は修正の余地が少ないと思う。

なお、比叡社に関しては、丸山竜平氏が、逢坂関が近江国と山城国の国境とはなっていないこと、畿内の東側の宗教的防衛ラインとして辛崎・佐久那谷が重視されていたこと、旧大津市域に畿内型条里が存在していたことなどをもって、琵琶湖西岸から瀬田川右岸流域は畿外・東国のなかにあって、畿内の顔をした特別区であったと指摘されてい[20]るのも参考になろう。

以上のことからも、祈雨祭祀史料からみる中央政府が行った祈雨奉幣とは、伊勢神宮・畿内諸社・天下諸社を対象とするものであったということが改めて確認されよう。畿内の諸社に対する畿内周辺の神社、天下諸社に対する七道諸国の諸社というような若干の例外があったとしても、伊勢―畿内―天下という枠組には一向に障害にならず、むしろこの枠組がかなり遵守されていたとみなされるのである。

ところで、儀式書の類には祈雨祭祀の規定が散見する。これは右の祈雨奉幣の原則とどのような関係にあったのであろうか。儀式書・故実書にみる祈雨には主として三種類の方法があったことが分かるが、それを次に掲げ、同時に一、二の問題点を指摘しておきたい。

（一）丹生川上社・貴布祢社（山城国愛宕郡の式内社―『式』神名帳）への奉幣。この両社が祈雨において重視され、祈雨の際には黒毛馬が、止雨の時には白毛馬が奉られていたことは『式』三・『新儀式』四・『西宮記』臨時一（乙）・『北山抄』六・『江家次第』一二などにみえ、他にそれを記すものは枚挙にいとまがない[21]。

なお、貴布祢社が祈雨の祈願社として史上に姿を現すのは弘仁九年（八一八）、表3の96からで、平安京遷都により新たに祈雨の社として国家から崇敬されるに至ったのであろう。それに対して、丹生川上社の起源は定かではない。しかし、『式』三の「凡奉二幣丹生川上神一者、大和社神主随レ使向レ社奉之」という条文は注目に値する。これには、丹生川上社が大和社の「別社」（『類聚三代格』一、寛平七年六月二六日太政官符）、「別宮」（『大倭神社註進状』）とされていたことが想起される。すなわち、大和社（大和国山辺郡の式内社―『式』神名帳）が遠隔の丹生川上社と関係をもった時期は、大和社を奉斎した大倭国造が丹生川上社を大和地方の中心的な祈雨神として祭った段階からで、律令制以前に遡ると考えるからである。この点からも、丹生川上社への祈雨奉幣の嚆矢を『続紀』初見の天平宝字七年（七六三）に求める見方は否定されねばならない。

（二）畿内の諸社（伊勢神宮）に対する祈雨祭祀。これをはっきり定めているのは『式』三で、「祈雨神祭八十五座」として「賀茂別雷社一座」以下列記されている神社がすべて畿内所在の式内社であった。また、『柱史抄』下の「祈雨止雨奉幣事」にも「五十二社例。治暦三年六月十五日。祈雨。畿内五十二社奉幣使。京辺三社。殿上四位二人。地下四人也。此外廿二社。十六社。十一社。七社。多随レ時被レ行也」とあり、畿内神への奉幣についての記載がある。ただし、このなかの「廿二社。十六社。十一社。七社」は前述の如く畿内諸社だけではなく、伊勢神宮をも含んでいた可能性が大きいこともあわせて注意しておきたい。

(三)天下諸神への祈雨。『新儀式』四の「祈雨祈霽事」に「仰二下諸大寺并五畿七道諸国一。遍令下祈二仏法一請中神明上」とあるのが、それである。なお、この『新儀式』の例を除くと天下を対象とする祈雨を儀式書の類に見出すことができない。それは後述の通り、一〇世紀中頃には天下諸神を対象とする雨乞いが実施されなくなってしまうこととも関係があろう。

以上、儀式書・故実書にみる祈雨奉幣が伊勢神宮(一)、畿内諸社(一)(二)、天下諸社(三)を対象とするものと整理できることはいうまでもあるまい。先に述べた祈雨の原則は儀式書などにも正しく反映していたのである。

(2)国司による祈雨祭祀

さて、こうした古代国家の祈雨祭に対して、諸国あるいは諸地域での雨乞いはどのように実施されていたのであろうか。在地での祈雨を示すものとしては、たとえば、次の如く『風土記』にそれを見出すことができる。

a 船帆郷……一顆高四尺径五尺 一顆高三尺径四尺 亢旱之時 就二此二石一 雩并祈者 必為二雨落一

(『肥前国風土記』神埼郡条)

b 神名樋山……嵬西在二石神一 高一丈 周一丈 往側在二小石神百余許一……所レ謂石神者 即是 多伎都比古命

之御託　当レ旱乞レ雨時　必令レ零也

（『出雲国風土記』楯縫郡条）

a・bとも石(神)に対して雨を祈る点で共通しているが、神埼郡（a）、楯縫郡（b）一帯では著名な祈雨の石神として人々の信仰を集めていたと思われる。しかしながら、両者とも官社化することなく、国家的祭祀とはいわば無縁の存在であった。

それに対して、在地での祈雨の効力が国家から認められて、官社化・名神化した例も少なくない。

c　在二山背国乙訓郡一火雷神。毎レ旱祈レ雨。頻有二徴験一。宜レ入二大幣及月次幣例一。

（『続紀』大宝二年七月癸酉条）

d　越後国蒲原郡伊夜比古神預二之名神一。以下彼郡毎レ有二旱疫一。致レ雨救上病也。

（『続日本後紀』天長一〇年七月戊子条）

e　在二石見国五ヶ郡中一神物十五社。始預二官社一。以下能応二吏民之禱一。久救中旱疫之炎上也。其神名具在二神祇官帳一。

（『続日本後紀』承和四年正月辛卯条）

f　大宰府言。管豊前国田河郡香春岑。辛国息長大姫大目命。忍骨命。豊比咩命。惣是三社。……毎レ有二水旱疾疫之災一。郡司百姓就レ之祈禱。必蒙二感応一。年登人壽。異二於他郡一。望預二官社一。以表二崇祠一。許レ之。

（『続日本後紀』承和四年一二月庚子条）

この他にも『式』神名帳にみる播磨国宍粟郡の「雨祈神社」、相模国大住郡の「阿夫利神社」（〝阿夫利〟とは雨降りの意）をはじめとして、各国に散在する〝オカミ〟〝イカヅチ〟を神名に含む神社には右と同様の契機で官社化したものも少なくなかったと推想されよう。そして、c～fのような官社・名神化した諸社は畿内あるいは天下諸国への祈雨の際、奉幣の対象とされたと思われるが、各地域毎におそらく広汎に行われたであろう祈雨において、どのような役割を果たしていたのかという点になると明らかにし難い。以下では、国司の祈雨祭祀に焦点を絞って論及を試みたいと思う。

そこで、前に保留した（一）『三代実録』仁和元年（八八五）一〇月九日条の肥前国司の奉幣（表3、222）、（二）『菅家文章』の仁和四年、讃岐守菅原道真の城山神への祈雨（祭文）について着目すると、まず、（一）には「大宰府上言。管肥前国。自二六月一澍雨不レ降。七月十一日。国司奉二幣諸神一。延レ僧転レ経」とあるが、六月以降の肥前国の旱害に中央政府が関与した事実は見出し難く、七月一一日の奉幣も政府の指示とは無関係に行われた可能性が強い。（二）も「祭二城山神一文。為二讃岐守一祭之。」によると、仁和四年、讃岐国では「四月以降、渉レ旬少レ雨」という状況で、翌月六日「守正五位下菅原朝臣某、以二酒果香幣之奠一、敬祭二于城山神一」とある。「城山神」社は讃岐国阿野郡の式内社（『式』神名帳）であるが、この時の日照りが讃岐国地方を中心とするものであったためか、やはり中央からの祭祀の命令は出ていなかったと思われる。同神への奉幣は讃岐守が独自に行ったとみて差し支えあるまい。この国司の祈雨に含まれる例としては、貞観年間に備前・備中国司であった藤原保則[22]について、『藤原保則伝』に「備前備中両国界上、有二吉備津彦神一、若国有二水旱一、公即祈禱、必致二感応一、速二於影響一」とある如く、保則の吉備津彦神社への祈雨例も追加できるかもしれない。

ところで、かかる国司の祈雨はその事例がいずれも九世紀後半のものであることから、それを律令制下の国司の祭祀権と直結させることはいささか躊躇される。というのも、九世紀中頃から、国司の政務請負体制へ移行したことが知られている[23]からである。したがって、国司の祈雨祭祀の権限については、厳密には九世紀前半以前に遡って考察せねばならないといえよう。

かくて、九世紀前半までの時期において国司の祈雨を規定している史料を捜すと、管見の限りでは、左の三つがあった。

a　勅。畿内。近江。丹波等国。頃年旱災頻発。稼苗多損。国司黙然。百姓受レ害。其孝婦含レ冤。東海蒙二枯旱之憂一。能吏行レ県。徐州致二甘雨之喜一。然則禍福所レ興。必由二国吏一。自今以後。若有レ旱者。官長潔斎。自禱二嘉澍一。務致二粛敬一。不レ得二狎汙一。如不レ応者。乃言二上之一。立為二恒例一。

（『日本後紀』弘仁五年七月庚午条）

b　勅。風雨不レ時。田園被レ害。此則国宰不レ恭二祭祀一之所レ致也。今聞。今茲青苗滋茂。宜下敬二神道一大致中豊稔上。庶俾二嘉穀盈レ畝黎元殷富一。宜下仰二畿内七道諸国一。其官長清慎斎戒。奉二幣名神一。禱レ止二風雨一莫上レ致二漏失一。

（『類聚国史』一一、弘仁七年七月癸未条）

c　[端闕]

風土異レ令。人願不レ同。自今以後。可レ禱之状。令二国言上一。然後特於二所レ言国内名神一。奉幣祈請。不下以二一国之事一掩中諸国之願上。如有三異災遍二於天下一。不レ用二此例一。

弘仁十二年七月廿日

少外記宮原宿祢村継奉

（『類聚符宣抄』三）

aにおいては、畿内・近江・丹波等諸国の「旱災」に対し、その原因は「国司黙然」であり、「禍福所レ興。必由二国吏一」とされる。それ故、旱が生じた場合は「官長潔斎。自禱二嘉澍一」よう定められ、「如不レ応者。乃言二上之一」という。

bも同じく、「風雨不レ時。田園被レ害」は「国宰不レ恭二祭祀一之所レ致也」として、畿内七道諸国の「官長清慎斎戒。奉二幣名神一」が命ぜられているのである。

cは『類聚符宣抄』三の冒頭に位置する史料であるが、これが祈雨に関するものであることは、この後に配列されている宣旨がいずれも祈雨のことを定めたものであることから、推定できる。前欠の部分を復元できないので、内容を十分に明らかにし難いが、旱魃の如き「異災」が生じた時は国司によって国内名神に「奉幣祈請」が行われるが、その際「可レ禱之状。令ニ国言上一」こと、「異災」が天下に及んだ場合は「不レ用ニ比例一」というのが該宣旨の趣旨であろう。

a・b・cの史料からすると、各国の旱害の責任は国司に帰せられ（a・b）、国司による祈雨の成果が得られない場合は「言上」すべきこと（a）、あるいは事前に「言上」すること（c）が要請されているものの、各国の祈雨実施の判断は国司に一任されていたと思われる。そして、さらにいえば、弘仁年間以前においては国司は祈雨の祭を「言上」する必要すらなく、祈雨は専ら国司の独自の権限に委ねられていたことが考えられよう。実際、『続紀』天平元年（七二九）八月癸亥条によると、「諸国天神地祇者。宜レ令ニ長官一致レ祭。若有ニ限外応レ祭山川一者聴レ祭」として、国家は国司（長官）の祭祀権を承認していたのである。

八世紀における国司の祈雨に関係するかと思われるものに『万葉集』巻一八―四一二二～四の大伴家持作の一連の祈雨歌がある。題詞に「天平感宝元年閏五月六日以来、起ニ小旱一、百姓田畝稍有ニ凋色一也。至ニ于六月朔日一、忽見ニ雨雲之気一。仍作雲歌一首短歌一絶」（四一二二）「反歌一首」（四一二三）「賀ニ雨落一歌一首」（四一二四）とあり、作者が越中「守大伴宿祢家持」であったことは左注に明記されている。この祈雨歌と国司の国内諸社への奉幣との関係や同歌を国司としての家持の歌とみるべきか、単に家持個人としての心情を吐露しただけに過ぎないのかなど、判然としない点が多い。この時の旱魃については『続紀』に関連記事もなく、中央で祈雨奉幣を行った形跡もないことからして、「小旱」は越中国を中心とするものであったこと、家持が「あしひきの　山のたをりに　この見ゆる　天の白雲　海神の　沖つ宮辺に　立ち渡り　との曇り合ひて　雨も賜はね」（四一二二）と歌った際の祈雨の対象は同国地方であったことが推考されよう。したがって、国司による国内諸神への祈雨奉幣がなされたかどうかは別として、家持の祈雨歌の背景に、国内の旱魃の場合には国司の責任において祈雨が執行されるという慣行を読み取れるのではあるまいか。

そもそも、律令では、国司の祭祀権として、養老職員令大国条が国司（守）の職務の第一に「祠社」をあげている。この「祠社」の中身については『令集解』（職員令、摂津職条）に諸説があるが、右にみたような国司の祭祀をも包摂せしめることはけっして不可能ではないと思う。[24] 同じく『令集解』（職員令、神祇官条）には「跡記云。此祭祀者。神祇令所レ謂。仲春年祈祭以下。季冬道饗祭以上諸祭是也。不レ及二諸国祭祀一。但班二諸国社幣帛一之日。亦掌行耳」の如く、神祇官の行う祭祀は「不レ及二諸国祭祀一」とあり、この跡記の説明こそ中央と諸国の関係を的確に表していると考える。


以上、縷述してきたところから、律令制下における各国単位での国司の祈雨祭祀が中央の命令を待たずに行われていたことが明らかになったと思う。[25] しかも、それは九世紀中葉以降においても基本的には大きな変化がなかったといえる。政府が執行する祈雨奉幣が伊勢神宮―畿内諸社―天下諸社に限られ、諸国単位での祈雨には直接的には関与することがなかったのである。[26] 六国史などにみられる祈雨記事のほとんどが伊勢・畿内・天下への奉幣であったことも、このことと無関係ではなかったといえよう。

### （3）唐祠令にみる祈雨祭祀

日本古代の祈雨祭祀の構造は前項までに述べてきたことに尽きるが、唐祠令には祈雨に関する条文（第四二〜四四条）がある。日本の祈雨祭祀への理解を前進させるためにも祠令の当該条文を検討しておきたい。

第四二条は京師の雨乞いの規定である。京師の場合は、まず「嶽鎮海瀆、及諸山川能興二雲雨一者」を北郊において望祭し、宗廟・社稷に対しても「毎二七日一皆一祈」るが、これらは「皆有司行事」とする。

第四三条には州県に旱害が生じた時、社稷や界内の霊験ある山川を祈ったが、その祭祀は州県に「嶽鎮海瀆」が存する場合は「州則刺史上佐行事」、その他の山川は「判司行事、県則令丞行事」とある。

これに対して、第四四条は止雨に関する条文で「霖雨不ㇾ已、禜二京城諸門一、門別三日、毎日一禜」。それでも雨が止まない時は「山川嶽鎮海瀆」に祈り、「三日不ㇾ止」時は宗廟・社稷に祈る。州県においても同様で城門・界内山川・社稷において禜る、とある。

こうした祠令の諸条文から窺われる唐の祈雨祭祀には、(一)京師と州県の区別があったこと、(二)京師と州県の祭祀はほぼ同じ形式が踏襲されていたことに特徴があったといえる。これを古代日本の祈雨と比較すると、かなり大きな相違点を見出すことが可能である。そのなかでとくに注目すべきは、日本では中央で行う祈雨の際、畿内への祈雨奉幣が伊勢神宮や天下諸国と同様に施行されていたのに対し、唐においては(一)のように京師と州県の別はあっても、畿内を単位とする雨乞いが唐令に規定されていなかったという点であろう(27)。これは日本古代の祈雨祭祀を特徴付ける点として留意されるように思うのである。

## (4)律令制祭祀の特質

これまで述べてきた祈雨祭祀は律令国家の執行した臨時祭の一つであるが、国家の恒例の祭とはどのような関係にあったのであろうか。ここでは律令制祭祀(四時祭)、『式』祝詞との関係について簡説していきたい。

律令制祭祀については、岡田精司氏に卓説(28)がある。岡田説に異論を挟む余地がないので、氏が述べられたところを要約すると、律令制的祭祀の特徴として以下の諸点があったとされる。すなわち、①全国三一三二座(二八六一処)を対象とする祈年祭において、伊勢神宮に対してのみ「奉幣」の語が使われ、「班幣」を使用する他社とは明瞭に区別されていたこと、②祈年祭で案上幣に預かる三〇四座のうち畿内神が二六四座（うち宮中神は三〇座）で全体の八七パーセントを占めていたこと、しかも、この三〇四座は月次・新嘗幣にも預かるものであったこと、③「大社」の社格を与えられる四九二座のうち畿内の神社は二六四座に及んでいたこと、④相嘗祭に幣帛を預かる四一社は畿内の有力な神社が中心であったこと、[29]などである。ここから律令制祭祀における伊勢神宮や畿内の神社の特殊な位置が分かるが、これは律令制祭祀が伊勢神宮を頂点とし畿内諸社を優遇する構造をもっていたことに他ならないと指摘されている。

次に、『式』祝詞であるが、これも右と同様な結論が得られる。『式』祝詞については、本書Ⅱで論じているので、詳細は省き、『式』祝詞のうち、「祈年祭」祝詞のみを取り上げておきたい。

「祈年祭」祝詞の構成は次の一一段からなる。

a　天神地祇への称辞

b　御年神への称辞

c　大御巫の斎く神への称辞

d　座摩御巫の斎く神への称辞

e　御門御巫の斎く神への称辞

f　生嶋御巫の斎く神への称辞

g　伊勢に坐す天照大御神への称辞

h　御県に坐す神への称辞

i　山口に坐す神への称辞

j　水分に坐す神への称辞

k　結文

このうち、たとえば、「某神の前に申す」という祝詞の慣用句をみると、「皇大御神の大前に申す」とあるのはgの天照大御神への称辞のみであり、他神への称辞が「皇神の前に申す」としているのとは著しい対照をなしている。諸神に捧げられる幣帛に関しても、gにみえる「大幣帛」の語は他の部分（「幣帛」）には、けっして見出せない。このように「祈年祭」祝詞では天照大御神に対する待遇表現は他神と峻別されるものがあった。また、「祈年祭」祝詞に登場する神々を検討すると、aの天神地祇およびgの天照大御神を別とすれば、早川庄八氏も指摘されているように、宮室の諸神（c・d・e・f）、大和盆地内の神々（b・h・i・j）がほとんどで、称辞の対象となった諸神の所在は「少なくとも畿内の範囲は出ない」(30)のである。さらに、aにはb～jと異なり、祈願（感謝）の言葉をともなってない点も注意される。かかる点からすれば、「祈年祭」祝詞にみる天照大御神―畿内神―天神地祇という構造は、岡田氏が述べられた律令制祭祀の構造的な特質と正確に対応していたと認められよう。そして、これが祈雨祭祀の特徴とまったく共通していたことも贅言を要しないところであろう。すなわち、古代国家が執り行った臨時の祈雨祭は祈年祭などの恒例の祭祀と基本的には同一構造を有していたのである。

## 3　祈雨祭祀の成立と変容

### （1）祈雨祭祀の成立

前節までに述べてきた古代日本の祈雨祭祀は、結論を先回りしていえば、天武五年（六七六）頃を一つの画期として成立したものであったと考えている。そのような見通しに導かれるのは次の諸点に依拠している。

　第一に、伊勢神宮への祈雨であるが、史料上の確実な初見は『続紀』延暦七年（七八八）五月己酉条（表3、69）であった。勿論、伊勢への奉幣がこれ以前に遡ることはいうまでもない。現に祈雨祭祀ではないが、『紀』持統六年（六九二）五月庚寅条には「伊勢・大倭・住吉・紀伊大神」への遣使がなされ、「告以二新宮一」として臨時の奉幣もなされている。伊勢への祈雨奉幣開始の時期は伊勢神宮の創祀とも関わる問題であろう。伊勢神宮がいつ頃成立したか、様々な議論があるが(31)、遅くとも天武朝には神宮が存在していた(32)としておくことには異論は生じないものと思う。したがって、ここではとりあえず、天武朝には伊勢への祈雨奉幣もはじまっていたとしておきたい。

　第二は、畿内諸社への奉幣である。『紀』天武六年五月是月条に「旱之。於二京及畿内一雩之」（表3、2）とあるので、天武六年にまで遡る。畿内制（原型）そのものは天武朝以前に遡源することは、大化改新詔の畿内の四至規定や最近の畿内制研究の成果(33)からも疑いない。ただ、ここで考察の俎上にのせたいのは、祈雨祭祀の構造の成立時点であって畿内制そのものの成立時期ではないのである。同じことは伊勢神宮への奉幣においてもあてはまる。律令制下の祈雨奉幣はくり返し述べたように、伊勢―畿内―天下という、いわば〝三位一体〟の構成をもっていた。この〝三位一体〟の成立年代こそが問われねばならないのである。

　第三に、天下諸国への祈雨について。筆者は『紀』天武五年是夏条の「大旱。遣二使四方一、以捧二幣帛一、祈二諸神祇一」の史料（表3、1）に着目したいと思う。なぜならば、該史料にみる「四方」とは、天下諸国に他ならず、天下に対する祈雨としてはこれが史料的に最初となるからである(34)。

　もっとも、「四方」については諸説あり、①律令七道制の前身としての広域行政区画説(35)、②単なる畿外諸国とする説(36)が最近主張されており、簡単に「四方」と天下を同義とするわけにはいかない。①②説は「四方」を畿外とみる点では共通するが、はたして成り立つのであろうか。確かに、『紀』崇神一〇年一〇月乙卯朔条に「畿内」と「四道」が、同じく大化二年（六四六）三月甲申条にも「畿内」と「四方諸国」が対比的な地域概念として登場している。ところが、その一方で、川副武胤氏がすでに述べられているように[37]、『古事記』（以下『記』と略）崇神天皇段にみえる、疫病流行の際、駅使を「四方」に派遣して河内国に意富多多泥古を得たという話のなかの「四方」は明らかに畿内（河内）を含むものであった。『紀』大化元年九月丙寅条の末尾に「遣二使者於諸国一、治レ兵」とあり、その注に「或本云、従二六月一至二于九月一、遣二使者於四方国一、集二種々兵器一」とあるのも、長山泰孝氏の指摘にあるように、「四方国が畿内との対比において用いられるものではなかった……単純に四方（ヨモ）の国をさし、実質は諸国を意味した」[38]と解するのが正しい。そもそも、『紀』皇極元年八月甲申朔条に皇極天皇が南淵河上で「跪二拝四方一。仰レ天而祈」とあるが、この場合の「四方」を畿外に比定するのはよほどのことがない限り不自然であろう。このように「四方」＝畿外とする①②説は承服できないのである。しかし、その反面、畿内に対比されるところの「四方」＝畿外という用例もやはり動かし難い。要するに、上記の諸史料を勘案すると、「四方」の原義とは中心に対する周辺の意[39]であって、その中心が宮都（天皇）の場合は天下諸国を指し、また、畿内政権を軸とした場合には畿外を指示すると理解されるのではないだろうか。二者のうちどちらが「四方」の本来的用法であるかは判断し難いが、「四方」とは多義的であり、具体的な意味はそれが使用されている史料の文脈に即して判定する他はないのであろう。いずれにせよ、律令制以前に「四方国」制なる国制の存在を想定する学説には到底、組することができないのである。

「四方」の語義の考証に手間取ってしまったが、問題の天武五年紀の「四方」は畿内―四方という対照のなかでこの語が用いられていないことからも、天下を指すとみるべきであろう。天武五年に天下諸国への祈雨祭祀が行われたと解釈する所以である[40]。

以上のことからすれば、祈雨奉幣の伊勢―畿内―天下という〝三位一体〟の構造は天武五・六年頃を一つの有力な画期として成立したといえよう。天武四年には龍田風神・広瀬大忌祭がはじまっており（『紀』天武四年四月癸未条）、同五年には諸国大祓(41)（「四方為二大解除一」）が実施されている（『紀』天武五年八月辛亥条）のも参照されてよい。荒木敏夫氏(42)は律令制祭祀が民間に流布する馬牛の屠殺儀礼を禁圧するものであったことを重視され、天武四年の馬牛を含む食宍の禁止（『紀』天武四年四月庚寅条）、翌年の放生の施行（『紀』天武五年八月壬子条）をもとに律令制国家祭祀成立の重要な画期を天武四・五年頃に求められた。傾聴すべき学説である。ちょうど、筆者のいう律令制下の祈雨祭祀の成立と時期を一にしていたことは改めて注意を喚起するまでもないだろう(43)。

### （2）祈雨祭祀の変質

天武朝初期に成立した律令制下の祈雨祭祀は一〇世紀中・後期に転期を迎える。それは「六国史以後」の祈雨祭祀史料から、一〇世紀に入っても伊勢神宮や畿内諸社に対する奉幣は依然として継続しているが、天下諸神への祈雨は次の三例を数えるに過ぎなくなるからである。

a　諸卿於二左仗一共議二定祈雨事一。即下二五畿七道諸国一符偁。近者炎旱渉レ旬。頃□□祈二甘雨一。冥感未レ致。宜下仰二諸国一奉二幣国内名神并官社一令中禱請上。（『扶桑略記』裏書、延喜八年七月戊寅条）

b　政後。上卿於レ陣行二内印事一。是依二祈雨一五畿七道明神奉幣。於二国分寺并有供定額寺一可レ読二仁王経一官符也。（『本朝世紀』天慶二年七月壬子条）

c　天暦二年五月……奉幣事、使神祇中臣官人、有二宣命一。給下七道諸国、転レ経奉レ幣可二祈禱一官符上。（『北山抄』六）

cが祈雨史料であることは『北山抄』六「祈レ雨例」に掲げられていることから、知られる。そして、管見の限りでは、天暦二年（九四八）のcの史料こそ天下諸国（七道諸国をも含む）への祈雨の下限とみられ、以後、かかる例は姿を消すようである。第2節で触れた儀式書の類で天下諸神への祈雨を記しているのが『新儀式』のみであり、同書の成立が応和三年（九六三）～康保四年（九六七）であった[44]こともあわせて参照されよう。

また、右と関連して、一〇世紀後半以降になると、旱魃が「天下」に及んでいながらも、祈雨奉幣が天下諸社に対して行われていないケースが散見することも指摘される。たとえば、応和元年（九六一）六月は「天下旱魃」（『扶桑略記』）であったが、奉幣の対象は伊勢神宮と畿内の一五社であった（『日本紀略』〈以下『紀略』と略〉、『祈雨記』応和元年六月甲辰条）。正暦二年（九九一）の場合も「六七月。天下旱魃」（『扶桑略記』）、「今年。天下有㆓旱魃之愁㆒」（『百練抄』）であったが、奉幣がなされたのは丹生・貴布祢社（『紀略』正暦二年六月庚申条）、伊勢・吉田・広田・北野などの一九社（『紀略』同年六月辛卯条、『二十二社註式』）であり、仁王経の転読が室生龍穴でなされた（『紀略』同年六月乙酉条）に過ぎない。上記の諸史料にいう「天下」がはたして天下諸国と同義かどうか、問題も残るが、いずれにしても「天下」旱魃にもかかわらず天下諸神への祈雨が実施された形跡を見出し得ないということは律令制的祈雨祭祀の変質を窺わせる一傍証となろう。

ところで、こうした祈雨奉幣の変化は、祈雨祭祀そのものが祈年祭などの律令制の恒例の祭と構造的に一致していたことからしても、（一）祈年班幣制度の衰退と並行するものであり、（二）平安中期の国内神名帳の成立と表裏の関係にあったといえよう。筆者がそのような考えをもつのは以下の如き理由にもとづくからである。

（一）の祝部不参という祈年班幣制の崩壊については多くの先学が指摘しており、今ここに詳論する必要はあるまい。本章では次のことのみを確認しておけば十分である。

それは、周知の通り、宝亀六年（七七五）以来、国家はしばしば官符を発して祝部の参集を督励した（『類聚三代格』

一、貞観一〇年六月二八日太政官符所引宝亀六年六月一三日太政官符）ものの、その効果を得ることがなかなかできなかった。三善清行の『意見封事十二箇条』（延喜一四年〈九一四〉四月二八日奏上）には神祇官に集まった祝部が「而皆於二上卿前一、即以二幣絹一、挿二着懐中一、抜二弃鉾柄一、唯取二其鋒一、傾二其瓫酒一、一挙飲尽、曾無下一人全持二出神祇官之門一者上、況其神馬、則市人於二郁芳門外一、皆買取而去」として幣帛を軽んずる情景が描写されている。多分に誇張があるにしても、これが班幣制崩壊の〝行き着く先〟を示すものとみて誤らない。

ところが、それ以後も延長四年（九二六）五月に班幣制の維持を意図する太政官符（『続左丞抄』治承二年七月一八日太政官符所引延長四年五月二七日太政官符、『政事要略』二六）[45]が出されている。また、『西宮記』恒例第二には「近社幣、祝来請。遠国幣、納二官庫一、付二朝集使一」とあった。『西宮記』にいう「近社」が具体的にどこを指すのかは問題であるが、それについて参考になるのが長和五年（一〇一六）三月の後一条天皇即位後の大奉幣に関する『小右記』の記事（同年三月壬子条）であろう。すなわち、「今日京畿内幣料、従二所司一下給、於二神祇官一切裹、令レ申二祝詞一、頒二付祢宜・祝等一、兼日召二仰神祇官一令二召候一也、皆是天慶九年例也」[46]として、一一世紀に入っても京畿の諸社の祢宜・祝に対する神祇官での班幣が行われており、しかも、それを「天慶九年（九四六）例」としていることである。この点から、『西宮記』の「近社」が京・畿内を中心とする諸社であった可能性は十分に認められよう。もっとも、「近社」が畿内のすべての官社に及んでいたと考える必要もあるまい。なぜならば、畿内諸社の祝部の幣帛不受の動きはすでに貞観一七年（八七五）三月二六日太政官符、寛平五年（八九三）三月二日太政官符、同六年一一月一一日太政官符（『類聚三代格』一）などでも指摘されているからである。『西宮記』段階での祈年祭班幣の規模はかなり縮小していたものと推想されよう。

その後、『江家次第』五は「遠社幣納二官庫一」と記し、頭書に「西宮云」として上記の『西宮記』の文をそのまま引用している。『西宮記』と『江家次第』の間に班幣制維持のための基本施策の変更がなされた形跡も乏しい[47]ことからも、『西宮記』の「近社」の祝部召集―班幣が『江家次第』にも基本的には継承されていったものと思われる[48]。とすると、ここで留意したいのは、国家が律令制的班幣制度の維持を画策していたのが『西宮記』前後の時期までであったこと、かつ、それが天下諸国を対象とした祈雨奉幣の最終例の天暦二年と比較的近接した年代であったという点である。すなわち、律令班幣制の衰退にともなって、天下諸神に対する祈雨も後退を余儀なくされたのであろう。

こうした律令制的神祇体制の衰退と密接に関連するのが（二）の国内神名帳の成立であろう。国内神名帳には各国単位に官社・非官社の区別なく、神階順に記されるという特徴があった[49]。しかも、『式』神名帳の式内社をはるかに上回る神（社）名を掲載しており、『式』神名帳とは無関係に各国衙において作成されたものと思われる。かかる国内神名帳成立の背景に一〇世紀後半以降の国司（受領）による強力な国内支配の確立――首長層や富豪層の神々の掌握があったことは推察するに難くあるまい[50]。かくして、国内神名帳の成立は中央の『式』神名帳の比重を相対的に低下せしめるものであり、（一）の班幣制の衰退――さらには天下諸神への祈雨奉幣の消滅と表裏一体であったと考えられよう。

なお、これまで述べたような祈雨祭祀の変容は、祈年穀奉幣についても同様にあてはまる。論の展開としては横道にそれることになるかもしれないが、右の見通しを補強する意味からも左に触言しておきたい[51]。

祈年穀奉幣とは「年穀を祈らんが為に、廿二社に幣《へい》を奉らる。二月と七月と二度《たび》あり」という『公事根源』の説明が簡潔にして要を得ている。ただし、奉幣対象が「廿二社」に限られるものではなかったことは『新儀式』四に「若有レ可二祈年穀一。上卿奉レ仰。先以下陰陽寮勘二吉日一文并十六社或社員増減不定也。使差文上（注略）奏之」とあることや後述からも明白であり、また、奉幣時期も二・七月以外に三月におよんだことは『柱史抄』上に記載があり、実例に徴してみても、さらに、四・五・六・八月に実施されたケースも少なくない。こうした点で『公事根源』の説は妥当さをやや欠いているといってよい。

しかし、何よりも注目してよいのは、祈年穀奉幣が「諸社（多くは十六社）、伊勢一社、五畿七道諸国の三種を対象」[52]としていた点であろう。しかも、ここにいう「諸社」（一六社・二二社など）が畿内の神社（伊勢神宮をも含む）であったこと、祈年穀奉幣の語が初見する延喜二年（九〇二）以降では天下諸国を対象とする祈年穀奉幣が四例あるが、それも天慶四年（九四一）七月例（『北山抄』六）を最後にみられなくなることである。かかる点において、祈年穀奉幣の構造と変質は祈雨祭祀のそれとまったく同一であった。[53]すくなくとも、祈雨祭祀の変貌はけっして孤立したものではなく、祈年穀奉幣とも共通する面をもっていたのである。[54]

（3）二二社制の成立

律令制下の祈雨祭祀は、はじめ伊勢―畿内―天下への奉幣という構造をもって成立したが、祈年穀奉幣と同様に一〇世紀中・後期には天下諸神への奉幣が存在しなくなる。その段階で形成されてくるのが後に二二社制として結実する伊勢―畿内神への奉幣であろう。

二二社制の成立過程は『二十二社註式』に記されている。それによると、康保二年（九六五）に一六社（伊勢・石清水・賀茂・松尾・平野・稲荷・春日・大原野・大神・石上・大和・広瀬・龍田・住吉・丹生川上・貴布祢）が定まり、その後、正暦二年（九九一）に吉田・広田・北野が加列されて一九社となり、同五年には梅宮、長徳元年（九九五）に祇園、長暦三年（一〇三九）に日吉社が加わって二二社となったとある。もちろん、同書の示すところの加列年次をそのまま信用することができないことは岡田荘司氏の指摘の通りであるが、とくに一六社奉幣が一〇世紀初頭を始源とし、一〇世紀中頃には頻繁に展開したことまでは否定できないであろう。[55]しかしながら、二二社制が伊勢神宮と畿内の諸社（日吉社のみが例外的）であったことは、その淵源を遡れば、一〇世紀よりもさらに古く、律令制の祈雨祭祀や祈年祭などにみられた畿内神優位の祭祀構造に逢着するものと思うのである。

ところで、こうした律令制祭祀と二二社制との間の連続性と同時に注意しなければならないのは、両者の畿内神（社）の質的な相違である。すなわち、令制下の祭祀で奉幣の対象となった畿内の神社はすべて式内社（官社）であったのに対し、二二社制には石清水・大原野・吉田・祇園・北野という式外社[56]（非官社）を含んでおり、しかも、その式外社のなかでは大原野・吉田・祇園の三社は神階をもたない神社（非神階社）でもあったという点である。律令制祭祀が、祈年祭における祝部不参集の問題を通してその変質を余儀なくされたように、二二社制も畿内という枠組は前代と共通し不変であったが、その中身には異質な側面を保持するようになったといえよう。

では、ここで述べた令制下の畿内諸社から二二社制（原型も含む）への転換はいつ頃生じたのであろうか。その点に関連して、筆者は本書Ⅱ―二の「古代祝詞の変質とその史的背景」で次のように述べた。①神々に位階を授けることによって成立する神階社制は天長～承和年間を機に変質を遂げ、以前においては神階授与は官社内に限られるという原則があったが、以後は官社・非官社を問わず、国衙を媒介とする神階による一元的な神祇再編成の方向へ変更したこと、②一〇世紀中頃には国家による神階授与例が大幅に減少するが、これはとくに中央において、極位に達した神社が増加して、神階による神々の序列化の意義が前代に比べて低下したためであること、の二点である。こうした国家の神祇政策の展開を念頭に置くと、二二社制の畿内という枠そのものは律令制下に遡るとしても、非官社―神階社が含まれるのは①の九世紀中頃の神階社制の成立を、非官社―非神階社は②の一〇世紀中頃における神階社制の衰退をそれぞれの出発点として形成されたものと考えられよう。

このように二二社制は律令制的神祇祭祀体制とは異なる面をもつに至ったが、畿内という枠組は後世にも継承されていった如くである。このことを端的に示すと思われるのが、治承三年（一一七九）の安芸国厳島神社の二二社加列の議に関する一件である。その経緯は『百練抄』『玉葉』『山槐記』によって知ることができる。それによると、同年二月、厳島神社を二二社に加える議があったが、「被ㇾ止二廿二社列一云々」（『山槐記』治承三年二月丁巳条）、二・一一月上申日を祭日にトし、二度の官幣を奉ることを定めて、左近衛中将平重衡を遣わして幣帛を奉らしめた、とある。厳島神社が二二社の仲間に加わることができなかった理由は様々に想定されよう(57)。しかし、その根源的な原因の一つに同社が畿外に位置していたことがあげられるのではあるまいか。そして、ここに七・八世紀来の畿内制の影響を察知するのはいささかうがち過ぎた見方であろうか。

## まとめ

本章の考察結果をまとめると、以下の通りである。

Ⅰ　『続紀』前半部分にみえる「名山大川」の祈雨記事は伊勢神宮・畿内諸社・天下諸社への祈雨奉幣を意味するものであったと思われる。

Ⅱ　日本古代の祈雨祭祀ではその奉幣対象が伊勢神宮・畿内諸社・天下諸社（いずれも式内社）の三種に限定されていた。若干の例外はあったとしても、この原則はかなり厳守されていたといえる。それに対して、各国レベルでの祈雨については政府が直接的に関与したという形跡がなく、国司の独自の判断によって実施されていたと推定される。

Ⅲ　この祈雨祭祀の構造的特徴は唐祠令にみるそれと著しく相違するものであったが、律令制下の恒例の祭である祈年祭などにみられる伊勢神宮や畿内諸社を重視する体制と基本的によく一致していた。
Ⅳ　伊勢―畿内―天下を対象とする祈雨は天武五・六年頃を一つの有力な画期として成立したと考えられる。
Ⅴ　一〇世紀の中・後期には、祈年祭などの律令制的班幣体制が畿内中心へと縮小化していくのと並行して、祈雨奉幣そのものにも変化があり、天下諸神への奉幣が姿を消す。かかる段階で形成されてくるのが伊勢―畿内諸社への奉幣を軸とする二二社制であった。二二社制は令制下の畿内という枠組に強く規制されていた反面、そのなかに非官社―神階社、非官社―非神階社を含むという点では前代とは異質な面をもっていた。

本章では「名山大川」の語に導かれながら、律令制祭祀のうちの臨時祭――そのなかで祈雨奉幣を手がかりに律令制的神祇祭祀体制から、平安期の二二社制への展開を跡付ようとした。そこでは、畿内という枠組が祈雨祭祀の有り様を拘束していたことを指摘した。なぜ、畿内諸社が伊勢神宮や天下諸社と並んで重視されていたかと問われれば、律令国家が畿内政権から出発したことに起因する[58]と答える他はないように思う。しかも、その状況は平安期に入っても原則的には変更するところがなかったのである。

注

（1）岡田精司「律令的祭祀形態の成立」（『古代王権の祭祀と神話』塙書房、一九七〇年）、加藤優「律令制祭祀と天神地祇の物祭」（『奈良国立文化財研究所論集』Ⅳ、一九七八年）、森田悌「祈年・月次・新嘗祭の考察」（『解体期律令政治社会史の研究』国書刊行会、一九八二年）、井上光貞『日本古代の王権と祭祀』（東京大学出版会、一九八四年）三四～五八頁、早川庄八「律令制と天皇」（『日本古代官僚制の研究』岩波書店、一九八六年）、古川淳一「班幣祭祀の成立」（『歴史』七四、一九九〇年）など。

（2）たとえば、西宮秀紀「律令制国家の〈祭祀〉構造とその歴史的特質」（『日本史研究』二八三、一九八六年）五〇〜五二頁参照。

（3）律令制的神祇祭祀体制の平安期への展開については、本書の序論「問題の所在」でも一部、述べたが、ここでは、川原秀夫「古代における祭祀統制とその変質」（『歴史学研究』五七三、一九八七年）に触言しておきたい。
　同論文は論点も多岐にわたるが、本章の内容と関連する箇所を中心に論旨を整理すると、以下の通りとなろう。すなわち、古代首長制下の祭祀を霊威継承を媒介とした系譜意識とし、それは五世紀から七世紀前半にかけて首長権継承儀礼の整備のなかで形成されるが、七世紀以降の在地社会の変容のなかで共同体を体現するものから乖離していく。かかる段階での系譜意識は首長の階級支配を正当化する支配イデオロギーへと変質していくが、それに対して、国家は七世紀後半に郡司を中心とした在地首長の秩序や系譜意識を抑止するために在地首長や村落首長のまつる全官社を並列に扱う官社制を導入する。しかし、この官社制では流動的な在地の状況をとらえきれず、九世紀には首長層や富豪層による在地社会の再編を掌握するための神階社制が諸国を単位として確立する――とされている。細部には異論もあるが、五世紀から平安期まで幅広く見通した論考であり、従うべき点が多い。

（4）管見に触れた祈雨祭祀の研究としては、梅田義彦「平安時代に於ける祈雨止雨の行事（上）（下）」（『神社協会雑誌』三六―一〇・一一、一九三七年）、梅原隆章「日本古代における雨乞い」（『日本歴史』七四、一九五四年）、逵日出典「平安初期に於ける国家的雨乞の動向」（『神道史研究』一〇―三、一九六二年）、桑島禎夫「古代の祈雨について」（『民間伝承』二六―二、一九六二年）、高谷重夫『雨乞習俗の研究』（法政大学出版局、一九八二年）、野口武司「六国史所見の「祈雨・祈止雨」記事」（『国学院雑誌』八七―一一、一九八六年）、亀田隆之「『続日本紀』考証三題」（『律令国家の構造』吉川弘文館、一九八九年）八二〜八六頁、笠井昌昭「「皇極紀」元年条の祈雨記事をめぐって」（『キリスト教社会問題研究』三七、一九八九年）、岡田千毅「日本古代の祈雨・祈止雨儀礼について」（『人文論究』四三―二、一九九三年）などがあるが、いずれも本文で述べたような課題に十分答えるものではない。
　そうした研究状況のなかで並木和子「平安時代の祈雨奉幣」（『平安時代の神社と祭祀』国書刊行会、一九八六年）は、本格的な祈雨祭祀の論文といえる。その要旨は、①平安期の祈雨奉幣は桓武朝の伊勢奉幣・名神奉幣からはじまり、嵯峨朝に特定数社奉幣と丹生・貴布祢社奉幣が出現する。その後、延喜年間に、以上の四種を再編する形で一六社奉幣・二社奉幣・

一一社奉幣が成立した。②一六社・二社・一一社奉幣は使者のあり方から、それぞれ太政官主導型・蔵人所主導型・神祇官主導型に分けられ、神祇官→太政官→蔵人所型の順で出現した、というものである。

このうち、①に関しては、本章の考察領域とも重なるところでもあるが、卑見との相違点も少なくない。それについては、本章のなかで自ずから明らかになると思うので、詳細は省略したいが、さしあたって、並木氏の論で気にかかるのは、各史料の記載方針の違いをほとんど考慮されていない点である。これにはなお検討の余地があろう。

（5）たとえば、『後漢書』順帝紀、陽嘉元年二月条に「京師旱。庚申、勅二郡国二千石一各禱二名山岳瀆一、遣下二大夫謁者一詣二嵩高首陽山一、并祠二河洛一、請上雨」、同質帝紀、永嘉元年条に「夏四月壬申雩。……五月甲午詔曰、……郡国有名山大沢能興二雲雨一者、二千石長吏各絜斎請禱、謁レ誠盡レ禮」などとある。

（6）浜田耕策「新羅の祀典と名山大川の祭祀」（『呴沫集』四、一九八四年）。その他、李基白「新羅五岳の成立とその意義」（『新羅政治社会史研究』学生社、一九八二年）、洪淳昶「新羅の三山五岳と新羅人の山岳崇拝について」（『三上次男博士喜寿記念論文集　歴史編』平凡社、一九八五年）参照。

（7）中国の「名山大川」は唐祠令第二三条による。

（8）六九七～一一〇七年の間の、祈雨を含む臨時祭祀に関しては、岡田荘司・並木和子編「臨時神社奉幣表（一）（二）」（『国学院大学日本文化研究所紀要』五九・六二、一九八七・八八年）に一覧表による整理がなされているが、祈雨記事の整理は本章の考察の起点でもあるので、二三三～二三二頁に筆者が作成した表3を載録した。なお、「六国史以後」の祈雨祭祀史料（長保二年〈一〇〇〇〉まで）については、拙稿「十世紀祈雨祭祀史料集成稿」（『中部女子短期大学社会文化研究所研究年報』三、一九八七年）でまとめたところでもあり、本書では掲載を省いた。

（9）表4、37の「名山」については、新訂増補国史大系本の頭注に「名山、一本此下有大川二字」とある。

（10）高橋渡「続日本紀の祈雨記事について」（『日本大学史学科五十周年記念歴史学論文集』日本大学史学科創立五十周年記念事業実行委員会、一九八七年）に祈雨記事の区分をめぐる考証があり、本章と重複する部分も多いが、煩をいとわず取り上げることにした。

（11）「群神」の語がBグループ（巻二四～三四）にのみみられることも指摘される。

（12）井上薫「続日本紀」（『国史大系書目解題』上、吉川弘文館、一九七一年）。

(13) 天平四年七月丙午条は「令下両京四畿内及二監依二内典法一以請上雨焉」とあり、その後に祈雨を命じた詔（40）がある。したがって、この時の旱魃は畿内が中心であり、「京及諸国」も畿内諸国を指す可能性が高い。

(14) 「名山大川」の語は祈雨記事以外の史料にも見出すことができる。たとえば、『名例律』裏書の「五刑事」に「在レ天為二五星一。在レ地為二五岳一。在二陰陽一為二五行一。在レ世為二五礼一。在レ人為二五蔵一」、『大般若波羅密多経』一六七に「現在者争二栄於五岳一、保二寿於千齢一」（『寧楽遺文』中）とある。両史料の「名山大川」については、新川登亀男「奈良時代の道教と仏教」（『論集日本仏教史』二、雄山閣出版、一九八六年）に考察がある。その他、『日本後紀』延暦一五年八月己卯条にも「名山大川」の語がみえる。

(15) 河村秀根『書紀集解』下（国民精神文化研究所、一九三七年）四三三頁。

(16) 「名山大沢」の語も中国に出典がある。たとえば、『礼記』五には「凡四海之内九州。……凡二百一十国。名山大沢不二以封一」、「天子之県内、……凡九十三国。名山大沢不二以盼一」とみえる。

(17) 並木、前掲（4）一三〇～一三二頁。

(18) 祈雨祭祀は奉幣のみに限らない。この他にも、天皇の祈雨や祭主による神祇官斎院における祈禱もあった。
このうち、前者に関していえば、祈雨を実施した天皇として、皇極（『紀』皇極元年八月甲申朔条）・桓武（表3、68）・醍醐（『祈雨記』延喜二年〈九〇二〉六月一〇日条）・一条（『御堂関白記』寛弘元年〈一〇〇四〉七月一〇日条）が知られる。天皇の雨乞いについては、十分な考えをもつに至っていないが、とりあえず、それぞれの時代背景が相違していた点を重視したい。すなわち、シャーマンとしての性格を色濃く残していたと観念される皇極（和田萃「古代の祭祀と政治」〈『日本の古代』七、中央公論社、一九八六年〉四〇～四二頁）、「みずからを中国の皇帝になぞらえて、その権威と権力を絶対化しようと」していた桓武（早川「上卿制の成立と議政官組織」〈前掲（1）所収〉一五九頁）、摂関政治体制期の醍醐・一条の相違である。

後者については、一六例がみられるが、藤森馨氏は「祭主祈祷に関する覚書」（『大倉山論集』三三、一九九三年）において、祭主の祈禱が神社への奉幣の代替として承和九年にはじまり、一一世紀にはそれ自体を目的とした重要神事となったと指摘されている。祭主祈禱は祈雨祭祀の方法としては九世紀中頃に新たに確立したものといえよう。

(19) なお、祈雨のために各社において読経を行う例も表3、193を史料上の初見として九世紀後半から一〇世紀末までに二七例みられるが、このうちの一二例は193・222のように奉幣とセットで祈雨がなされていること、読経の対象となった神社が本文に述べる祈雨祭祀の原則とも合致することから、表2では、ひとまず祈雨奉幣例に含めて、例数を表示した。

(20) 丸山竜平「勢多橋と近江国府」（『勢多唐橋』六興出版、一九九〇年）一六三～一六八頁。

(21) ただし、神馬の色彩は時代によって変化があった。すなわち、祈雨に黒馬、止雨に白馬（『式』三）から、黒馬―赤馬（『新儀式』四）を経て、白馬―赤馬（『禁秘抄』下）へと変わっていく。この色調の転換が古代から中世にかけての色彩のシンボリズムの変動の一環に位置付け得ることは黒田日出男「「荒野」と「黒山」」（『境界の中世象徴の中世』東京大学出版会、一九八六年）二三～二四頁に指摘がある。

(22) 藤原保則は貞観八年（八六六）に備中権介、同一三年に備前介、同一六年に備前権守となった。

(23) 西別府元日「九世紀中葉における国政基調の転換について」（『日本史研究』一六九、一九七六年）。また、小倉慈司「八・九世紀における地方神社行政の展開」（『史学雑誌』一〇三―三、一九九四年）も参照される。

(24) ちなみに『令義解』には「謂。祠者。祭百神也。社者。検校諸社也」とある。

(25) 諸国の旱害が中央に報告さるべきものであったことはいうまでもない。公式令国有瑞条に「凡国有大瑞。及軍機。災異。疫疾。境外消息者。各遣使馳駅申上」とあり、このなかの「災異」が「水旱之類」を含むものであった（義解・穴記）ことから窺知される。

(26) 『続紀』には、一国ないしは数ヵ国単位（畿外）で旱・霖雨という記事が二二例見出し得る。いずれも祈雨祭祀がなされたことが記されていないが、このような場合は国司による祈雨が実施されていたのであろう。

(27) 養老令条文の「畿内」と唐令にみえる「畿内」とはそれぞれ対応条文において一致しないことがすでに西本昌弘氏によって指摘されている（「畿内制の基礎的考察」〈『史学雑誌』九三―一、一九八四年〉六一～六三頁）。この祈雨規定もその一類といえよう。

(28) 岡田、前掲（1）。

(29) 相嘗幣に預かる神社のうち、紀伊国所在の日前・国懸・伊太祁曽・鳴神四社の幣帛は畿内諸社のそれと比べて極端に少ない（『式』二）。幣帛量で畿内と紀伊の間に大きな格差が付けられていた如くである。

(30) 早川、前掲（1）二三頁。

(31) 直木孝次郎「天照大神と伊勢神宮の起源」（『日本古代の氏族と天皇』塙書房、一九六四年）、岡田精司「伊勢神宮の起源」（前掲(1)所収）、同「伊勢神宮の成立と古代王権」（『古代祭祀の史的研究』塙書房、一九九二年）など。

(32) 拙著『記紀神話の成立』（吉川弘文館、一九八四年）八五～八八頁。

(33) 大山誠一『古代国家と大化改新』（吉川弘文館、一九八八年）、大津透「律令国家と畿内」（『律令国家支配構造の研究』岩波書店、一九九三年）、西本、前掲(27)など。

(34) 天武五年以前の「四方」祭祀としては、『紀』推古七年四月辛酉条に「則令二四方一、俾レ祭二地震神一」とある。

(35) 八木充「大化改新詔の述作について」（『山口大学文学会誌』一一―一、一九六〇年）二八頁、石母田正『日本の古代国家』（岩波書店、一九七一年）一五八～一五九頁・二一一～二一二頁、前田晴人「古代国家の境界祭祀とその地域性（上）（下）」（『続日本紀研究』二一五・二一六、一九八一年）、同「「四方国」制の実態と性格」（『続日本紀研究』二二五、一九八三年）。ただし、前田氏は「ヨモツクニ」と不可分の関係にある「ウチツクニ」について、「大和の坂」を畿内国の境界とする第一次段階（「四方国」制施行期から大化まで）と改新詔の四至を境域とする第二次段階（大化から天武末年）を想定されている。

(36) 西本、前掲(27)五二頁、大津、前掲(33)三六～三八頁。

(37) 川副武胤「畿内の制と古事記」（『日本古典の研究』吉川弘文館、一九八三年）二九三頁。

(38) 長山泰孝「改新詔と畿内制の成立」（『古代国家と王権』吉川弘文館、一九九二年）一八八頁。

(39) たとえば、『三代実録』貞観一七年正月癸丑条に「冷然院火」の時、「募二四方人一。令レ救レ火」とある場合の「四方人」は当然、火災のあった冷然院周辺の人の意となろう。

(40) 加藤優氏は『紀』持統四年正月庚子条の「班二幣於畿内天神地祇一。及増二神戸田地一」をもとに、①この記事は祈年祭（あるいは即位を告げる大奉幣にあたる）を示すこと、②持統朝において祈年祭の対象範囲が畿内神であること、③それが全国の班幣へと拡大したのは大宝令段階であったことを指摘されている（前掲(1)六五～六七頁）。このような見解は渡辺晋司氏にもある（「大幣と官社制度」〈『神道及び神道史』三一・三二、一九七八年〉）が、①はともかくも、②③については従い難いように思う。というのは、この班幣は該記事の後半に「増二神戸田地一」とあることからも、祈年祭か大奉幣を通しての畿内神への優遇措置と推考するからである。天武・持統朝における官社制の整備は畿内中心に展開したとしても、畿外に官社が存在していなかったとは考えにくいのではあるまいか（川原「律令官社制の成立過程と特質」〈『日本古代の政治と制度』続群書類従完成会、一九八五年〉四二九頁、西宮、前掲(2)四六頁)。

(41) 諸国大祓についても、祈雨祭祀と同様な特徴を見出し得る。それについては、拙稿「諸国大祓考」（本書Ⅲ―二）を参照されたい。

(42) 荒木敏夫「伊場の祭祀と木簡・木製品」（『伊場木簡の研究』東京堂出版、一九八一年）。

(43) 人形・馬形などの木製模造品の種類と分布が天武・持統朝を画期とし、その内容に『式』の祭料記載とも一致するものがあることから、木製模造品からみた律令制「祭祀」のはじまりが天武・持統朝まで遡るという考古学の知見もある（金子裕之「古代の木製模造品」〈『奈良国立文化財研究所研究論集』Ⅵ、一九八〇年〉）。

(44) 清水潔「清京記と新儀式と天暦蔵人式」（『皇学館論叢』九―二、一九七六年）。

(45) 『続左丞抄』に「……諸国調庸貢進之日。惣二計年中祭物之数一。可レ納二別蔵一。勒二其事状一。載二延長四年五月廿七日符一」、『政事要略』に「新嘗祭幣物応二勤行一。延長四年五月廿七日宣旨。在二祈年祭部一。」とあり、延長四年五月に班幣制の維持・励行が命ぜられたことが分かる。なお、『西宮記』恒例第二には「延長四年官符云、祈年・月次・新嘗等之祭、幣帛物不レ受之国、朝集公文、自今以後、宜レ令二彼官物勘畢移一者」とある。

(46) 京畿内神への班幣については、『左経記』長和五年三月八日条に関係記事がみえるが、『御堂関白記』同日条には「宮中・京中諸幣物下レ従二諸司一、於二神祇官一、切裹、斎院申二詔戸一、召二祢宜・祝一、班奉」として、班幣が「宮中・京中」の諸神にのみなされたとあり、『小右記』『左経記』とは異なっている。このうち、『御堂関白記』の記述に従えば、畿内諸社の祝部参集もかなり狭い範囲に止まっていた可能性が考慮されよう。

(47) 『西宮記』から『江家次第』の間では、後三条天皇の時代の延久二年（一〇七〇）六月二八日に阿波国司に対して、忌部神と天石門別八倉比売神の祈年・月次祭の幣物を受け取るべきことを命じた官符が出され（『後二条師通記』裏書）、また、永長元年（一〇九六）二月四日に右の「後三条院宣旨」にもとづき、「使未レ参之処、所レ納二官底一差二副官使一可レ奉者也、可レ取二物返抄一者也」とした記事（『後二条師通記』）があるに過ぎない。

(48) 『西宮記』恒例第二には月次祭の班幣について、「遠社幣納二官庫一。朝集使入京日、可二付送一」とあり、『江家次第』七にもほぼ同文がみえる。

ところで、畿内諸社への班幣制が決定的に破綻してくるのは『江家次第』以後のこととみられる。それは次の二史料が手がかりになるからである。①一二世紀前半、保安年間の『摂津国正税帳案』(『平安遺文』一〇—補四五)に「例用穀穎」として「供奉国内名神柒拾伍座幣帛料」とあった。この七五座は『式』神名帳の摂津国の官幣社座数と、幣帛としての「糸・綿」は祈年祭の国幣の中身(『式』一)とそれぞれ合致している。したがって、右の摂津国の「幣帛料」は国幣としての支出とみる他はあるまい。すくなくとも、一二世紀前半頃には同国の官幣社はすべて国幣社に移行したことが考えられよう(川原、前掲(3)五〇頁)。②一三世紀中頃の『神祇官年中行事』の祈年祭条に「諸社神馬廿二疋」を「諸社可レ請取レ之処。近代本官年預請二取之一」とあった。祈年幣帛に馬が加えられるのは伊勢神宮と神祇官の高御魂神・大宮女神、大和国内一八社に限られていた(『式』一)。伊勢神宮は別としても、大和国内の神社の「社司」も当時、神祇官に参向していなかったことが窺われる。

いずれにしても、かかる史料から、一二世紀前半以降の祈年祭は「神祇官に於ける自己完結的祭儀へと年々縮少・変貌していった」(小松馨「平安時代中期に於ける神社信仰」〈『神道学』一二四、一九八五年〉三八頁)ことが知られよう。

(49)　三橋健「解題」(『神社編一　総記(上)』神道大系、神道大系編纂会、一九八六年)六頁、川原、前掲(3)四九頁。

(50)　拙稿「古代祝詞の変質とその史的背景」(本書Ⅱ—一)。

(51)　祈雨と祈年穀は目的が共通していたため、両者が結合した例も少なくない(並木、前掲(4)一四四〜一四五頁)。

(52)　岡田荘司「一〇世紀における神社行政」(『国学院雑誌』七四—九、一九七三年)二五頁。

(53)　ただし、祈年穀奉幣の開始期も祈雨祭祀と同じく天武朝に想定しているわけではない。小松氏は天長九年(八三二)六月二二・二五日(七月一五日・二二日が正しい)にそれぞれ伊勢神宮、五畿内七道諸国名神に防風雨祈願の奉幣がなされていること(『紀略』)をもって祈年穀奉幣の成立とされた(前掲(48))。また、岡田荘司氏は小松説よりもさらに遡って、弘仁元年(八一〇)七月一八日の畿内名神に対しての「嘉穀」祈願の遣使奉幣(『類聚国史』)を祈年穀奉幣の淵源とされている(「十六社奉幣制の成立」〈『平安時代の国家と祭祀』続群書類従完成会、一九九四年〉二三二頁)。

祈年穀奉幣が本文に述べた如く、伊勢—畿内—天下奉幣という構造をもつことからすれば、伊勢神宮への年穀祈願は天長元年が、畿内へは弘仁元年が、天下諸国へのそれは天長九年が各々史料上では最初であることからして、祈年穀奉幣の成立は弘仁元年を上限とし天長九年を下限とする時期であったとすべきであろう。以上の点から、小松・岡田説をおおむね妥当としたい。

(54)　祈雨・祈年穀以外の臨時奉幣についても、本文で指摘したことと同様の傾向が認められる。九世紀から一一世紀末までの臨時奉幣（祈雨・祈年穀は除く）で天下諸社（七道諸社を含む）を対象とするものを便宜的に五〇年毎に区切って例数をあげると、八〇一～八五〇年…一八例、八五一～九〇〇年…二六例、九〇一～九五〇年…八例、九五一～一〇〇〇年…七例、一〇〇一～一〇五〇年…五例、一〇五一～一一〇〇年…四例と一〇世紀以降の減少は顕著である。しかも、一〇・一一世紀代では二四例のうち、ちょうど、半数例が仏舎利奉献・一代一度大神宝使発遣の五〇数社奉幣であった。五畿七道諸国諸社を対象とする臨時奉幣は形骸化していくといえよう。

(55)　岡田、前掲(53)。

(56)　このうち、大原野社の列格は長元三年（一〇三〇）であり（『類聚符宣抄』一）、また、吉田社は嘉承元年（一一〇六）であった（『二十二社註式』）。

(57)　田中久夫氏は厳島神社が二二社に加えられなかった理由として「平氏が「成り上り者」であった」ことと、平氏の厳島信仰は日が浅く氏神といえるものではなかったことの二点を指摘されている（「平氏の氏神について」〈『史泉』二六、一九六三年〉四八～四九頁）。

(58)　関晃「律令支配層の成立とその構造」（『新日本史大系』二、朝倉書店、一九五二年）、吉田孝「「律令国家」と「公地公民」」（『律令国家と古代の社会』岩波書店、一九八三年）三二一～三九頁、早川、前掲(1)、西本、前掲(27)、大山、前掲(33)、大津、前掲(33)など。

[付記]　本稿をなすにあたって、名古屋古代史研究会例会（一九八五年四月二一日）における稲葉佳代氏の報告「律令制下における賑給について」に多くの示唆を受けた。記して謝意を表する次第である。

# 二　古代奉幣儀の検討

## はじめに

古代律令国家においては、朝廷から神々に幣帛を供えるあり方に、班幣と奉幣の二種類があった。前者は祈年・月次・新嘗祭の恒例の祭祀において神祇官斎院で中臣が祝詞を読み、忌部が諸社から参向した祝部に幣帛を班つというものであった。それに対して、後者はたとえば、祈年祭で伊勢神宮に対しては特別に勅使を遣わして幣帛を奉り、また、臨時に諸社に祈願をする場合に勅使に祝詞（宣命）と幣帛を授けるというもので、前者の班幣とは明瞭に区別されていた。この両者の相違については、すでに岡田精司氏が次のような的確な指摘をされている。(1)

第一に「班幣」または「頒幣」という用語は、伊勢神宮に対しては絶対に用いず、常に「奉幣」の語のみが使われている。第二に祈雨等の臨時祈願の時には、一般に「奉幣」も用いられている。班幣という語は、神を敬って奉献するという意味ではなく、幣物を朝廷から〝班《わか》つ〟というものであり、恒例の四度の宮廷祭祀に全国の社に幣帛を供える時にだけ用いられる語であった。この言葉の意味から考えても、一般に考えられているように、天皇が敬神の念を以て諸神を〝奉斎〟(2)するためのものではないようである。

この岡田説には一部に批判もあるが、古代国家の祭祀の特質を鋭く指摘された学説として通説化したといってよいであろう。

しかしながら、ここで問題にしたいのは、臨時祭祀の場合、伊勢神宮のみならず諸社に対しても「一般に「奉幣」も用いられている」という事実である。すなわち、祈年祭などでは奉幣―班幣によって伊勢神宮と諸社との待遇上の区別がなされながら、一方、臨時祭祀においてはそれが解消してしまうが如き状況とは、いったいどのように理解すればよいのであろうか。この点からして、すくなくとも臨時祭祀における奉幣にはどのような意味があったのか、検討すべき問題があろう。

本章では右の素朴な疑問を糸口として、臨時祭祀などで奉幣使発遣儀が行われる場を中心に奉幣の史的意義を考察してみたい。そして、それと同時に、奉幣儀の成立と歴史的変遷も追求していきたいと思う。

なお、本章でいう班幣・奉幣（儀）とは宮中における儀式――祝部に対する班幣の儀・奉幣使発遣儀――を指すものであることをあらかじめ断っておきたい。

## 1 班幣儀と奉幣儀

（1）祈年祭儀

本節では、まず、班幣儀がどのような儀式次第で行われていたのかを知るために、班幣の典型である祈年祭を『儀式』によって整理しておきたい。ただし、ここでは祈年祭における奉幣―班幣の関係などを確認できれば十分である。

『儀式』一による祈年祭儀とは以下の通りである。

（一）　卯四刻、所司は庶事を弁備し、神祇官は幣物を斎院に陳ねる。

(二)　神祇官人は御巫らを率いて中門より入り、西舎の座に就く。大臣以下は北門より入り、北舎の座に就く。式部輔は群官を率いて南門より入り、南舎の座に就く。
(三)　左右馬寮は御馬二一疋を牽き、南舎の東頭に立つ。
(四)　神祇官掌二人は祝部らを率いて南門より入り、西舎の南頭に立つ。
(五)　中臣は庭の座に就き、祝詞を読む。一段了る毎に祝部は称唯す。
(六)　神祇官・大臣以下・五位以上・諸司主典以上・祝部は手を拍つ。
(七)　神祇伯は史に幣帛を班つことを命ずる。史は御巫・諸神祝を唱え、神部は幣を執り頒つ。太神宮の幣帛は使を差して進める。
(八)　大臣以下は退出する。

この儀の特徴をまとめると、第一に、神祇官斎院で行われるものであったこと、第二に、伊勢神宮には勅使を派遣して幣帛を奉る形の奉幣と、諸社から斎院に参向した祝部に幣を班つ班幣とは明瞭に区別されていたこと、第三に、天皇の出御がみられないこと、第四に、斎院に参集した中央官人としては神祇令季冬条に「其祈年月次祭者。百官集二神祇官一」とあり、『儀式』が大臣以下・五位以上・諸司主典以上――『延喜式』一一（太政官）には「諸司五位以上六位以下各一人共集」とある[3]――としていたことが指摘される。そして、このような特徴をもつ祈年祭班幣儀――月次・新嘗祭儀も共通するところが多い[4]――は後に述べる奉幣儀とは著しく異なるものであった。

(2)　各奉幣儀

儀式書には奉幣儀を記すものが少なくないが、そのなかでは『江家次第』の記載がもっとも詳しい。それによると、

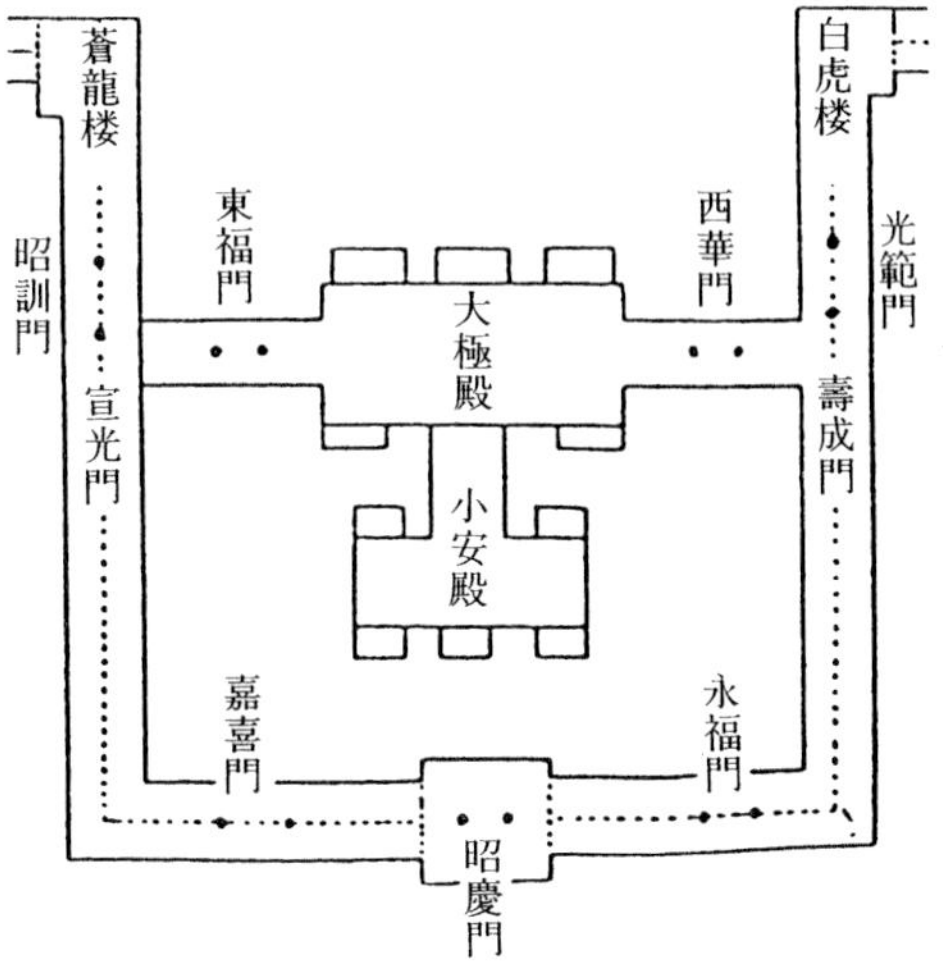


八省院図（部分、『拾芥抄』より抄出）

当該儀は恒例の祭祀としての二月の祈年穀奉幣[5]・九月の神嘗祭（例幣）と様々な臨時祭祀における奉幣使儀とに大別される。ここでは『江家次第』によりながら、恒例の祭儀から順次、各儀を取り上げていくこととしたい。

〔祈年穀奉幣儀（『江家次第』五）〕

祈年穀奉幣とは年穀祈願のために伊勢神宮以下の二二社に奉幣するものであるが、その奉幣使発遣儀の中心的部分を左に掲げた。

（一）　上卿が八省院北廊座に著し、弁を召して「幣物具否」を、外記を召して「使等参否」を問う。

（二）　上卿は八省院東廊座に著す。

（三）　中臣・忌部は（小安殿壇下に）列立し、忌部は小安殿東第一間小案上の外宮幣・内宮幣を取る。

（四）　上卿は使王を（東廊座前に）召して宣命を給わる。

（五）　上卿は本座（北廊座）に還著し、石清水以下二一社の使を召して宣命を給わる。

（六）　上卿は嘉喜門より還出する。

右のうち、伊勢以外の諸社使に幣帛を授ける件が『江家次第』には記述されていない。しかし、同書には「史於㆓宮城門㆒裹㆑幣、裹了次第立㆓於嘉喜門外面東西腋㆒、可㆓東行㆒者立㆓東掖㆒、可㆓西行㆒者立㆓西掖㆒」とある。このことからすれば、諸社使は八省院北廊の上卿座前で宣命を給わった後、宮城門（内裏外郭南門の一つ）で裹まれた幣帛を嘉喜門外で受けとり、諸社に向けて出立したと思われる。

ところで、右は天皇の出御がない場合であるが、『江家次第』は「若有二行幸一時儀」もあわせて規定している。すなわち、「発二伊勢使一之後還御、上卿於二左仗一召レ使給二宣命一、於二左衛門陣北舎一、裹レ幣畢之後、立二幣於外記内（門カ）南北一」とあった。この場合、天皇の行幸先が記されているわけではないが、神嘗祭などの際の伊勢神宮への奉幣儀（後述）を参照するならば、小安殿であったとみて大過あるまい。また、伊勢への奉幣儀が終了すると、天皇は内裏に還御し、上卿が内裏内の左仗（左近衛陣座）に諸社使を召して宣命を給わるという。諸社の幣帛は外記門（内裏外郭東の建春門）に立てるとあるので、諸社使は左仗を退出後、建春門にて幣帛を受けとったものであろう。

表4　祈年穀奉幣儀

| | 伊勢 | | 諸社 | |
|---|---|---|---|---|
| | 宣命 | 幣帛 | 宣命 | 幣帛 |
| 行幸なし | 八省院東廊 | 小安殿 | 八省院北廊 | 嘉喜門 |
| 行幸 | （小安殿） | | | |
| 還御後 | | | 左仗 | 建春門 |

以上の祈年穀奉幣儀を整理すると、表4の如くになる。天皇の出御の有無、伊勢幣と諸社幣の別によって儀場が変化している。しかし、表4からも、同儀が基本的には八省院（八省院東廊―小安殿）と内裏（左仗―建春門）で行われていたことが察せられよう。これは祈年祭などの班幣儀が神祇官を舞台に実施されていたことと截然と区別されるのである。また、祈年穀奉幣の場合、主要な参列者は公卿・弁・史・内記・内侍などであり、時には天皇の出御もあった。これも、祈年・月次祭に「百官」が参集していたことや天皇の出御がみられなかったことと対照的であったといえよう(6)。

〔神嘗祭儀（『江家次第』九）〕

次に、伊勢神宮神嘗祭に際しての勅使発遣儀である。これも『江家次第』の九月「十一日小安殿行幸装束」「同行幸次第」によって、当該儀の核心部分を整理すると以下の如くになる。

(一) 天皇が小安殿に出御すると、上卿は使と幣物の「具不」を外記・弁に問う。

(二) 天皇が小安殿東第二間の御座に就く。

(三) 天皇は舎人を召す。少納言が代って小安殿巽壇下の版に就く。

(四) 上卿は八省院東廊を経て東福門外西掖座に著す。

(五) 中臣・忌部は(小安殿巽壇下の)版に立ち、忌部は南階より昇り、殿上の外宮幣・内宮幣を取る。天皇は中臣を召して「如レ常能申進礼」と勅すと中臣らは退下す。

(六) 上卿は使王を(東福門外の)座前に召して宣命を給わる。

(七) 天皇は還宮する。

以上のことからも明らかなように、神嘗祭奉幣とは上卿が東福門外において使王に宣命を給わる儀と、天皇が小安殿に出御して中臣・忌部に幣帛を授ける儀からなっていた。先述の祈年穀奉幣において天皇が行幸した場合の伊勢神宮奉幣もおそらく、この八省院儀をそのまま踏襲するものであったとみて差し支えあるまい。

ところで、『江家次第』九には神嘗祭に関連して、①「摂政参二小安殿一被レ奉レ遣二伊勢幣一儀」、②「例幣次第無二行幸一儀」③「行二幸神祇官一被レ立二伊勢幣一儀」が記載されている。

これらを右の(一)~(七)の件と比べてみると、①に関しては共通点が多い。相違するところのみを指摘すると、天皇に代って摂政が小安殿の座に著すこと、(六)の上卿が宣命を給わる座が八省院「子午廊」(東廊)に敷かれること——それも「当今度敷二東福門外一」とある——の二点であった。②の天皇の行幸がない場合は八省院東廊で宣命が、小安殿において幣帛が勅使に授けられており、祈年穀奉幣の（一）～（四）の部分とおおむね一致している。また、③は神祇官斎院を儀場とするものであるが、神嘗祭使発遣儀の東福門（宣命）―小安殿（幣帛）の形式が神祇官斎院（東屋―正庁）で同じように実施されているに過ぎない。すなわち、大臣は東屋において使王に宣命を、天皇は正庁に出御して中臣・忌部に幣帛を給わっているのである。このようにみてくると、神嘗祭奉幣とはあくまでも、八省院内において実施されるものが基本であったといえよう。

なお、ここで斎王群行儀（『江家次第』一二）について触言しておきたい。斎王の群行は神嘗祭使発遣時にあわせて行われるものであり、前記の天皇出御の神嘗祭儀と比較すると、斎王群行儀には天皇が斎王の額に〝別れの御櫛〟を刺す件などの独自の儀式もみられるが、使王に宣命を給わる場が東福門外であることなど、全般的に類似していることも確かである。ただ、該儀で注意しなければならないのは天皇の御座が大極殿の高御座の東、斎王の座が御座の北東、幣帛が斎王座の南に置かれたという点である。すなわち、斎王群行時に限って天皇は大極殿にまで出御したのである。これは神嘗祭の時には小安殿行幸であったことと対比されよう。この両者の相違は看過できないところであり、実は小安殿における奉幣儀の性格を考察する際の一つの有力な手がかりになるものと思われるので、後に改めて言及したいと思う。

次に、『江家次第』に臨時祭儀とされている奉幣儀を検討してみよう。

〔伊勢公卿勅使儀（『江家次第』一二）〕

伊勢公卿勅使とは特別の大事に際して、王・中臣・忌部らを従えて伊勢神宮に派遣される勅使のことで、勅使には参議以上の殿上人が宛てられた。小松馨氏は、公卿勅使のはじまりは九世紀末に遡るが、同使を殿上人が勤めるという要件が成立するのは一〇世紀中頃以降のことであったとされている(7)。

伊勢公卿勅使発遣儀では、勅使は清涼殿上に召されて宸筆の宣命を給わり、「能久申進礼」という勅があり、また、「宣命読了、於二神前一可レ焼レ之」との仰があった。その後、勅使は「與二上卿一向二八省一、或有二行幸一者供二奉之一、其儀如レ恒、忌部等罷レ幣之間、上卿著二東廊座一、若有二行幸一者、著二東福門外座一」とある如く、神嘗祭儀と同じ八省院儀が後接した。天皇が行幸するか否かによって上卿が宣命を給わる場が変わる点も神嘗祭儀と共通している。

〔於二神祇官一被レ立二奉幣使一儀（『江家次第』一二）〕

伊勢神宮以下二一社への奉幣使発遣儀である。これは神祇官斎院における上卿の行事であるが、①伊勢神宮への宣命は斎院の東屋において、幣帛は正庁で使に給わっていること、②二一社使に関しては、①の儀が終わった後、北門において「上卿次第召レ使給二諸社宣命一、使毎レ出レ門弁令レ分二附其幣一」とあること、③『江家次第』に「大極殿焼亡後、数年被レ行二此儀一」という注記があることの三点が知られる。以上のことからして、当該儀が神祇官儀というのもやはり本来の形ではなく、「行二幸神祇官一被レ立二伊勢幣一儀」（神嘗祭）と同様、八省院東廊―小安殿をそのまま斎院内の建物に見立てて儀式が執行されたものであった。その際、神祇官北門が八省院北廊の上卿座や嘉喜門にあたることはいうまでもない。

〔臨時奉幣儀（『江家次第』一二）〕

『江家次第』に「開二奉幣使卜串一儀」とあり、イ本に「奉幣付開二卜串一儀」とある儀には、伊勢神宮以下諸社への奉幣使派遣の儀の記述が含まれている。そこで、ここでは「臨時奉幣儀」として取り上げることとした。もっとも、その記載内容は簡略で儀式次第を十分に知ることができない。しかし、上卿が八省院東廊で使王に宣命を給わること、その後、上卿は北廊で諸社使に宣命を給わり、諸社使は幣帛を具して退出することなどは窺知される。それは先述の祈年穀奉幣儀と一致するものであった。そもそも、諸史料には臨時の諸社奉幣の記事が散見しているが、かかる際の奉幣儀のなかには右の形式にもとづくものも少なくなかったと推測されよう。

〔祈雨・止雨奉幣儀（『江家次第』一二）〕

丹生川上社と貴布祢社への祈雨・止雨奉幣使儀である。それによると、上卿が使に宣命を給わる場は「仗座」（左仗）であり、また幣帛は「外記門南北」に立てられるとある。この形は既述の祈年穀奉幣（天皇行幸）の伊勢以外の二一社への奉幣使儀に等しい（六六頁、表4参照）。このことからすると、伊勢神宮を含まない諸社への臨時奉幣儀には天皇の出御はなく、左仗（宣命）―建春門（幣帛）で奉幣使が発遣されたものと思われる。

〔宇佐使儀（『江家次第』一二）〕

宇佐使とは宇佐八幡宮に派遣された勅使のことであるが、その発遣儀はこれまで述べてきた諸奉幣儀とはいささか様相を異にする。『江家次第』の「宇佐使事」にみる儀式次第は左記の通りである。

（一）主上は清涼殿石灰間にて神宝を覧じ、東廂の御簾を垂れて御馬を覧ず。
（二）主上は清涼殿孫廂に出御し、使は東庭の座に著す。
（三）主上は御禊の後、孫廂南第一間に置かれた神宝を拝す（両段再拝）。
（四）主上は入御し、使は退出する。後に使は蔵人とともに昇殿して神宝を昇き出す。
（五）上卿は使を清涼殿小板敷に召して宣命を給わる。

このように宇佐使に神宝・宣命を給わる儀は天皇出御のもとに清涼殿内で行われており、八省院が儀場とされることはない。清涼殿が奉幣の場となるのは伊勢公卿勅使・大神宝使発遣の際にもみられるが、清涼殿内だけで祭儀が完結するのは宇佐使の儀にのみみられる特徴であった[8]。また、『江家次第』の注記には「或於㆑陣給㆓宣命於使㆒、御物忌時」として、天皇の物忌の時には勅使は陣座で宣命を給わるとある。これは右の清涼殿儀の略儀といえよう。

〔於二建礼門前一被レ立二奉幣使一儀（『江家次第』一四）〕

『江家次第』には「建礼門行幸装束」「同行幸」として、建礼門前で伊勢神宮への奉幣使が発遣される儀が記載されているので、ここでは「於二建礼門前一被レ立二奉幣使一儀」と仮称して取り上げた。当該儀は建礼門南庭に臨時に幄舎を立てて行われるものであるが、天皇以下参列者の座の配置は八省院儀（東福門―小安殿）のケースと多くの点で共通している。儀式次第も、『江家次第』の文章に脱文があり一部に判明しない箇所もあるが、おおむね八省院儀と変わるところがないようである。したがって、この儀も八省院儀をそのまま形を変えずに建礼門前に場所を移して実施したものと理解してよいであろう。

ところで、該儀に関しては『江家次第』の「同行幸（建礼門行幸のこと――引用者注）」に「御受禅之後、以下可レ為二即位一之由上被レ申二伊勢太神宮一也、近則天慶・永観・寛弘・長元・延久等例也、治暦依レ無二建礼門一、幸二神祇官一被レ申」として、伊勢神宮に即位の由を奉告する使の発遣時に建礼門前が用いられるとある。また、「治暦」には「依レ無二建礼門一」、神祇官に天皇が行幸して同儀が行われたという。とすると、神祇官での奉幣は建礼門前の儀の代替として行われたものであり、けっして本来的なものではなかったといえよう。

なお、『江家次第』には、建礼門前で即位由奉幣使が発遣される日に、賀茂社に「斎王不レ替之由」を告げる場合、「還二御宮一後、大臣著二宜陽殿一、若著二左仗一召二使参議一給二宣命一、……出二建春門一具二御幣一参二彼社一、件幣倚二外記門外北恒〔垣〕下一」という文がみえる。すなわち、建礼門前儀が終了し、天皇が内裏に還御した後、宜陽殿（左仗）―建春門外で賀茂社への奉幣使儀が行われるというのである。これは祈年穀奉幣などで伊勢奉幣使と諸社奉幣使の発遣場所が別々であったことと同じであった。

〔大神宝次第（『江家次第』一五）〕

表5　大神宝次第

| | 宣　命 | 幣　帛 | 神　宝 |
|---|---|---|---|
| 伊勢 | 八省院東廊 | （小安殿） | 昭訓門外 |
| 宇佐 | 八省院北廊 | （嘉喜門） | 清涼殿西一間 |
| 諸社 | 八省院北廊 | 嘉喜門 | 八省院廊艮角 |

（注）カッコ内は推定。

大神宝使とは天皇即位後、伊勢神宮以下の五〇数社に宣命・幣帛・神宝を奉る勅使のことである。『江家次第』は「延久元年四月七日」[十]の後三条天皇の時の発遣儀を記している。それによると、前述の清涼殿における宇佐使儀に八省院での祈年穀奉幣儀（上卿行事）を接続させたような形で行われていたことが知られる。ただし、大神宝使儀と両儀との間には相違点もあった。それは大神宝使儀の場合、清涼殿南庭には宇佐社への幣帛も置かれ、「主上両段再拝了、次使置ㇾ幣退出」とあること、また、八省院においても「行事蔵人・出納・小舎人具㆓神宝㆒、候㆓八省廊艮角㆒、但伊勢大神宝・御馬在㆓昭訓門外㆒」とあることである。かかる点に留意しつつ、大神宝使儀において、勅使が宣命・幣帛・神宝を給わる場を整理すると、表5の如くになる。この表からも、伊勢・宇佐両社と他の諸社との処遇が異なることが窺えるであろう。

以上が『江家次第』にみられる奉幣儀のすべてである。ここからは次の諸点が指摘されよう。

第一は、奉幣儀が行われる場は八省院（東福門―小安殿）、内裏（左仗―建春門、清涼殿小板敷―同孫廂）、建礼門前（東幄―北屋）、神祇官斎院（東屋―正庁）がその中心であった。このうち、建礼門前・神祇官での奉幣儀はともに八省院儀の代替として実施されていたことである。

第二は、左仗―建春門における儀を別とすれば、各奉幣儀には天皇が出御することもあった。また、天皇以外の参列者としては上卿・弁・外記・史などであったことである。

第三として、奉幣儀を天皇の出御の有無という観点からみると、同じ奉幣という語が使用されているとしても、伊勢（宇佐）と諸社間の待遇上の格差は歴然としていることである。すくなくとも、天皇が小安殿に行幸して行われる儀は伊勢神宮への奉幣の時だけで、奉幣儀のなかではもっとも重視されていたものと思われる。それに対して、諸社への奉幣は伊勢奉幣が終わった後、八省院北廊―嘉喜門か左仗―建春門において、あるいは、はじめから左仗―建春門でなされるのが原則であり、その時には天皇の出御をみない。(9) しかも、かかる儀場のあり方は建礼門前儀・神祇官儀においても同じく見出されたことも注意される。

第四は、斎王群行の時の神嘗祭奉幣儀の場合だけは天皇は大極殿にまで行幸したことである。

右述のうち、第一から第三までの奉幣儀の特徴を前項で述べた祈年祭などの班幣儀と対照させると、第一と第二の点は明らかに両者が相違するところとして、逆に第三点は祈年祭で奉―班幣として伊勢神宮と諸社の間を差別していたこととパラレルの関係にあったとすることができよう。

## 2　奉幣儀の成立と展開

### (1)　奉幣儀の展開

前節で指摘した諸奉幣儀は『江家次第』にみられるものであった。同書の成立は一二世紀前半にまで下るだけに、『江家次第』の奉幣儀のあり方がいつ頃に成立したかは考察せねばならない課題である。

そこで、この問題解決のために、『江家次第』の奉幣儀を軸に整理した表6を作成した。この表をもとに、次の点について検討を試みることとした。

(一)『江家次第』以外の主要な儀式書の類に独自にみえる奉幣儀を取り上げて、表6に付け加えること(α)。次に、九・一〇世紀の諸史料における奉幣儀の実例で表6にみえない形のものがあれば、それを列挙すること(β)。

すなわち、（α）（β）を通して、『江家次第』およびそれ以外の諸書にみえる奉幣儀とはどのようなものであったかを把握することとしたい。その際、奉幣が行われる場を中心に検討を加えていくことはこれまでの論と同じである。

（二）そのうえで（一）で指摘した諸祭儀が各儀式書にどのようにあらわれているか（γ）、また、六国史や諸記録に各奉幣儀の件数がどの程度検出できるのか（δ）を問題にする。そして、かかる作業（γ）（δ）によって、『江家次第』などが定める奉幣儀の成立年代を見極めていきたいと思う。

そこで、（α）から順に言及していくこととすると、表6にも明らかなように、『江家次第』以外の儀式書にのみみられる奉幣儀はさほど多くない。

まず、4は伊勢神宮への臨時奉幣であるが、『延喜式』一五に神嘗祭儀の後に「臨時幣帛亦同」とあるので、同儀も神嘗祭と同じ内容であったことが分かる（他に『清涼記』〈『政事要略』二四所引〉、『西宮記』恒例第三、『北山抄』六も同じ）。

表6　各奉幣儀の儀場と例数

| No | 儀場 | 対象 | 事由 | A | B | C | D | E | F | W | X | Y | Z |
|---|---|---|---|---|---|---|---|---|---|---|---|---|---|
| 1 | 東福門—小安殿 | 伊勢 | 例幣 | △ | ○ | △ | ○ | ○ | △ | 6 | 2 | 16 | 11 |
| 2 | 〃 | 伊勢 | 神嘗祭（摂政） | | | | | | | | | | |
| 3 | 〃 | 伊勢 | 公卿勅使 | | | | | | | | | | |
| 4 | 〃 | 伊勢 | 臨時奉幣 | | △ | △ | | ○ | △ | 15 | 5 | 13 | 28 |
| 5 | 八省院東廊—小安殿 | 伊勢 | ＊祈年穀奉幣 | | | | | | | | | | |
| 6 | 〃 | 伊勢 | ＊臨時奉幣 | | | | | ○ | △ | 2 | | 10 | 10 |
| 7 | 〃 | 伊勢 | ＊大神宝 | | | | | | | | | | |
| 8 | 〃 | 伊勢 | 神嘗祭（摂政） | | | | | | | | | | |
| 9 | 〃 | 伊勢 | ＊神嘗祭 | | | △ | | △ | ○ | | | 3 | 6 |

15は『北山抄』二に神嘗祭の際に「行幸後、俄降雨者、於二太極殿一発遣。如二斎王発向日儀一。見二旧記一云々」とあるので、天皇行幸後の「俄降雨」の場合は「斎王発向日儀」（斎王群行儀）と同じく、天皇は大極殿に出御して奉幣が行われたものと思われる。しかも、15と同じ事情は

| | | | | | | | | | | | | | |
|---|---|---|---|---|---|---|---|---|---|---|---|---|---|
| 10 | 〃 | 伊勢 | *公卿勅使 | | | | | | | | | | |
| 11 | 八省院北廊―嘉喜門 | 二一社 | *祈年穀奉幣 | | | | | | | | | | |
| 12 | 〃 | 諸社 | *臨時奉幣 | | | | | ○ | △ | | | 2 | 6 |
| 13 | 〃 | 諸社 | *大神宝 | | | | | △ | △ | | | | |
| 14 | 東福門―大極殿 | 伊勢 | 斎王群行 | | △ | | | △ | | 2 | 4 | 1 | 4 |
| 15 | 〃 | 伊勢 | 神嘗祭(降雨) | | | | | | △ | | | | |
| 16 | 〃 | 伊勢 | 臨時奉幣(降雨) | | | | | | △ | | | | |
| 17 | 左仗―建春門 | 二一社 | *祈年穀奉幣 | | | | | | | | | | |
| 18 | 〃 | 丹貴社 | *祈雨・止雨奉幣 | | | | | | | | | | 3 |
| 19 | 〃 | 賀茂 | *斎王不替 | | | | | | | | | 1 | 1 |
| 20 | 〃 | 諸社 | *臨時奉幣 | | | | | △ | △ | | | 3 | 8 |
| 21 | 左仗 | 宇佐 | *宇佐使(御物忌) | | | | | ○ | △ | | | | 1 |
| 22 | 左衛門陣(侍従所) | | | | | | | △ | △ | | 1 | 12 | 6 |
| 23 | 建礼門前東幄―北屋 | 伊勢 | 即位由奉幣 | | | △ | | △ | ○ | | 1 | 1 | 1 |
| 24 | 神祇官東屋―正庁 | 伊勢 | *神嘗祭 | | | | | | △ | 4 | 1 | 1 | 2 |
| 25 | 〃 | 伊勢 | *臨時奉幣 | | | | | | | | | | |
| 26 | 神祇官北門―北門 | 二一社 | *臨時奉幣 | | | | | | | | | | |
| 27 | 清涼殿上 | 伊勢 | 公卿勅使 | | | | | | | | | | |
| 28 | 清涼殿小板敷―孫廂 | 宇佐 | 宇佐使 | | | | | ○ | △ | | | 4 | 3 |

(注)　ゴチック数字は『江家次第』に記載がない奉幣儀。儀場の欄には使に宣命と幣帛を給わる場を掲げた。事由欄に*印を付したのは上卿行事であることを示す。A～Fは儀式書を指す(A儀式、B延喜式、C清涼記、D九条年中行事、E西宮記、F北山抄)。
また、○印は各儀の要素がすべて見出されるもの、△印はそれが一部分か、推定されるもの。W～Zは各年代毎の実例数(W八〇一～八五〇年、X八五一～九〇〇年、Y九〇一～九五〇年、Z九五一～一〇〇〇年)。

16の伊勢への臨時奉幣儀にもみられた(『北山抄』六所引「古記」)。

20の左仗―建春門における臨時奉幣については、『西宮記』臨時一(甲)の「臨時奉幣」に「有㆓行幸㆒者、伊勢使進発後還㆑宮。自㆑陣発㆓諸社使㆒」、『北山抄』六の「奉㆓幣諸社㆒事」の項に「若無㆓伊勢使㆒者、於㆓陣座㆒給㆓宣命㆒」とある。ただし、この場合、勅使が幣帛を給わる場が記されていないが、17～19からすれば、建春門(外記門)とみて誤らないであろう。

22の例は『西宮記』臨時一(甲)の「臨時奉幣」に「上卿着㆓侍従所㆒行㆓奉幣事㆒」「着㆓左衛門陣㆒行例」、『北山抄』六の「奉㆓幣諸社㆒事」に「禁中有㆑穢之時、令㆓外記伝仰㆒、或就二左衛門一仰レ之」としてわずかに登場する儀である。侍従所と左衛門陣（建春門）とは互いに東西に向い合って位置していることからも、両者は同一の場所を指しているのであろう。もっとも、『西宮記』や『北山抄』からは左衛門陣での詳細な式次第を窺えないが、一〇世紀末までの実際例を踏まえると、左衛門陣での奉幣儀については以下の点が指摘される。それは、①当該儀の史料上の初見は『三代実録』仁和二年（八八六）九月丁亥条で、神嘗祭に際し、「宮門左右衛門陣之内」の畫所に犬死があったため勅使の出立が「建春門前左衛門陣外」でなされたとあること、②仁和二年の神嘗祭使発遣以外はすべて臨時の奉幣であること、③勅使には宣命のみが授けられたようで、すくなくとも幣帛を給わった例がないこと、④左衛門陣外で奉幣使発遣がなされた理由には内裏内の穢（九例）、仏事（五例）、物忌（一例）があり、いずれも内裏内部の事情によるものであったことの四点である。このうち、④の内裏の穢の際に左衛門陣で奉幣儀を行うというのは、伊藤喜良氏の指摘[10]にある如く、中世以降も衛門府が宮中の穢を祓う役割を担っていたことと結び付くのであろう。

なお、21については、先に『江家次第』には宇佐使が陣座で宣命を給わるのは天皇の物忌の時とある旨を紹介したが、『西宮記』臨時一（甲）や『北山抄』六は即位後の和気氏発遣や非殿上上卿の時としていることを付け加えておきたい。

次に、（$\beta$）として、表6に掲げた儀に合致しない、いわば例外的な形といえる諸例について一瞥する（かかる諸例を表6に追補することは繁雑になるので、本文で言及するに留めた）。

4は東福門—小安殿における伊勢神宮への臨時奉幣儀であるが、それが建礼門前で行われた例として、承和三年（八三六）一二月六日の伊勢奉幣があった（『続日本後紀』）。他に延喜七年（九〇七）一二月五日のように、建礼門前の伊勢プラス諸社への奉幣例も知られる（『貞信公記』）。ただし、右記の二例の場合、儀場に八省院が利用されなかった理由は判明しない。

伊勢神宮に対する月次祭奉幣に臨時奉幣が重複した場合は6に則った形の勅使発遣儀が行われている（『本朝世紀』天慶二年（九三九）六月辛巳条）。しかし、その一方で、延喜一六年（九一六）六月一一日、同一七年六月一一日の如く、使王が左近衛陣座で宣命を給わっている例（『西宮記』恒例第二〈裏書〉）もあった。

6と12を一続きとする儀のバリエーションとしては、『日本紀略』寛和元年（九八五）八月己亥条に「於二建礼門一奉レ遣二祈雨伊勢以下諸社幣帛使一。……依二丙穢一天皇不二出御一」とある建礼門前の奉幣儀があげられる。この場合、かかる異例の措置がとられた原因としては「丙穢」があったことが指摘されようか。

7・13の大神宝使の儀については、『江家次第』などには上卿行事だけが規定されているが、『紀略』安和元年（九六八）一〇月庚午条には「天皇御二大極殿一。被レ立二伊勢已下諸社幣帛使一。是則大神宝被レ奉故也」とある如く、該儀に天皇が出御するケースもあった。その際、諸多の奉幣例に準拠すれば、天皇が出御するのは小安殿、伊勢以外の諸社使の発遣は左仗—建春門でなされたものと推測される。

14の斎王群行儀に関しては、天皇の大極殿出御儀だけが儀式書にみえるが、『本朝世紀』天慶元年（九三八）九月己未条によると、「此度。天皇依二御物忌一不二出御一。……准二貞観三年恬子斎王例一行レ之」とあり、「貞観三年」例を前例として、天皇の不出御のこともあったことが分かる。もっとも、こうした儀においても、東福門—大極殿という儀場にはまったく変更が加えられていない。ただし、元慶三年（八七九）九月九日の群行儀では天皇が豊楽殿に出御して行われている（『三代実録』）。これには貞観一八年（八七六）四月一〇日に大極殿・小安殿などが火災によって焼失したため、元慶三年一〇月八日に「大極殿成」（同上書）までは豊楽殿が大極殿の代用であったという事情が存在した。

20に関連しては、『紀略』貞元元年（九七六）六月丙申条の「天皇行二幸八省院一。奉レ遣二伊勢幣帛使一。又石清水。賀茂。松尾。平野幣帛使。還二御職御曹司一遣レ之」とあるのが留意される。この時、石清水以下の諸社使が内裏ではなく、職御曹司から発遣されたのはやはり異例のことといわざるを得ない。しかし、当該例にも理由があった。同年五月一一日に「内裏有レ火。……天皇遷二御職曹司一」（『紀略』）とあるからである。

23の建礼門前における伊勢への即位由奉幣使儀については、『江家次第』は「天慶」以後の例を列挙している（前掲）。「天慶」以前には貞観一八年（八七六）一二月一七日の例（『三代実録』）があったが、これには八省院焼亡（『三代実録』貞観一八年四月丁巳条）の影響が考慮される。もっとも、同儀が必ずや建礼門前で行われたわけでもなかった。建礼門前以外での事例を指摘するならば、①前述の「治暦」例のように天皇が神祇官に行幸して行われる（『江家次第』）もの、②天長一〇年（八三三）三月四日例（『続日本後紀』）、元慶八年（八八四）二月一九日例（『三代実録』）、安和二年（九六九）九月二〇日例（『北山抄』五・『紀略』）の如く、天皇が小安殿に出御して実施されるもの、③康保四年（九六七）九月二一日のように仗座（宣命）―八省院（幣帛）とするもの（『本朝世紀』）――ただし、康保四年の奉幣の時に前例としてあげられた延長八年（九三〇）一一月一四日の儀は『貞信公記』に「不二奉幣一」とある――の三型が知られる。『北山抄』五には「検レ例、御二八省一希有也。或云、雖レ不レ御二大極殿一、即位以前幸二八省院一、猶不レ快云々」とあり[11]、また、建礼門前の奉幣儀の史料上の初見が②に比べて新しいことから、即位由奉幣儀としては②こそが本来型であり、後に『北山抄』に記されたような理由から建礼門前の儀や①③の型が派生したと考えられよう[12]。

なお、建礼門前の儀に関していえば、『西宮記』臨時一（甲）に「延喜十二五、於二建礼門前一被レ立二幣使一。年穀。延長九、有二此例一。可レ尋。応《和欤》二二廿六《八》・康保二二廿六。有二此例一。」とある。右からすれば、建礼門前では祈年穀奉幣儀も行われていたことになろう。

28の宇佐使の場合も清涼殿小板敷―孫廂型で定式化していたわけではなかった。たとえば、天慶元年（九三八）一

○月九日の例は儀場を綾綺殿に移して行われた（『本朝世紀』）。これは同年八月二七日から、天皇が綾綺殿に還御した（『紀略』）ことに由来しよう。また、天徳二年（九五八）一〇月一七日の時は「右大将於二弓場一召レ使給レ之」（『親信卿記』）とあるように、内裏の弓場殿で宇佐使が宣命を給わった例もある。同じ例は天延二年（九七四）八月七日の石清水使発遣の時にもみられた（同上書）が、石清水使の場合は宇佐使の例にならったものといえよう。

以上、『江家次第』にはみられない奉幣儀を、（α）諸儀式書において、（β）諸史料のなかの実例をもとに検討してきた。その結果、（α）（β）にはやや特異な型も存したが、『江家次第』に記載されている儀とおおむね一致していたといえる。すくなくとも、『江家次第』が規定する儀を大幅に逸脱するような形のものは儀式書類や諸史料のなかにはなかったと判断してよいと思う。

そこで、右記のことを前提としたうえで、（二）『江家次第』などにみる奉幣儀の基本はいつ頃成立したとすればよいのであろうか。ここではそれを、（γ）諸儀式書がどの程度、各奉幣儀を記載しているかという観点から、考察を加えていきたい。

まず、表6をみる限りでは、『江家次第』の奉幣儀のあり方に近似するのは、やはり一〇世紀中頃の『西宮記』以後といってよいであろう。しかしながら、この事実から直ちに『江家次第』の諸奉幣儀の成立も一〇世紀中頃と推断すべきではあるまい。それは九世紀後半成立の『儀式』に着目したいからである。『儀式』五には「九月十一日奉二伊勢大神宮幣一儀」として、天皇が小安殿に出御して幣帛を中臣・忌部に給わる儀が記されている。同書には東福門外で上卿が使王に宣命を給わる儀が載せられていないが、この点については、すでに小松氏が指摘されているように[13]、小安殿と東福門の儀はそれぞれ別の場所で行われている故、『儀式』は後者の儀の記載を省略しているのであろう。『式』三八（掃部寮）の奉大神宮幣帛条に「東福門内西掖設下大臣賜二宣命一之座上、東福門外東掖設二外記、内記座一」とあるのも参照されてよい。前節でも述べたように、神嘗祭における東福門—小安殿の奉幣儀はすべての奉幣儀の中心的存在であった。とすれば、『江家次第』にみる諸奉幣儀の原形は遅くとも『儀式』の段階に遡って成立していたといえよう。

ところで、『儀式』以前では十分な手がかりが乏しい。しかし、弘仁九年（八一八）以前には成立したとされている『内裏儀式』[14]については、『本朝法家文書目録』から「九月十一日奉二幣伊勢大神宮一式」の篇目があったこと、伝本『内裏儀式』には上記の篇目や本文がみえないが、諸史料には関連の逸文が残されていることが知られる。その逸文をあげると、『本朝世紀』天慶四年九月戊辰条に「内裏儀式云、如レ常好中奉之者」、『西宮記』恒例第三に「内裏儀式云、出二閤外一可二一許丈一以二執レ幣者一不レ見為レ限。皇輿還レ宮云々」、同頭注に「内裏儀式云、中務置レ版云々。少納言入就二版位一云々。中臣・忌部及後取者三人就二版位一立云々」、『北山抄』八に「内裏儀式云、乗輿還レ宮不二警蹕一」とあった。これらはいずれも断片的なものではあるが、儀式次第の大筋では『儀式』の神嘗祭と一致するところが多い[15]。したがって、『江家次第』などの奉幣儀の基本型は九世紀初頭の『内裏儀式』においてすでに成立していたとみなすことができよう。

このことは（δ）の各奉幣儀の実例数が示すところとも矛盾しない。表6は、便宜的に奉幣の記事が増加する九・一〇世紀代に限って例数を表示したものである。該表からして、一〇世紀以降に、『江家次第』と共通する奉幣の記事数が多くなることは確かとしても、九世紀前半期（W）においても伊勢神宮への奉幣儀の例が諸書にかなりあったことを見逃すべきではあるまい。奉幣の実例件数からも奉幣使儀の成立年代を九世紀前半にまで遡及させることができるのである。

なお、ここで念のために確認しておきたいのは、奉幣使発遣儀の基本的な骨組が遅くとも九世紀前半には成立していたとしても、その一方で、各奉幣儀が時代の流れのなかで様々な変容を被りながら、『江家次第』にみる形に定着していったという点である。後者のような儀式の変質の一部は既述したところでもあるので、重複しない限りで指摘すると、たとえば、摂政による八省院での神嘗祭儀（2・8）については実際例が検出されるのは長和五年（一〇一六）九月一一日例（『御堂関白記』）以後であること、しかも、『江家次第』以前の儀式書には該儀の記述がないことからすれば、摂政による神嘗祭儀は一一世紀以降に比較的新しく成立したものとしてよいであろう。

また、『江家次第』が奉幣儀で対象とした神社をみると、伊勢・賀茂・宇佐・丹生川上・貴布祢・二一社・諸社・五〇数社がすべてであった（表6参照）。このなかでは諸社の中身が問題になるが、諸社を不特定多数の神社の意とは解することはできない。『北山抄』六に「奉二幣諸社一事旧例、数多十六社、近代、及二廿一社一。」とあるように、諸社とは後に二二社制に収斂していくような神社であった[16]。したがって、『江家次第』の奉幣対象社は伊勢神宮と畿内の主要な神社が中心であったといえる。前章において、古代の祈雨奉幣は対象が伊勢—畿内—天下諸社の三種に限られていたが、一〇世紀の中・後期には天下諸社への奉幣が消滅して、伊勢—畿内を軸とする奉幣が成立し、それが二二社制の母体になったことを指摘した。とすれば、『江家次第』で奉幣の対象とされた神社は一〇世紀中頃以降のものを反映しているといわざるを得ない。このような点を勘案すれば、『江家次第』の奉幣儀をそのまま古く遡らせることはできないのである。

### （2）八世紀における奉幣儀の成立

『江家次第』などの奉幣儀の大枠は九世紀前半には成立していたというのが前項までの考察結果である。しかし、それはあくまでも成立年代の下限を提示したに過ぎない。それでは、奉幣儀の成立期をどこまで遡源させればよいのであろうか。その点については、八世紀代の史料をもとに検証していきたいと思う。もっとも、手がかりとなるべき史料はきわめて少ない。ここでは関連史料を列記することからはじめたい。

a　鎮二大安殿一大祓。天皇御二新宮正殿一斎戒。惣頒二幣帛於畿内及七道諸社一。

（『続紀』大宝二年〈七〇二〉三月己卯条）

b　天皇御二内安殿一。遣レ使供二幣帛於伊勢太神宮一。以二皇太子女井上王一為二斎内親王一。

（『続紀』養老五年〈七二一〉九月乙卯条）

c　奉二伊勢太神宮相嘗幣帛一。常年　天皇御二大極殿一遙拝而奉。而縁下在二諒闇一。不レ行二常儀一。故以二幣帛一直付二使者一矣。

（『続紀』延暦九年〈七九〇〉九月甲戌条）

d　遣レ使奉二幣畿内七道諸国名神一。皇帝於二南庭一親臨発焉。以祈二万国安寧一也。

（『類聚国史』一一、延暦一六年六月壬申条）

まず、dによると、「皇帝」（桓武）が「南庭」に出御して、畿内七道諸国名神への奉幣使発遣儀がなされたとある。dには勅使が宣命や幣帛を給わった儀が記されているわけではないが、後掲の『西宮記』[17]の引用史料からして、それらが「南庭」で行われたとみられる。この場合の「南庭」とは建礼門前の南庭とするのが妥当であろう。しかれば、建礼門前での奉幣儀の先蹤をdの記事に求めることができよう。なお、dに関連する史料として、『西宮記』恒例第三（勘物）に「仁和十年七月十七日癸巳、八省院有レ穢。仍天皇御二南大庭一、行二伊勢幣事一云々」とあるのが注意される。ここにいう「仁和十年」は仁和の年号ではあり得ず、新訂増補故実叢書本や神道大系本の『西宮記』が指摘している如く、「弘仁十年」に改めるべきであろう。現に『紀略』弘仁一〇年（八一九）七月癸巳条には「遣二使伊勢太神宮。大和国大后山陵一。並奉幣祈レ雨」とあるので、この時の伊勢神宮に対する祈雨奉幣は天皇出御のもとに建礼門前の「南大庭」でなされたということになる。『江家次第』などでは建礼門前での奉幣儀を伊勢神宮への即位由奉幣使発遣の時のものとしていたが、本節でも触れた通り、実際にはそれに限られることなく、実施されていたことが窺われるのである。

cからは伊勢への「相嘗幣帛」を奉る儀は「常年」、天皇が「大極殿」に出御してなされるものであったことが知られる。この記事の「相嘗」が神嘗祭を指すことは先学の指摘の通りである。[18] したがって、延暦九年当時、例幣儀が天皇の「大極殿」＝小安殿出御の「常儀」[19]として確立していたことが分かる。該記事の後半に「諒闇」のために「常儀」を行わず、「故以二幣帛一直付二使者一矣」というのはいささか判然としない。元慶五年（八八一）九月一一日の例であるが、『西宮記』恒例第三（勘物）に「伊勢幣使。依二諒闇一、天皇不レ御二八省一、亦無二宣命一」、『三代実録』に「遣下二散位従五位上興我王。神祇大副従五位上大中臣朝臣有本等一。奉中幣於伊勢太神宮上。発レ自二神祇官一。諒闇也」とあるのと重ねあわせてみると、cでは天皇は小安殿に行幸することなく、神祇官で奉幣儀のみがあったと推定されるのではないだろうか。

bは神嘗祭と井上王の斎王就任を示す記事であるが、原史料が『政事要略』二四所引の『官曹事類』に引かれている。それには「官曹事類云。右符案云。養老五年九月十一日。天皇御二内安殿一。以二少納言正五位上紀朝臣男人一為二舎人一。引二中臣従五位上中臣朝臣東人。忌部大初位忌部呰麻呂等一。伊勢大神宮幣附二呰麻呂一。渡会神宮幣附二无位中臣朝臣古麻呂一訖」とあった。『官曹事類』の文章を『儀式』の神嘗祭儀と比較すると、両者には符合する点が多い。勅使に宣命を給わる儀がみえないのは『儀式』と同様に、幣帛を給わる儀と儀場が異なるからであろう。[20]

当該記事で問題になるのは、天皇が出御した内安殿がどこかという点である。内安殿に関しては、以前から内裏内の殿舎とする説[21]が有力であり、首肯さるべきであろう。養老五年の神嘗祭は通常、小安殿で行われるのが例であったのが、特別な事情により内安殿を儀場としたため、『続紀』や『官曹事類』に記録が残されたとも推想される。とすれば、ｃの延暦九年には「常儀」化していた小安殿での神嘗祭儀の成立年代の下限は養老五年にまで引き上げることが可能であろう。(22)

最後に、ａであるが、この記事の解釈をめぐっては諸説が錯綜しており、納得できる結論に到着することは容易ではない。(23) ａには関係記事が二つあるので、それを左に掲げよう。

ｅ　始任㆘造㆓大幣㆒司㆖。以㆓正五位下弥努王。従五位下引田朝臣尒閇㆒為㆓長官㆒。（『続紀』大宝元年十一月丙子条）

ｆ　是日。為㆑班㆓大幣㆒。馳㆑駅追㆓諸国々造等㆒入㆑京。（『続紀』大宝二年二月庚戌条）

ａ・ｅ・ｆの三記事を通して注目すべきは、「大幣」班下のために「諸国々造」が入京せしめられたこと、「諸国々造」に対して幣帛が「頒」（「班」）かたれたこと、ｆが祈年祭が行われる二月の記事であることの三点である。かかる点からすれば、ａを祈年祭の記事とする蓋然性は高い。ｆで入京を命ぜられたのが「諸国々造」（新国造）であり、祈年祭における諸社の祝部の召集とは一致していないが、後者は前者が後に変化した形とみられよう。また、天皇が「新宮正殿」に出御して班幣がなされているのは、『儀式』などの祈年祭儀に天皇が姿をみせないことと相違している。しかし、それもａの段階では祈年班幣に天皇が出御していたのが平安期には後退したと解することもできる。

それに対して、ａの「新宮正殿」は難解である。「新宮正殿」が大宝律令施行による藤原京内の再編・整備の一環として、新造された宮内の殿舎と考えられるとしても、(24) 具体的に何を指すかは未詳という他はあるまい。(25) 神祇令が祈年祭を神祇官儀としていることをもとに「新宮正殿」を神祇官内に比定することも、もとより考え難いところであろう。

結局のところ、ａの記事に関しては、「新宮正殿」の場所が明らかにならない限り、これ以上の考察を前進させることはできないように思うのであるが、ただ、そのなかにあってなお認められてよいのは、ａ・ｅ・ｆが祈年祭関連の記事であること、aからその祭儀に天皇が出御し、しかも、神祇官以外の場で実施されていたらしいことである。すなわち、aの段階では、神祇官―班幣、小安殿（内安殿）―奉幣という関係が未整備であったと考えたい。それが上記のような関係として成立してくるのは、aからbの間の年代とすべきではないだろうか。

### （3）小安殿の性格

本項では、奉幣儀をその中心的儀場であった小安殿の問題を通して考察してみたいと思う。そもそも、小安殿は大極殿の後殿であり、大極殿そのものとも密接な関係にあったと思われる。そこで、先に大極殿についても言及しなければならないが、大極殿に関する諸研究を整理し、逐一検討していくことは筆者の力量の及ぶところではない。ここでは小安殿での奉幣儀と関わる範囲内で、先行学説のなかで従うべきと思われる、次の二点を指摘するに留めておくこととしたい。すなわち、その第一は、日本における大極殿の成立は藤原宮からであること[26]、第二は、大極殿は内裏前殿区と朝堂の間に割り込む形で成立したものであり、その際、内裏前殿の朝堂の正殿としての機能も吸収したとみられることである[27]。

かくて、藤原宮で成立した大極殿は平城宮（中央区・東区）以後の宮にも継承されていった。一方、小安殿は平城宮から存在が認められる。小安殿には平城宮東区や後期難波宮の如く北面回廊と接続しているタイプと平城宮中央区や長岡・平安宮のように北面回廊からと独立しているものと二型があったが、大極殿の背後に小安殿が建てられていたことには何ら変更はない。藤原宮についてみると、明確な形での小安殿相当の建物は発掘調査では発見されていない。ただし、藤原宮の大極殿北面回廊中央部には通行用の施設があった可能性があり、また、大極殿の後方には柱間一五尺、八間の塀が検出されている[28]。これは小安殿に先行する施設として注目されよう。とすれば、藤原宮の小安殿先行施設から平城宮の小安殿へと整備されていく時期こそ、奉幣儀の成立期と把握することができるのではあるまいか。この時期は、前項で『続紀』の記事をもとに推測した奉幣儀の成立年代とも整合するのである。

ところで、小安殿という建物はどのような性格をもつものと考えればよいのであろうか。それについては、以下の諸点を指摘したい。

第一に、小安殿とは、伊勢神宮への奉幣の際に天皇が出御する空間であったことである。これをもう少し丁寧にみると、前記したところではあるが、伊勢神宮と諸社への奉幣が同時になされる場合は天皇出御のもとに東福門―小安殿で伊勢への奉幣儀が行われた後、左仗―建春門で諸社への奉幣がなされた点に注意したい。すなわち、小安殿一郭と内裏とは一連の奉幣儀の儀場であったということ、換言すれば、小安殿は内裏の延長線上に位置していたのではないかということである。

第二に、右のことは前項であげたbの記事で、平安期に小安殿で行われたはずの神嘗祭が養老五年の段階では内裏内の内安殿の儀であった点にもあてはまる。小安殿の一郭は内裏ときわめて親近関係をもつ空間といえよう。

第三に、本書Ⅲ―一「古代大祓儀の基礎的考察」のなかで述べていることであるが、平安期に入ると、朱雀門前以外に建礼門前や八省院東廊でも大祓が行われるようになった。このうち、八省院東廊大祓は建礼門前大祓の代替として執行されるものであり、しかも、両者には天皇や内裏空間の祓という共通の性格が認められた。その際、八省院東廊――大極殿の東北廊を利用している――大祓が建礼門前大祓と共通性があるのはなぜかと問われれば、それは八省院東北廊の内側、すなわち、小安殿の一郭こそが建礼門内の内裏と等質の空間であったと答えることで解決がつくように思う。

第四に、大極殿と小安殿とを対比させてみると、大極殿とは即位儀や元正朝賀儀などからも窺われるように、天皇が百官人と相対する場合の天皇出御の公的空間であった。それに対して、百官人と対峙する場としてふさわしくない小安殿は大極殿とは明らかに異質な側面があったといわざるを得ない。このことは、奉幣においても斎王群行の時は天皇が大極殿にまで出御し、群行のない神嘗祭の場合は原則として、天皇出御は小安殿に留まったこととも対応しよう。すなわち、斎王群行の際は「是日発入。百官送至二京城外一而還」（『続紀』養老元年〈七一七〉四月乙亥条）、「大臣已下送出二門外一。諸司亦送至二京外一而還」（同、天平一八年〈七四六〉九月壬子条）、「百官陪従。至二大和国堺一而還」（同、延暦四年〈七八五〉九月己亥条）とあるように、百官人が斎王を見送ったのである。[29]したがって、群行時だけは天皇は大極殿にまで出御するのであろう。百官人の存在を前提としない奉幣儀が小安殿で執行されるのも右の如き理由があったとすべきである。

　このようにみてくると、奉幣使の儀において重要な役割を果たした小安殿とは、大極殿に比して、相対的に内裏に近似する空間であったといえよう。そして、藤原宮を経て平城宮段階で確立した大極殿―小安殿の関係は以後、けっして放棄されることなく、平安宮にまで継承されたというべきであろう。

　そもそも、日本の大極殿は唐の長安城の太極宮太極殿や大明宮含元殿の模倣であった。[30]これは日本の王権の範が唐にあり、日本の支配者層が天皇を唐の皇帝に比定しようとしていたことの何よりの表れであろう。しかし、大極殿の太極殿・含元殿模倣説に小安殿の存在を介在させてみると、小安殿の如き天皇のいわば私的空間が唐の太極殿・含元殿の背後に並び建つことがない[31]という事実は看過できないところである。日本における大極殿―小安殿のプランからは唐制を理念として志向しつつも、唐とは異なる宮殿配置を達成したという日本古代王権の特質を垣間見ることができるのではあるまいか。

# おわりに

以上、述べてきたところをまとめると、左記の通りである。

Ⅰ『江家次第』にみる奉幣儀は八省院（小安殿─東福門）を中心とし、内裏・建礼門前・神祇官斎院を儀場として行われるものであった。このうち、後二者は八省院儀の代替として実施された。それに対して、祈年祭などの班幣儀は神祇官斎院で百官人参集のもとに執行されており、奉幣儀とは峻別されていた。

Ⅱ　奉幣儀においては伊勢神宮への奉幣の時だけが天皇の小安殿出御のもとになされ、諸社への奉幣が左仗─建春門などで天皇出御のないままに行われた。この奉幣における伊勢─諸社の間の区別は祈年・月次・新嘗祭での伊勢神宮に対する奉幣と諸社への班幣との待遇差と明らかに対応するものであった(32)。

Ⅲ『江家次第』が規定した諸奉幣儀は最終的には一〇世紀中頃以降の成立のものとみられるが、そのなかでも小安殿を中心とする奉幣儀は古く遡り、大宝二年（七〇二）以後、養老五年（七二一）までの間に成立したものと考えられる。それは小安殿が天皇のいわば私的な空間として、藤原宮の先行施設を経て平城宮段階で成立したこととも関連する。

本章では、班幣儀と奉幣儀とをその儀が行われる場を中心に論及してきた。両者は儀場という点からしても、本来的には混同されるものではなかったはずである。したがって、これまでも、平安中期に祈年穀奉幣が祈年祭の代替としてはじまるという説明がなされることがあったが(33)、それは正確さを欠くものであろう。祈年班幣制の衰退によって、祈年穀奉幣が重視されていく傾向は事実としても、班幣が奉幣へと変化することはあり得ないからである。

しかしながら、平安末期から中世の史料のなかには祈年祭と祈年穀奉幣とを混同させているものがあった。たとえば、『建武年中行事』に「二月四日としごひのまつり。……その日南殿にて御はいあり。たつみの間に巽にむけて御座をしく。……伊勢太神宮を拝し給」とある。当時の祈年祭に天皇の「御はい」があったとは認め難いので、祈年穀奉幣における天皇神事が混入しているとすべきであろう。[34] とすれば、これは『建武年中行事』が祈年祭と祈年穀奉幣とを混同させて理解していた証左になる。同様なことは『年中行事秘抄』の「祈年穀奉幣事」に「桓武天皇延暦十七年九月癸丑。定下可レ奉二祈年幣帛一之社上云々」として、祈年祭の国幣社制開始の記事が引用されていることについても指摘できる。[35] あるいは、『江家次第』五の二月「四日祈年祭」に「藤氏公卿頒二春日幣一之後、或早退出、以二召使一伝レ弁曰、諸社幣能可レ被二頒行一云云、源氏若江氏頒二平野一之後、可レ出歟」という記述[36]（六四頁の『儀式』の祈年祭儀では（八）にあたる部分の注記）があるが、[37] 藤原氏の「公卿」が「春日幣之後」に「早退出」するという件は祈年穀奉幣などで伊勢奉幣が終わると天皇が内裏に還御することの影響であったともみられよう。

かかる祈年祭と祈年穀奉幣――班幣と奉幣との混同は如何にして生じたのであろうか。この背景としては、奉幣儀の儀場としての八省院の焼失が指摘される。平安中期以降の八省院の火災には康平元年（一〇五八）二月二六日（『扶桑略記』）、治承元年（一一七七）四月二八日（『玉葉』）があった。前者の時は延久四年（一〇七二）四月に八省院が再興された（『扶桑略記』）が、後者の焼亡の後はついに八省院は再建されなかった。こうした八省院不在の折の奉幣使発遣が神祇官斎院で行われるものであったことは『江家次第』一二にも明記されており、また、『建武年中行事』も祈年穀奉幣や例幣を神祇官での行事としていることからも確認できる。[38] 実はここに祈年祭と祈年穀奉幣が混同される契機があったのではあるまいか。したがって、祈年祭と祈年穀奉幣との混同は両者が儀場を神祇官に共有しはじめる一一世紀後半以後のこととしなければならない。

注

（1）岡田精司「律令的祭祀形態の成立」（『古代王権の祭祀と神話』塙書房、一九七〇年）一四八～一四九頁。

（2）熊谷保孝「祈年祭奉幣について」（『政治経済史学』二〇〇、一九八三年）。熊谷説は供幣記事において「奉幣」と「班幣」の語は混同して使用されている……ただ、一社を対象とした供幣記事には、必ず「奉幣」の語を用い、複数の場合は「班幣」の語を用いる場合もあるという程度の別であろう。「班」には、「わかつ」という意があるので当然のことであろう」（三七六頁）というものである。しかし、奉幣と班幣は儀場をも視野にいれて検討するならば、その別は明瞭といわざるを得ない。

（3）その他、同様な規定は『式』一三・三一・三八にもある。

（4）祈年・月次・新嘗祭には共通点が多いが、新嘗祭の班幣には百官の参集がなく、神祇官人のみで行うことになっていた（『式』二）のは前二祭との主な相違点である。

（5）祈年穀奉幣は本来は臨時の祭祀であったが、時代が下るとともに、次第に二・七月の吉日の儀として恒例化していくようになる。『江家次第』は二月の恒例行事として位置付けていた。なお、祈年穀奉幣については、本書Ⅰ―一「日本古代の「名山大川」祭祀」四九～五〇頁参照。

（6）小松馨「平安時代中期に於ける神社信仰」（『神道学』一二四、一九八五年）四二頁。

（7）小松「平安時代中期に於ける神宮奉幣使の展開」（『大倉山論集』二三、一九八八年）。

（8）宇佐使の史的意義については、別の機会に考察したい。

（9）吉田歓氏は、陣座を使用する行事は天皇の紫宸殿不出御の場合の非本来的形態であったと指摘されている（「内裏脇殿小考」〈『歴史』八〇、一九九三年〉一一～一四頁）。これは左仗における奉幣使発遣儀についても該当しよう。

（10）伊藤喜良「衛門府とケガレのキヨメ」（『日本中世の王権と権威』思文閣出版、一九九三年）。

（11）『西宮記』臨時一（甲）に「御即位之後〔前カ〕、未レ行二八省一之前、於二建礼門前一、進二伊勢幣使一」、『柱史抄』下にも「凡尋常伊勢奉幣之時。必於二大極殿一立レ使。而天皇御即位以前。不レ可レ幸二彼殿一。仍於二此門一所レ被レ立レ使也」とある。ただし、『権記』（裏書）寛弘八年（一〇一一）八月戊辰条には建礼門前奉幣儀について「先例修二理八省院一之時幸二此門一云々、今人所レ案、即位以前不レ可レ行二幸彼院一云々、頗謬誤之説歟」と記してある。

(12) 伊勢への即位由奉幣使儀については、神谷正昌「平安宮の大庭と儀式」(『国史学』一五三、一九九四年)一一一〜一一四頁参照。

(13) 小松「例幣使発遣の儀に見る諸儀式書の性格」(『国学院大学日本文化研究所報』一三三—一二、一九八六年)。

(14) 大西孝子「『内裏式』の書誌的考察」(『皇学館論叢』五—三、一九七二年)、西本昌弘「古礼からみた内裏儀式の成立」(『史林』七〇—二、一九八七年)など。

(15) 『儀式』と『内裏儀式』との相違点としては、①中臣に幣帛を給わる時の勅語が『儀式』に「好申天奉礼」とあったのに対し、『内裏儀式』は「如レ常好申奉之」としていたこと、②天皇が還宮する時に「儀式、蹕而不レ警云々。而依二内裏儀式文一、不二警蹕一」(『北山抄』二)であったことに過ぎない。

(16) 並木和子「平安時代の祈雨奉幣」(『平安時代の神社と祭祀』国書刊行会、一九八六年)一三〇〜一三二頁。

(17) 鈴木亘『平安宮内裏の研究』(中央公論美術出版、一九九〇年)三五八頁。

(18) 宮城栄昌『延喜式の研究　史料編』(大修館書店、一九五五年)四三頁、二宮正彦「相嘗祭の考察」(『古代の神社と祭祀』創元社、一九八八年)一二一〜一三三頁など。

(19) 諸史料は神嘗祭儀の際、天皇が出御する場を大極殿・八省院・小安殿としているが、それらがいずれも小安殿出御のことと解されることについては、福山敏男『大極殿の研究』(平安神宮、一九五七年)九六〜九七頁に指摘がある。c記事の「大極殿」も小安殿のこととみられよう。なお、小安殿という呼称の初見は『紀略』大同四年(八〇九)七月乙巳朔条であり、他に大極殿後殿・大極後殿・大極殿後房といういい方があったが、本章では小安殿の呼称で統一した。

(20) 小松、前掲(13)一一頁。なお、神嘗祭で勅使が宣命を給わる場(東福門)であるが、『儀式』五「正月八日講二最勝王経一儀」に大極「殿東横廊」、「東福・西華両門」がみえるので、平安宮には当初から同門が備わっていたはずである。しかし、長岡宮以前には平安宮のような「殿東横廊」が存在していない。わずかに、平城宮(東区)では大極殿の東面廊中央に開く柱間一間分の門の存在が推定され(奈良国立文化財研究所『平城宮発掘調査報告』XIV〈一九九三年〉一八一頁)、中央区でも東面回廊に回廊幅に納まった小門が確認されている程度である(奈良国立文化財研究所『平城宮発掘調査報告』XI本文〈一九八二年〉二一五〜二一六頁)。以上の状況からして、東福門儀の前身として、平城宮においては東面廊内の小門が利用されたのであろうか。

(21)　寺崎保広「平城宮大極殿」(『仏教芸術』一五四、一九八四年)一六〇頁、奈良国立文化財研究所『平城宮発掘調査報告』ⅩⅢ 本文(一九九一年)一七九～一八〇頁・四四八～四五〇頁、鈴木、前掲(17)六九頁など。

(22)　小松氏は例幣使の構成が養老五年にまで遡って成立する可能性を指摘されている(前掲(13)一〇～一一頁)。

(23)　aおよび関連記事をめぐっては、これらを祈年祭と関連付ける説が一般的であるが、祈年祭説以外としては、①文武天皇即位の大奉幣とする説(田中卓「郡司制の成立」〈『田中卓著作集』六、国書刊行会、一九八六年〉一〇五～一〇六頁、虎尾俊哉「大化改新後の国造」〈『芸林』四―四、一九五三年〉二〇―二一頁)、②官社制度の開始とする説(田中「造大幣司」〈『続日本紀研究』一―一一、一九五四年〉)、③大宝律令の制定・施行にあたっての大幣頒布とする説(梅田義彦『神祇制度史の基礎的研究』〈吉川弘文館、一九六四年〉三二一～三二六頁、熊谷「奈良時代前期の神祇」〈『律令国家と神祇』第一書房、一九八二年〉七五～八〇頁、同「造大幣司と新国造の召集」〈『政治経済史学』三三五、一九九四年〉)、④祈年祭の班幣に依拠した形で行われた、文武の即位を在地に告知するという「即位条祭祀」説(矢野建一「律令国家の祭祀と天皇」〈『歴史学研究』五六〇、一九八六年〉三一～三四頁。また、矢野説と同趣の見解が水林彪『記紀神話と王権の祭り』〈岩波書店、一九九一年〉三三三～三三四頁にみえる)がある。

　右の諸説のうち、①④説は文武の即位に関連付けて解釈するものであるが、文武元年(六九七)の即位儀(『続紀』文武元年八月甲子朔条)から五年を経過した後の大奉幣や「即位条祭祀」の実施は理解し難いところである。②説は、そもそも同説を唱えられた田中氏が自説の誤りを認めておられ(田中「造大幣司」〈『田中卓著作集』五、国書刊行会、一九八五年〉三六八頁)、また、③説も大宝律令の制定・施行期とa以下の記事が近接しているというだけで、両者に直接的な関係は認められず、やはり問題が残る。

　以上の点から、祈年祭説以外の諸説の成立は困難であろう。本稿では、『続日本紀』一(新日本古典文学大系、岩波書店、一九八九年)三三五頁、岡田、前掲(1)一五一～一五二頁の祈年祭説にもとづいて論述していきたいと思う。

(24)　仁藤敦史「倭京から藤原京へ」(『国立歴史民俗博物館研究報告』四五、一九九二年)六八頁。

(25)　「新宮正殿」については、岡田氏の大極殿説(前掲(1)一七一頁――鈴木氏も同じ〈前掲(17)二四頁〉)、林陸朗氏の内裏正殿説(『続日本紀』一〈現代思潮社、一九八五年〉注釈一三頁)、滝浪貞子氏の、文武のために藤原宮内に新しく造営された内裏とする説(「歴代遷宮論」〈『日本古代宮廷社会の研究』思文閣出版、一九九一年〉四〇六～四一〇頁)がある。

(26) 鬼頭清明「日本における大極殿の成立」(『古代史論叢』中、吉川弘文館、一九七八年)、狩野久「律令国家と都市」(『日本古代の国家と都城』東京大学出版会、一九九〇年)二四〇～二四八頁、今泉隆雄「律令制都城の成立と展開」(『古代宮都の研究』吉川弘文館、一九九三年)二六六～二七〇頁など。

(27) 今泉、前掲(26)二七〇頁。

(28) 奈良国立文化財研究所『飛鳥・藤原宮発掘調査概報』八(一九七八年)八頁。また、石川千恵子「大極殿閤門と内裏外郭」(『続日本紀研究』二七五、一九九一年)参照。

(29) 百官人による斎王奉送は、後には「送斎内親王使」として人数もかなり限られていくようである。『三代実録』仁和二年(八八六)八月庚申条に同使が中納言一人・参議一人・四位二人、『西宮記』臨時五に「中納言・参議各一人、四位六人」とあった。

(30) 浅野充「古代天皇制国家の成立と宮都の門」(『日本史研究』三三八、一九九〇年)三四～三六頁、古瀬奈津子「儀礼における唐礼の継受」(『中国礼法と日本律令制』東方書店、一九九二年)、鬼頭、前掲(26)、狩野、前掲(26)二五二頁など。

(31) 大極殿・小安殿の配置を太極宮の太極殿・両儀殿、大明宮の含元殿・宣政殿・紫宸殿と対比させる見解(阿部義平「古代宮都中枢部の変遷について」〈『国立歴史民俗博物館研究報告』三、一九八四年〉一四四頁)がある。しかし、唐の場合、太極殿と両儀殿の間に朱明・両儀門があるように、各殿の間に門が存在していた。日本のような大極殿・小安殿が南北に並び建つ型はやはり日本独自のスタイルとすべきであろう。

(32) 『三代実録』元慶七年(八八三)七月丁丑条に「遣下二従四位上行神祇伯棟貞王一。奉中幣於伊勢大神宮上。賀茂御祖別雷。松尾。稲荷。貴布祢。丹生河上。大和等神社。遣二使班一幣」とある。ここに伊勢神宮と賀茂以下の勅使発遣が区別されているのは、本章で指摘した各社への奉幣の儀場の別を下敷きに書かれているからであろう。その際、伊勢への「奉幣」に対して、諸社へは「班幣」の語が使用されているのは注意されよう。

(33) 早川庄八「律令制と天皇」(『日本古代官僚制の研究』岩波書店、一九八六年)一〇頁、岡田「律令制祭祀の特質」(『律令制祭祀論考』塙書房、一九九一年)二八～二九頁。

(34) 早川、前掲(33)一〇頁。

(35) 小松「祈年穀奉幣について」(『神道古典研究会報』七、一九八五年)八九頁。

（36）『江家次第』七の「月次祭」にも「近代上卿立二伊勢幣一後、令下召使触中弁諸社幣帳可レ領由上退出」とある。
（37）『江家次第』に記されたような祈年祭儀の実際例は『為房卿記』寛治六年（一〇九二）二月丁巳条などにみえる。
（38）『柱史抄』上の「祈年穀奉幣」にも「八省無レ実之時用二此所一（神祇官のこと――引用者注）」とある。なお、大極殿焼失後の斎王群行儀は太政官庁で行われることとなった（『玉葉』文治三年〈一一八七〉九月丙辰条など）。

# Ⅱ　古代祝詞の諸相

# 一　『延喜式』祝詞の成立

## はじめに

『延喜式』八に収載されている二七編の祝詞については、これまで数多くの研究があった。たとえば、青木紀元[1]・金子善光氏[2]による本文校訂の研究、次田潤氏に代表される注釈研究[3]、「六月晦大祓」などに関する青木氏の実証的分析[4]、「祈年祭」祝詞の成立を扱った粕谷興起氏の論考[5]などである。

本章では、諸先学の研究成果を踏まえて、『式』祝詞体系全体を視野に入れ、その成立を論じてみたいと思う[6]。

そもそも、『式』祝詞の多くが神祇令四時祭の祝詞であり、天皇祭祀と密接していた点は見落としてはならない視座であろう。したがって、『式』祝詞の体系を考察の俎上にのせることは、律令国家の神祇や祭祀の特質を見極めていく重要な手がかりとなるはずである。そこで、本章の意図としては、『式』祝詞の成立を考察することからはじめて、『式』祝詞、さらには律令制的神祇祭祀体制の性格を明らかにしていきたいと思う。

その際、かつて、青木氏が、祝詞のなかの敬語の使用傾向として、祭られる神の側から祭る天皇に対する敬語が多く「祭られる神よりも、祭る天皇の権威の方が重しとされてゐる」と指摘されていたことを忘れてはなるまい[7]。この指摘は『式』祝詞の基本的性格をよくいいあてていると思うからである。

なお、本章では、『式』祝詞の形式面と内容面を便宜的に区分して(8)分析していくこととした。その際、漢文体の「東文忌寸部献二横刀一時呪」、親王以下百官人が対象で神を対象としない「六月晦大祓」、出雲国造が天皇に奏上する「出雲国造神賀詞」の三者は他の二四編の祝詞とは形式・内容がかなり相違するので、当面の比較分析の対象から外した。また、本章で扱う祝詞・宣命はとくに断らない限り、一〇世紀末までの諸史料にみるものを対象としている。

## 1　『式』祝詞の形式的比較

### （1）「宣」と「申」の区別

表7（一一〇～一一一頁）は『式』祝詞をA～Dに分類し、形式的比較をもとに整理したものである。「「宣」と「申（白）」の区別」の項から、順次、説明を加えていくこととしたい。

祝詞に「宣」型と「申」型があったことは周知の通りである。これには、古くから様々な議論があるが、次の土橋寛氏の見解(9)は首肯さるべきであろう。

> 祝詞は司祭者が神に奏上するものであるなら「白す」の形を取るのが当然で、二六篇中の一六篇はそれである。では「宣る」は誰が誰に対していう言葉なのか、実はここに『延喜式』祝詞の宗教性ではない、政治性が認められるのである。……「宣る」は、精霊や神に対するものではなく、中央政府の神祇官としての中臣氏や勅使が、祭儀に参加している親王・諸王・諸臣・百官人または諸社の神主・祝部に対して、天皇の言葉を伝宣する発言であり、宣命式祝詞は、祭儀における宣命といってよい。

この指摘からも、『式』祝詞のなかの「宣」型（A・B）のもつ意味が明らかになろう。すなわち、「宣」型に対応する祭は、①神祇官斎院に諸社の神主・祝部を参集せしめて中臣が祝詞を読むという祈年祭・月次祭・新嘗祭[10]——『儀式』一の「二月四日祈年祭儀」に「中臣進就二庭座一、読二祝詞一、毎二一段了一、祝部称唯」とある——、②勅使が社頭で神主・祝部に祝詞を読み聞かせる広瀬大忌祭・龍田風神祭、③伊勢神宮で宮司が神主部・物忌（祢宜・内人）に祝詞を読み聞かせる形の月次祭・神嘗祭・神衣祭であった[11]。これらはいずれも司祭者が神に祝詞を奏上する「申」型とは明瞭に区別されるからである。

なお、ここで付言しておきたいのは「祈年祭」祝詞などの「集侍神主・祝部等、諸聞食登宣」（表7、A）という冒頭部である。これは、たとえば、『続日本紀』第一詔（文武元年八月庚辰条）に「集侍皇子等王等百官人等。天下公民諸聞食止詔」とある如く宣命の慣用句とも共通している。

このうち、「集侍」については、角林文雄氏が指摘されているが[12]、『続紀』では第二詔以後、姿を消す。これは一〇世紀末までの諸史料の宣命についてみても、やはり同じである。第二詔が慶雲四年（七〇七）四月のものであることから、「集侍」は大宝令制定以前の古い語句とみなすべきであろう。

同様なことは「諸」についてもいえる。宣命冒頭の呼びかけで「親王」以下「天下公民」までが連記され、その後に「モロモロキキタマヘトノル」と続く場合、『続紀』第一詔は「諸」字を使っているが、第二詔以後では一〇世紀末までの宣命全体で「衆」（四九例）、「衆諸」（二例）とあって、「諸」は一例もない[13]。細かい点ではあるが、これも「集侍」とあわせて表7のA・Bの諸祝詞の成立年代を比定していく際の貴重な手がかりとすべきであろう。

### （2）祝詞の発令者

次に取り上げるのは「祝詞の発令者」である。これには天皇（皇御孫尊）とするものと、カムロキ・ミとするものとの二つのタイプがある。前者は表7ではB・Cの祝詞に、後者はA・Dにおおむね一致している。

まず、前者から指摘すると、前者には一〇世紀末までの諸祝詞をも含めると、大別して二種類――「天皇我御命以弖」と「天皇我詔旨良万止」「天皇我詔旨尓坐」があったことが知られる。この両者の先後関係についていえば、「天皇我御命以弖」の方を古い表記とすべきであろう。

そのような判断に導かれるのは次の理由による。①一〇世紀末までの祝詞一〇一例のうち「天皇我御命以弖」は一例もみられないこと、②宣命の冒頭表記においても、「天皇我詔旨良万止」は一〇七例、「天皇我詔旨尓坐」は一〇例であるのに対し、「天皇大命以」は一例しかみられない（『続日本後紀』承和三年五月庚申条）こと、③「九月神嘗祭」の「皇御孫御命以弖」は『三代実録』貞観一三年九月甲申条の同じ祝詞では「天皇我詔旨止」としており、後者の方が新しいと考えられること、④「天皇我詔旨良万止」と「天皇我詔旨尓坐」はほぼ同一と思われ、とくに前者は公式令詔書式条にみえる詔書冒頭の五形式の一つであるのに対し、「天皇我御命以弖」は令に規定されていない古風な字句であること――以上の四点から、「天皇我御命以弖」が古く、「天皇我詔旨良万止」「天皇我詔旨尓坐」の方が新しく成立したものといえよう。

そこで、表7を振り返ってみると、「天皇（皇御孫）御命以弖」という古いタイプをもつのは伊勢神宮関係の祝詞の多くと「遣二唐使一時奉レ幣」であり、一方、平安初期に成立した祝詞の「春日祭」「平野祭」「久度古開」[14]が「天皇我大（御）命尓坐世」という新しい形を採用していたことが認められる。これは、右記の点を念頭に置くと、至当の事実といわねばならないであろう。

ところで、「天皇我御命以弖」「天皇我御命尓坐世」とは「天皇命の勅命にて」の意である[15]ことはまず間違いあるまい。このことは、前記の諸祝詞一〇一例（九九例が臨時祭の祝詞である）のほとんどが「天皇我詔旨良万止」「天皇我詔旨尓坐」

を冒頭にもち、かつ、その多くが勅使派遣を明示していることからも裏付けられよう。「天皇我御命以弖」類の字句は勅使派遣型の祭祀と不可分の関係にあると判断されるのである。

しかしながら、このように天皇を発令者とする祝詞と勅使派遣型の祭儀との対応を措定すると、それに抵触する事例がみられるので、その例についてあらかじめ言及しておきたい。

まず、「斎内親王奉レ入時」である。該祝詞が「祝詞の発令者」を記していない点は他に比べて例外的である。しかし、この祝詞ははじめに「進二神嘗幣一詞申畢、次即申云、辞別弖申給久」とあるように、「九月神嘗祭」祝詞の「辞別」の関係にある。それゆえ、「祝詞の発令者」に関する語句をもたないとしても不思議ではない。

第二に問題になるのは「四月神衣祭」祝詞である。神衣祭とは四・九月に神衣を奉る伊勢神宮の祭であるが、同祝詞は伊勢神宮関係の祝詞で発令者を記さない唯一の例である。そもそも、神衣祭には勅使派遣がなかった可能性が考えられようが、神祇令季秋条の『令集解』令釈説は神衣祭に「如二孟夏祭一。唯差二幣帛使一。差二五位已上一」と注している。ところが、この令釈の幣帛使は他の史料にまったくみえず、逆に勅使が派遣されていなかったことを窺わせる史料も少なくない（たとえば、『三代実録』元慶六年一〇月丙寅条など）。しかも、右の令釈説の勅使は孟夏条ではなく季秋条の注釈にみえることから、九月の神衣祭と同日実施の神嘗祭の勅使について述べた（神祇令季秋条〈神嘗祭〉の義解は「神衣祭日。便即祭之」、令釈は「神衣祭日饌食等具祭」〈古記无レ別〉としている）ものと考えられよう。神衣祭にははじめから勅使派遣がなかったとすべきである。[16] したがって、「四月神衣祭」が他の伊勢神宮祝詞と異なり、「天皇我御命以弖」をともなわなかったことも整合的に理解されよう。

第三は、勅使派遣がはっきりしているのに、天皇を祝詞の発令者としていないBの「広瀬大忌祭」「龍田風神祭」祝詞について。この両祭に勅使が遣わされていたことは「差二王臣五位已上各一人、神祇官六位以下官人各一人一充レ」

使」（『式』一、その他、『日本書紀』天武四年四月癸未条、神祇令孟夏条令釈説〈古記无レ別〉など）という史料からも明白である。現に両祝詞に「王臣等乎為レ使弖」とあるのが何よりの証左であろう。しかれば、「広瀬大忌祭」「龍田風神祭」に祝詞の発令者が出てこないのはなぜであろうか。これについて、徳田浄氏は次のように説明されている(17)。

伊勢の六月月次祭詞、同神嘗祭詞の第二段の初めに「天皇が御命に坐せ」といつてゐるのは第一段にその意味の辞句・言表がないからである。これに対して大忌神の場合は第二段の初めを「奉るうづの幣帛は」といひ出したのは突然のやうであるが、第一段に「皇御孫命のうづの幣帛を捧げ持たしめて王臣等を使として」と天子の御命令にもとづくことを述べたから、第二段の初めに「皇御孫の命以ちて」と言はなかったのである。

すなわち、「広瀬大忌祭」と類似の構成をもつ伊勢「六月月次祭」との対比のうえで、後者の第二段の「天皇我御命尓坐」と前者第一段の「王臣等乎為レ使弖」は同じ意味であることから、「広瀬大忌祭」では、その第二段に「天皇我御命尓坐」としてくり返さなかったといわれている。従うべき見解であろう。

以上のようにみてくると、「天皇我御命以弖」などの語句と勅使派遣型祭祀とは対応関係があったといえる。また、そうした語句をもたない祝詞も、それなりの理由を釈明できるのであって、右に述べた原則は一向に支障をきたさないことが確認されたと思うのである。

次に、「祝詞の発令者」をカムロキ・ミとする祝詞であるが、これは先述の如く、表7のA・Dに集中する。A・Dの諸祭祀にはいずれも勅使派遣がなかったことからして、A・Dが天皇を発令者にしなかったことは自明である。では、A・Dの祝詞が発令者をカムロキ・ミに求め、天孫降臨神話（ないしはその簡略形）を冒頭に冠している背景は奈辺に存したのであろうか。

土橋氏は「遷コ却祟神ニ」にみえる天孫降臨神話について「その意図はこの水穂の国は天つ神の委任によって皇御孫

が統治する国であるから、祟り神が住む場所はないのだということを説得するところにある」とされ[18]、「大殿祭」でも同神話が「屋船命を強制する手段であることは、鎮火祭や遷却祟神の祝詞と同様[19]」あると述べられた。また、「鎮火祭」は火神出生神話の前に天孫降臨神話が付加されて、「二つの神話の繋ぎ方に無理を生じ、意味の通りにくい文脈になっている[20]」が、上田正昭氏は、これも天孫降臨神話によって祝詞の権威付けが図られ「天皇の権威による神々の祭祀化が表面化している[21]」と説かれている。

要するに、祝詞にみえる天孫降臨神話は「国土と国土の支配者たる天皇の起源を語ることによって、この国土におけるすべての事象を掌る天神地祇を、祭祀の目的に協力させせようとする意図が読みとれる」とともに「祭祀の天皇制的再編成を背景として成立した新しい方法であった[22]」といえよう。

ところで、カムロキ・ミ型の祝詞は、子細にみると、さらに二区分することができる。というのは、Dの祝詞の天孫降臨神話とは天孫降臨の件はもとより、時には国譲りの神話の内容を含むというかなり長大なものである（「道饗祭」のみが例外的に短文であることについては後述する）のに対し、Aの祝詞は「高天原尓神留坐皇睦神漏伎命・神漏弥命以」（「祈年祭」）の如く短く、Dの簡略形と考えられるからである。この点はこれまでの諸説でも正確に把握されてこなかったように思う。その意味で、AとDは二分可能であろうが、これはAが律令制成立期に成立した祭儀であったこと、また、Dが令制以前からの伝統的な宮廷祭祀であったことに各々由来するのではないかと思われる。とすると、右の点から、Dの諸祝詞には後世の変改を被った箇所もあろうが[23]、内容においては、令制以前からの古い伝承も含まれていたことが考えられよう。

なお、この項の最後に補足的に次の二点を述べておきたい。

（一）「御門祭」祝詞について。御門祭は大殿祭と並んで忌部氏が執行する祭であるが、「大殿祭」と異なり「御門祭」の首部に発令者に関する叙述がない。これには『古語拾遺』に「斎部殿祭及門祭訖、乃所二御坐一……又殿祭・門祭者、元、太玉命仕奉之儀、斎部氏之所レ職也」とあること、また、『儀式』一の大殿祭条に「御巫……一人至二承明門一散レ米」とある注記が御門祭を指すと思われることから、御門祭が「大殿祭に隷て行ふと云ふ予が説の誣ざるを知る可きなり」という鈴木重胤説は動かないであろう。(24)すなわち、御門祭は大殿祭に付属した祭であって、その祝詞は「大殿祭」の〝辞別〟であったと考えられる。Dのなかで「御門祭」のみ発令者を記さないのはけっして不自然とはいえない所以である。

（二）　Dのなかで例外的存在は「道饗祭」であろう。「道饗祭」ははじめに「高天之原尓事始弖、皇御孫之命止」とあるだけで、天孫降臨伝承としては中途半端な内容に過ぎない。賀茂真淵は「こは高天原尓《タカマノハラニ》、神留坐《カムヅマリマス》、神漏岐《カムロギ》・神漏弥命乎以《カムロミノミコトヲモテ》、事依賜志《コトヨサシタマヒシ》、皇御孫命止志弖《スヘミマノミコトトシテ》、といふべきを、略ける也」(25)とし、本居宣長も「此文、むげに聞えぬこと也、後に多く脱《オチ》うせたるにや、考に補はれたる如くにても、猶聞えがたし」(26)と述べて、当該部分に省略があることを推定しているが、その通りであろう。それも、後述の如く、平安期に入ってからの改作と推考されるのではないだろうか。

（3）「某神の前に申す」

次に、「某神の前（大・広前）に申す」についてである（表7では「申（白）」は省略した）。「宛先の前に申す」という文書形式に関しては、かつて、東野治之氏が藤原宮出土木簡にみえるものとして一二例、平城宮木簡で三例、正倉院文書で一例を紹介された。(27)その後、早川庄八氏がさらに諸史料を博捜され、東野氏の挙例に加えて、藤原宮木簡について一例、平城宮木簡では三例、正倉院文書で五例、埼玉県行田市の小敷田遺跡出土木簡の一例、『続紀』の宣命にみえる三例を新たに指摘されている。(28)本節の考察では「宛先の前に申す」例を逐一、列記して検討することが目的ではないので、その詳細は早川氏の論文に譲ることとし、ここでは、とりあえず、実際例として藤原宮出土木簡の一例のみをあげておきたい。

・法悤師前　小僧吾白　啓者我尻坐□止□

・　僧□者　五百□

（『藤原宮木簡』二、五二五号）

早川氏は「宛先の前に申す」の使われ方を次のように指摘されている[29]。すなわち、右の木簡は藤原宮造営以前の溝SD一九〇一Aの下層から出土したもので、「天武朝にさかのぼる可能性」がある。「以後、八世紀のなかばにいたるまで、その例がみられる。たしかに藤原宮出土木簡にくらべれば、平城宮出土の事例は少ないが、正倉院文書・宣命の例を加えれば、事例数についてみるかぎりでは、八世紀の事例にそれほど遜色があるとは思われない」、と。

ところで、この「宛先の前に申す」については、大宝令に先行する上申文書形式とする説[30]、中国の六朝時代の文書様式の影響とする説[31]、大宝令以前の口頭伝達に関わる上申文書とする説[32]などがあるが、祝詞成立論から留意さるべきは『藤原宮木簡』一に示された次の二点であろう[33]。

「宛先の前に申す」という書式をもつ文書は、解の場合でも公式令に規定された文書形式とはちがっており、一般に大宝令や養老令で定められた文書形式にはあてはまらない。……大宝令でさだめられた「解式」より先行するより古様の上申文書である……祝詞もまた広くいえば公文書の一類といってよいのなら、天武朝頃には「……の前に白さく……」というような文体をもつ公文書が上申文書として広く行われており、それが、一般の公文書では大宝令をはじめとする令制の整備とともに解や啓の形式に次第にとってかわられたもので、祝詞のような特殊な場合だけが後代まで残存したと推測することもできるように思われる。

この見解をもとに『式』祝詞の成立年代を判定することができよう。たとえば、表7で「某神の前に申す」をもたない祝詞は「道饗祭」を別にすれば、すべてDのうちに限られている。とすれば、Dの諸祭儀の成立が令制以前であることをも併考して、Dの諸祝詞は古態を留めていることが窺われよう。それに対して、「某神の前に申す」という形をもつA・B・Cの諸祝詞の多くは律令制成立期、それも大宝令以前にまとめられた可能性が強いと思うのである。

　このようにみてくると、「道饗祭」祝詞がDのなかで、冒頭の天孫降臨神話が短いこと、「某神の前に申す」という文書形式を踏襲していることの二点において、異質な存在であることが知られる。そこで、「道饗祭」の成立について左に簡説しておきたい。

　道饗祭に関しては、神祇令季夏条（道饗祭）の義解に「卜部等於二京城四隅道上一而祭之。言欲令丁二鬼魅自レ外来者一。不丙敢入乙京師甲。故預迎二於道一而饗遏也」、令釈に「京四方大路最極。卜部等祭。牛皮并鹿猪皮用也。此為二鬼魅自レ外莫丁来二宮内一祭之。左右京職相預。古記无レ別。」とあって、卜部が「鬼魅」を防ぐ祭という注釈が施されているが、祝詞では「鬼魅」を防遏する「八衢比古・八衢比売・久那斗」の諸神に幣帛を供える祭として、義解・令釈説と祝詞の間には顕著な相違がある。この相違をめぐっては、これまでも「道饗祭」祝詞の文章の拙劣さを指摘する説(34)、「道饗祭」は八衢祭の祝詞であるとする説(35)、義解説を誤りとみる説(36)などがあった。

　しかしながら、右の諸見解とはなお別様に考察していく余地があろう。粕谷氏(37)は、①次田氏が、「道饗祭」祝詞の前半は「御門祭」や「祈年祭」の御門の皇神等の前に白す祝詞と類似しているので、「道饗祭」は「此の二つの祝詞の語句を補綴して作られたものであろう(38)」と述べられていること、②重松信弘氏に該祝詞の祈願の内容や用字法に新しいものがみられるという指摘(39)があること、③道饗祭の料物に「牛皮・猪皮・鹿皮・熊皮」（『式』一）が含まれているが、かかる皮革を用いる祭は他に宮城四隅疫神祭・畿内堺十処疫神祭・蕃客送堺神祭・障神祭がある。「道饗祭」祝詞に相似する前三者は「いずれも好《ママ》もしからぬ神を畿内の堺、または京城の四隅で追い払う祭であることにおいて、

『義解』のいうところに共通する」こと、④道饗祭の「饗《あ》へ」という語は……むしろ「外からの客をもてなす」とする方が原義に近いように思われる」こと――以上の四点から、「道饗祭」祝詞にいうような祭は後に変化した新しい形と推定された。

右の粕谷説のうち、②の重松氏の祈願についての説明には異論を覚えるが、以外はおおむね妥当な解釈と評すべきであろう。ただ、卑見の立場から若干補説すると、義解・令釈にいう道饗祭から「道饗祭」祝詞へ転じたのは、義解・令釈説成立以降と推想されるのではあるまいか。令釈は延暦六年（七八七）以後、同一〇年までの間、[40]義解は天長一〇年（八三三）成立であることからすると、その転化の時期は天長一〇年以降とみられよう。そして、その祭の性格の変化にともない、「道饗祭」はDの祝詞として特別な形態をもつようになったと思われる。天孫降臨神話を「高天原尓事始弖、皇御孫命止」と節略していることや「某神の前に申す」という形式を採用していることは、この平安初期における改作の結果に他ならないと考えるのである。[41]

「道饗祭」の考証は以上に留め、再び「某神の前に申す」についての考察に戻ることとしたい。

「宛先の前に申す」の文書・木簡例からすると、「大前・大御前・御前・前に申す」の四種類が存するが、祝詞のなかでは「御前」が「中臣寿詞」にみられるのみで、『式』および六国史などの諸書では「大前・広前・前に申す」の例がすべてである。

このうち、祝詞の「大前」と「広前」には使用された時期に差があった。その前後関係については、宣長が「広前《ヒロマヘ》といふこと、古くは見えず、古《へ》は大前といへるを、今《ノ》京となりては、すべて広前とのみいへり」[42]と指摘している。従うべき見解であろう。一〇世紀末までの祝詞を整理した限りでも、「広前」が初出するのは『続日本後紀』承和八年（八四一）六月辛酉条の伊勢神宮への「詔」で、以後、「広前」は五七例、「大前」は一例となり（詳細は本書Ⅱ―二「古代祝詞の変質とその史的背景」の表11参照）、その変化が明瞭に認められるからである。

なお、『本朝月令』所引の「平野祭」「久度古関(ママ)」の祝詞は『式』とほぼ同文で、「広前」の語を使用している。『本朝月令』に引く祝詞が『弘仁式』祝詞であることについては、虎尾俊哉氏に的確な指摘[43]があるので、「広前」の使用開始期の下限は承和八年の伊勢神宮への「詔」に比べてやや早く、『弘仁式』撰進の弘仁一一年（八二〇）に遡ることも考えられる。ところが、『弘仁格式』の編纂・施行に関する最近の研究によると、『弘仁格式』の編纂は撰進後も継続され、部分的には承和初年頃までの制度改正の成果が盛り込まれて、最終的な頒行（承和七年七月）に至ったとされている[44]。とすれば、『弘仁式』祝詞の「広前」も撰進後の改定の一例とみなし、年代上の矛盾を解消させることも不可能ではあるまい。いずれにしても、弘仁末～承和年間に「大前」から「広前」へ変わったとみるのが大過ないところと思う。

さて、「広前」以前の祝詞――『式』祝詞A・B・C（「春日祭」「平野祭」「久度古開」を除く）をみると、「某神の大前に申す」はアマテラスに限定使用されており、アマテラス以外の諸神はすべて「某神の前に申す」として截然と弁別されていることに気付かれよう。これは祝詞のうえでのアマテラスの待遇を知る手がかりとして示唆的である。しかしながら、この原則を逸脱しているが如き例もあるので、それを次に検討しておきたい。

第一は『式』の「六月月次」のなかに「荷前者皇大御神乃前尓、如ニ横山一打積置弖」とある件で、「皇大御神」（アマテラス）にもかかわらず、「前」を使っている例である。『式』祝詞の諸本で該当箇所を「大前」とするものがないが、「六月月次」と酷似する「祈年祭」が同じ所を「大前」としている点は留意される。確証には恵まれないが、「六月月次」の「前」には「大」字が欠落しているのではあるまいか。

第二は『三代実録』貞観七年（八六五）二月丙寅条の「八幡大菩薩」への「告文」のなかに「掛畏岐八幡大菩薩乃大

前尓申賜倍止申久」として、宇佐八幡に「大前」を使用しているケースがある。これも、これまで述べてきた原則に一致しないので問題視されよう。けれども、九世紀以降の祝詞では承和八年を境に「広前」の使用頻度が高いことから、当該「告文」にみえる「大前」がはたして平安初期以前の「大前」と同等の価値があったかどうかは疑問とすべきであろう。

第三は『皇字沙汰文』上に引く『貞観式』の九月神嘗祭「豊受宮」祝詞で「度会能山田原尓称辞竟奉流。皇太神能太前尓申給久」として、豊受神にも「太前」の語が採用され、これも異例の用法といわねばならない。この『貞観式』が『弘仁式』の誤りであることは和田英松氏以来の通説[45]であるが、その場合でも『弘仁式』祝詞そのものが正しく伝えられているかどうかの判断は躊躇される。というのは、『皇字沙汰文』はこの後に『式』祝詞を、「天皇我御命以弖。度会乃山田原乃下津磐根尓称辞竟奉留。豊受皇太神前尓申云々」と引用しているが、傍線部の語句が『式』にみえず、とくに、「皇太神」の語句が『式』と食い違っているからである[46]（『式』は「皇神」とする）。『皇字沙汰文』が『式』祝詞を改変して引用していることは認めざるを得ないところであろう。したがって、問題の『貞観式』祝詞――正しくは『弘仁式』にみえる「皇太神」「太前」も正確な引用にもとづくとはにわかに信用し難い。むしろ、『皇字沙汰文』が書かれた一三世紀末における改竄とすべきではあるまいか。

以上のようにみてくると、アマテラスにのみ「大前」を用いるという大原則は平安初期以前には貫徹し、「大前」を使わない他神との区別は歴然としていたといえよう。それに対して、『式』以外の諸書の祝詞では、承和八年以後、「某神の広前に申す」が一般化し、「広前」はアマテラス以外にも、たとえば、賀茂・松尾・宇佐などの諸神にも使用されるようになる[47]。『式』祝詞では「春日祭」「平野祭」「久度古開」が「広前」のグループに含まれることになろう。これは、従前の〝大前―前〟の区別の解消化と考えられ、祝詞の形式的変化が九世紀代に惹起したことが窺われるのである。

(4)「皇神・皇大(御)神の区別」と「幣帛」

最後に、表7の「皇神・皇大(御)神の区別」と「幣帛」について一括して述べておきたい。

まず、前者から触言していくと、表7では次の三点が注目される。

(一)「皇神・皇大(御)神」が用いられているのはA・B・Cの諸祝詞であって、Dでは「道饗祭」にしか出てこない点である(ただし、Dの「遷却祟神」でも祟神を「皇神」と記す。しかし、この場合は「道饗祭」と異なり、「皇神の前に申す」という形で「皇神」が使われているわけではない)。ここからも、Dのなかでの「道饗祭」の特殊性が指摘できるであろうし、また、既述のA・B・CとDの祝詞の区分も確認されよう。

(二)表7の平安初期以前成立の諸祝詞では、「皇大(御)神」はアマテラスに限って使用されており、「皇神」とされた他神との格差は明瞭である。

(三)九世紀前半に入ると、「皇大(御)神」はアマテラス以外にも多くの神について使われる。[48] 賀茂以下の諸神がそれであり、(二)で述べた〝皇大(御)神—皇神〟の別が消滅していくように察せられる。『式』祝詞でも「春日祭」「平野祭」に「皇大御神」が登場しているのも、平安初期成立の祝詞に適っているといえよう。なお、「久度古開」に「皇御神」とあるのは、真淵の指摘の如く「今木(「平野祭」祝詞——引用者注)には、皇大御神と書、こゝには、大と無は、始より、神位の卑かりし故なるべし[49]」と解しておきたいと思う。

右の三点は前記の「大前」「広前」に関して観察される諸事実と軌を一にするものであるが、実はまったく同様のことが「幣帛」の記載においても観察される。

すなわち、表7に示したように、伊勢神宮関係の祝詞には、たとえば「九月神嘗祭」に「常毛進留」とある如く、必ず〝恒例〟の意が強調され(50)、Aの諸祝詞とBの「広瀬大忌祭」「龍田風神祭」には「皇御孫命乃宇豆乃幣帛」という特徴的な用語がみられる。こうした「幣帛」の表記の共通性と対照的に、Dの祝詞では「大殿祭」が忌部氏の主張からか、具体的な品目名をあげ、「鎮火祭」の「進物」という例まであって、共通性を欠く感を免れ得ない。このDの不統一性こそ、令前からの祝詞の系譜の継承を物語っていると思われる。

表7『延喜式』祝詞の分類

| | 祝詞名 | 「宣」と「申・白」の区別 | 祝詞の発令者 | 皇神と皇大(御)神との区別 | 大前・広前などの区別 | 幣帛 |
|---|---|---|---|---|---|---|
| A | 祈年祭 | 宣 | 集侍神主・祝部等、諸聞食登宣 | 高天原尓神留坐皇睦神漏伎命・神漏弥命以 | 皇神<br>皇大御神 | 前<br>大前 | 皇御孫命宇豆能幣帛 |
| | 六月月次 | 宣 | 集侍神主・祝部等、諸聞食止宣 | 高天原尓神留坐皇睦神漏伎命・神漏弥命以 | 皇神<br>皇大御神 | 前<br>(大)前 | 皇御孫命乃宇豆乃幣帛 |
| | 大嘗祭 | 宣 | 集侍神主・祝部等、諸聞食止宣 | 高天原尓神留坐皇睦神漏伎・神漏弥命以 | 皇神 | 前 | 皇御孫命乃宇豆乃幣帛 |
| B | 広瀬大忌祭 | 宣 | …神主・祝部等諸聞食止宣 | | 皇神 | 前 | 皇御孫命乃宇豆乃幣帛 |
| | 龍田風神祭 | 宣 | …神主・祝部等諸聞食止宣 | | 皇神 | 前 | 皇御孫命乃宇豆乃幣帛 |
| | 伊勢六月月次祭〔宮司〕 | 宣 | …神主部・物忌等、諸聞食止宣 | 天皇我御命尓坐 | 皇大神 | 大前 | 常毛進留御調絲、由貴乃御酒・御贄 |
| | 伊勢神嘗祭〔宮司〕 | 宣 | …神主部・物忌等、諸聞食止宣 | 天皇我御命尓坐 | 皇大神 | 大前 | 常毛進留由紀乃御酒・御贄、懸税 |
| | 伊勢四月神衣祭〔宮司〕 | 申・宣 | | | 皇大神 | 大前 | 常毛奉レ仕留和妙・荒妙乃織乃御衣 |

| | | | | | | | |
|---|---|---|---|---|---|---|---|
| C | 伊勢二月祈年六月 | 申 | | 天皇我御命以弖 | 皇大神 | 大前 | 常毛進留二月祈年大幣帛 |
| | 十二月々次祭　〃　豊受宮 | 申 | | 天皇我御命以弖 | 皇神 | 前 | 常毛進留二月祈年大幣帛 |
| | 九月神嘗祭 | 申 | | 皇御孫御命以 | 皇大神 | 大前 | 常毛進留九月之神嘗乃大幣帛 |
| | 豊受宮同祭 | 申 | | 天皇我御命以弖 | 皇神 | 前 | 常毛進留九月之神嘗乃大幣帛 |
| | 斎内親王奉レ入、時 | 申 | | | | | 〔依二恒例一弖〕 |
| | 遷二奉大神宮一祝詞 | 申 | | 皇御孫乃御命乎以弖 | 皇大御神 | 大前 | 〔常乃例尓依弖〕 |
| | 春日祭 | 白 | | 天皇我大命尓坐世 | ＊皇神 | 広前 | 宇豆乃大幣帛 |
| | 平野祭 | 白・申 | | 天皇我御命尓坐世 | 皇大御神 | 広前 | 宇豆乃大幣帛 |
| | 久度古開 | 白・申 | | 天皇我御命尓坐世 | 皇御神 | 広前 | 宇豆乃大幣帛 |
| | 遣二唐使一時奉レ幣 | 申 | | 皇御孫尊乃御命以弖 | 皇神 | 前 | 礼代乃幣帛 |
| D | 大殿祭 | 白 | | 高天原尓神留坐須皇親神魯企・神魯美之命以弖 | | | 瑞八尺瓊乃御吹支乃五百都御統乃玉尓、明和幣・曜和幣乎附気弖 |
| | 御門祭 | 白 | | | | | |
| | 鎮火祭 | 申 | | 高天原尓神留坐皇親神漏義・神漏美乃命持弖 | | | 進物 |
| | 道饗祭 | 申 | | 高天之原尓事始弖、皇御孫之命止 | 皇神 | 前 | 宇豆之幣帛 |
| | 鎮二御魂斎戸一祭 | 申 | | 高天之原尓神留坐須皇親神漏岐・神漏美乃命乎以 | | | 宇豆幣帛 |
| | 遷二却祟神一 | 申 | | 高天之原尓神留坐弖、事始給之神漏岐・神漏美乃命以弖 | | | 宇豆之幣帛 |

（注）「春日祭」祝詞の「皇神と皇大（御）神の区別」の欄で＊印を付したのは、同祝詞中に「皇大御神」とみえることを示す。

また、「大幣帛」に着眼すると、同語句はA・B・Cの祝詞（「春日祭」「平野祭」「久度古開」を除く）においては伊勢神宮にのみ使用されている。この点でも、伊勢神宮と他神社とを峻別していく姿勢が指摘されようが、九世紀中頃になると、「大幣帛」は『式』の「春日祭」「平野祭」「久度古開」にもみられ、さらに、右以外の神社祝詞にも頻出するようになる。[51]ここに、「広前」「皇大（御）神」が使用されるのと同じ傾向を看取することはさほど困難ではあるまい。

以上、前項から述べてきたことを整理しておくと、①表7、Dの祝詞は令制以前の古いタイプを踏襲している可能性があること、②平安初期以前成立の祝詞では伊勢神宮とその他の神社とははっきり区別されており、これはA・B・Cの祝詞（「春日祭」「平野祭」「久度古開」を除く）構成ともよく一致していること、③九世紀前・中葉以降は、それまで「大前」を使っていたアマテラスも他神と同様に「広前」を採用するようになり、それと並行して「皇大（御）神」「大幣帛」も伊勢神宮のみの限定使用ではなくなること、の三点に帰結するであろう。

このように、平安初期は従来の祝詞の形式が変質を遂げる画期になったことが窺知されよう。その変化の諸相や理由は本書Ⅱ―二の「古代祝詞の変質とその史的背景」において詳論するが、如上の祝詞の形式変化から、さしあたって、当該時期を境に、律令制的祭祀における伊勢神宮の地位の相対的低下が認められるところであろう。

## （5）小　結

以上、『式』祝詞の形式面からの比較検討を行ったが、次節への橋渡しとして本節の考察結果を要約すると、以下の如くである。

Ⅰ　『式』祝詞はその冒頭に天孫降臨神話や「天皇御命以弖」「天皇我大命尓坐世」といった語句を冠し、土橋氏の言葉を再び借りれば「祭祀の天皇制的再編成を背景として成立[52]」してきた政治的性格の強いものであったといえる。

Ⅱ 『式』祝詞は成立時期の違いから三つに分けられる。すなわち、第一は表7、Dの諸祝詞で令制以前からすでに成立したものである（「道饗祭」のみは天長一〇年以降に一部を除いて全面的に改作された）。第二はA・B・C（「春日祭」「平野祭」「久度古開」を除く）で大宝令制定以前の律令制形成期に成立したものと思われる。第三は「春日祭」「平野祭」「久度古開」で平安初期に、しかも三者ともかなり近い年代にまとまって成立したことが窺われる。

Ⅲ 第一と第二で成立した諸祝詞の多くは神祇令の四時祭に定められた律令制的祭祀の祝詞であった。このうち、伊勢神宮の祝詞（とくにアマテラスに対するもの）はその形式面からいって他神の祝詞とは区別されるものをもっていた。この点から、神祇令の四時祭は伊勢神宮を頂点に組み立てられていたことが考えられよう[53]。

Ⅳ こうした伊勢神宮中心の祝詞構成も九世紀前半から中頃を画期として変質し、伊勢神宮の国家的祭祀上の地位も前代から比べれば相対的に低下していったと思われる。

## 2 『式』祝詞の内容的検討

### （1） 祝詞にみる幣帛

本節では、前節までの考察をもとに、『式』祝詞の内容面からの検討を試みることとする。そこで、はじめに祝詞にみる幣帛の内容を問題にしたい（前節では幣帛の表記に関して述べた）。表8は『式』祝詞の幣帛のなかで、具体的な品目名が知られる例を表示したものである。表8からは以下の点に気付かれよう。

第一は、天武四年（六七五）に創祀されたと考えられる広瀬・龍田社の祝詞（B）にみえる幣帛の共通性であり、第二は、平安初期成立のCの「春日祭」「平野祭」「久度古開」の幣帛の共通性である。また、第三として、Dの祝詞の幣帛の中身が統一性を欠いているという点も留意される。

このうち、第一と第二からは「広瀬大忌祭」「龍田風神祭」と「春日祭」以下の諸祝詞のそれぞれの作成年代が近接していたことが考えられるであろう。さらに、第三からは、Dの諸祭儀の成立が令制以前であり、その幣帛も各祭祀の性格や伝統に由来するという見通しが得られるのではあるまいか。そして、以上のような見地からすれば、右記の諸点はすくなくとも前節の小結Ⅱと齟齬しないと思うのである。

表8　祝詞にみる幣帛

| | | | 明妙・照妙・和妙・荒妙 | 五色物 | 御酒 | 和稲・荒稲 |
|---|---|---|---|---|---|---|
| B | 広瀬大忌祭 | 若宇加乃売 | ○ | ○ | ○ | ○ |
| | | 山口尓坐皇神 | ○ | ○ | | |
| | 龍田風神祭 | 比古神 | ○ | ○ | ○ | ○ |
| | | 比売神 | ○ | ○ | ○ | ○ |
| | 伊勢六月月次祭 | | | | ○ | |
| | 伊勢神嘗祭 | | | | ○ | △ |
| | 伊勢四月神衣祭 | | △ | | | |
| C | 春日祭 | | ○ | | ○ | |
| | 平野祭 | | ○ | | ○ | |
| | 久度古開 | | ○ | | ○ | |
| D | 大殿祭 | | △ | | | |
| | 鎮火祭 | | ○ | ○ | ○ | ○ |
| | 道饗祭 | | ○ | | ○ | △ |
| | 鎮㆓御魂斎戸㆒祭 | | ○ | ○ | ○ | |
| | 遷㆓却崇神㆒ | | ○ | | ○ | △ |

| 毛乃和物・毛乃荒物 | 鰭乃広物・鰭乃狭物 | 奥津藻葉・辺津藻葉 | 甘菜・辛菜 | 楯 | 戈 | 御馬 | 四方国乃献礼留御調乃荷前 | 鏡 | 大刀 | その他 |
|---|---|---|---|---|---|---|---|---|---|---|
| ○ | ○ | ○ | ○ | ○ | ○ | ○ | | | | |
| | | | | ○ | ○ | | | | | |
| ○ | ○ | ○ | ○ | ○ | ○ | ○ | | | | |
| ○ | ○ | ○ | ○ | | | ○ | | | | 金乃麻笥・金乃椯・金乃桛 |
| | | | | | | | | | | 御調絲・御贄 |
| | | | | | | | | | | 御贄 |
| | | | | | | | | | | |
| | ○ | ○ | ○ | | ○ | ○ | ○ | ○ | ○ | 御弓 |
| | ○ | ○ | ○ | | | ○ | ○ | ○ | ○ | 御弓・鈴・衣笠 |
| | ○ | ○ | ○ | | | ○ | ○ | ○ | ○ | 御弓・鈴・衣笠 |
| | | | | | | | | | | 五百都御統乃玉 |
| | ○ | ○ | | | | | | | | |
| ○ | ○ | ○ | | | | | | | | |
| | ○ | ○ | ○ | | | | | | | |
| ○ | ○ | ○ | ○ | | | ○ | | ○ | ○ | 玉・弓矢 |

表9　『延喜式』にみる諸祭祀の幣帛

| | | | | | | | |
|---|---|---|---|---|---|---|---|
| 祈年祭 | 案上官幣（三〇四座） | 絁・五色薄絁・倭文・木綿・麻・庸布・倭文纏刀形・絁纏刀形・布纏刀形 | 四座置・八座置・楯・槍鋒・弓・靫・鹿角 | 鍬 | 酒 | 鰒・堅魚・腊・海藻・滑海藻・雑海菜・塩 | 酒坩・裹葉薦 |
| | 案下官幣（四三三座） | 絁・木綿・麻・庸布 | 四座置・八座置・楯・槍鋒 | | | | 裹葉薦 |
| 月次祭（三〇四座） | | 絁・五色薄絁・倭文・木綿・麻・庸布・倭文纏刀形・絁纏刀形・布纏刀形 | 四座置・八座置・弓・靫・楯・槍鋒・鹿角 | 鍬 | 酒 | 鰒・堅魚・腊・海藻・滑海藻・雑海菜・塩 | 酒坩・裹葉薦 |
| 新嘗祭（三〇四座） | | 絁・五色薄絁・倭文・木綿・麻・庸布 | 四座置・八座置・楯・槍鋒 | | | | 裹葉薦 |
| 相嘗祭（太詔戸社） | | 絹・絲・綿・調布・庸布・木綿 | | | 酒稲 | 鰒・堅魚・腊・凝海藻・塩・海藻 | 筥・甅・缶・水瓮・山都婆波・小都婆波・筥𤭯・酒垂・匜・等呂須伎・高盤・片盤・短女杯・筥杯・小杯・陶臼 |

（注）祈年・月次・新嘗祭の各「前」（配祀神）の幣帛と祈年祭の国幣（二三九五座―絲・綿のみ）は表では省いた。

次に、祝詞に幣帛の具体的内容を原則として記していない「祈年祭」「六月月次」「大嘗祭」祝詞（A）の「皇御孫命乃宇豆乃幣帛」と伊勢神宮関係の祝詞（C）の「大幣帛」について言及していきたい。

まず、前者であるが、表9は『式』一によってAの諸祭祀の幣帛を整理したものである。このように、各祭祀の幣帛を比較してみると、「皇御孫命乃宇豆乃幣帛」の特徴として、祭祀の行われる目的、季節や幣帛が供される神社の相違をのりこえて、画一性がきわめて高いという点が指摘される。幣帛の品目、数量の多寡は案上官幣・案下官幣・国幣の違いによって生ずるものであった。律令制的祭祀の典型である祈年・月次・新嘗の幣帛の特質とは案上官幣―

案下官幣―国幣の順に諸社に格差を設けるものであったといえよう。

もっとも、かかる幣帛がどこまで古く遡って成立していたかは問題であろう。岡田精司氏は『続紀』大宝元年(七〇一)四月丙午条の「勅。山背国葛野郡月読神。樺井神。木嶋神。波都賀志神等神稲。自レ今以後。給二中臣氏一」という記事について、この勅は「祈年祭のあとに幣物の処分に関して下された」ものであり、「神稲」も「神」を冠していることから、単なる食物ではなく「〈斎種〉を意味するものではなかったか」として、大宝年間の祈年祭には斎種の下付が行われていたことを主張された[54]。しかしながら、これにはすでに批判があるように、当該記事を祈年祭と関係付ける点には明確な論拠があるとは思えず、むしろ「神稲」は神税のことであり、大宝元年に月読神以下四神の神税を中臣氏に支給する措置であったとする森田悌氏の説[55]に賛したい。とすれば、『式』にみえる祈年祭の幣帛の品目には八世紀初頭以後に大きな変化がなかったことも考えられよう。

ところで、この祈年祭などの幣帛の性格は、相嘗祭の幣帛と比べると、もう少しはっきりする。相嘗祭とは、一一月上卯日に畿内および紀伊の特定の大社(『式』では四一社)に幣帛を供える祭であるが、相嘗祭の成立年代について、薗田香融氏は預相嘗祭社の分布をもとに「大和の勢力が畿内と紀伊にのみ限られていた時代、そしてまだ伊勢が皇太神宮と考へられてゐない頃」に遡るとされ[56]、二宮正彦氏は天武五年(六七六)以前(『紀』天武五年一〇月丁酉条に「祭二幣帛於相新嘗諸神祇一」とある)、大和地方の東南部に政治的中心が存した時期の設定と指摘された[57]。相嘗祭に関する史料が乏しいので、成立時期を見極めていくことはなかなか困難であるが、相嘗祭に預かる神社の分布からしても、律令制形成期に先行して成立した祭祀とすることは十分に首肯されよう[58]。

さて、この相嘗祭の幣帛を祈年・月次・新嘗祭の幣帛と対照させると、次の二点で相違している。それは、①相嘗祭と祈年祭以下の諸祭の幣帛の種類に著しい懸隔があること(表9参照)、②相嘗祭の幣帛の品目には各社によって微妙な相違があり、また、数量も各社間で僅少ながら差違があることである。『式』二に四一社の幣帛の品目を各社毎に逐一列挙しているが、それは②の何よりの表れである。これは相嘗祭の幣帛が祈年祭以下の幣帛の画一性とはかなり異質であることを意味しているといえよう。それでは、祈年祭などの幣帛が相嘗祭と異なり、各祭祀の性格の相違を無視して、画一化が図られたのはいつであろうか。それは律令制の成立期とするのがもっともふさわしいのではあるまいか。すくなくとも、相嘗祭と同じく、幣帛の成立を令制以前にまで遡及させることは不自然であろう。相嘗祭の幣帛を手がかりとして、Aの諸祝詞にみえる「皇御孫命乃宇豆乃幣帛」の成立を以上のように考えておきたい。

伊勢神宮の諸祝詞（「二月祈年六月十二月々次祭」「豊受宮」「九月神嘗祭」「豊受宮同祭」）の「大幣帛」も具体的な内容を祝詞から知ることができない。そこで、この場合も『式』の規定を参看すると、祈年・月次祭の際は案上官幣に馬一疋と籠頭料として庸布一段が加えられている（『式』二）ことが分かる。さらに、その扱いをみると、祈年祭では「神部執レ幣頒レ之、太神宮幣帛者差レ使進レ之、」（『儀式』二）とあるように、諸社の祝部に幣帛が頒かたれるのとは別に伊勢神宮に特別の使者が派遣されていた。実際例でも、年代はやや下るが『為房卿記』寛治六年（一〇九二）二月丁巳条に「次祝部読二祝詞一、次群官拍手、次伊勢使祭主親定朝臣給レ幣出二中門一」、『中右記』嘉承二年（一一〇七）二月辛酉条に「中臣進就レ座読二祝詞一、了上卿以下拍手、此後伊勢幣出レ従二東門一斎主親定為レ使同出、」とある如く、祝詞が読まれた後、奉幣使発遣のことが記されている。いずれにしても、伊勢神宮の「大幣帛」の扱いは、他社の神主・祝部が幣帛班賜のために上京したことと著しい相違といえよう。[59]

また、神嘗祭の「大幣帛」は内蔵寮から「錦一疋、寮物、両面一疋、深紫綾、浅紫綾、緋綾、中緑綾、黄綾各一疋、已上五綾若無者、用二生綾一、白綾一疋、以上大神宮幣料、緋、中縹、黄、皀帛各一疋、以上度会宮幣料、盛裏料柳筥二合、各方一尺四寸、宮別一合、餘祭筥准レ此、庸布二段、木綿小二斤、葉薦一枚、分二用両宮一、已上官物、」（『式』一五）、神祇官から「絁三疋、絲八絇、倭文一端一丈、席二枚、鞍二具、馬四

疋、籠頭料布一端一丈四尺」（『式』二）の諸品目が調進されるものであった。このうち、前者は綾錦の類の高級品で、神嘗幣物としてもかなり特殊なものといえる。しかも、『儀式』五の「九月十一日奉二伊勢大神宮幣一儀」によると、神嘗祭の奉幣使派遣に際して、天皇は小安殿に出御して、自ら勅使（中臣）に「好申天奉礼」という言葉をかけることになっていた（本書Ⅰ―二「古代奉幣儀の検討」参照）。

かくて、伊勢神宮祝詞の「大幣帛」とはその名称にふさわしく特別な内容であり、取り扱いも他社の幣帛と区別されていたといえる。ここからも律令制的祭祀における伊勢神宮の位置を知ることができよう。そして、この伊勢神宮の「大幣帛」から知られた事柄は前節の小結のⅢと吻合すること、また、先述のAの「皇御孫命乃宇豆乃幣帛」の具体的内容を通して窺われる各祝詞の成立時期が小結のⅡとけっして矛盾するものではなかったこと――以上の二点が右記の考察から認められるであろう。

### （2）祝詞宣読者・幣帛使など

本項では、祝詞宣読者・幣帛使・幣帛を頒下する者の観点から、各祝詞の成立を考えてみたいと思う（表10）。

まず、Aの諸祭であるが、三者とも中臣が祝詞を読み(60)、忌部が幣帛を班つという関係がある。これは養老神祇令の「其祈年月次祭者。百官集二神祇官一。中臣宣二祝詞一。忌部班二幣帛一」と一致するものであった。したがって、両氏の祭祀上の役割分担の成立は律令制形成期の七世紀後半以降のことであろう。

次に、B・Cの祝詞にみえる幣帛使であるが、その多くは、たとえば、「某官位姓名」（「二月祈年六月十二月々次祭」など）、「某官某位某王・中臣某位某姓名」（「九月神嘗祭」など）とあるように、律令官人制下に成立したことが窺知される。Bの「広瀬大忌祭」「龍田風神祭」の「王臣」も「差二王臣五位已上各一人、神祇官六位以下官人各一人一充レ

表10 祝詞宣読者・幣帛使など

| | 祝詞名 | 祝詞宣読者・幣帛使・幣帛を頒下する者 |
|---|---|---|
| A | 祈年祭 | 忌部乃弱肩尓太多須支取挂弖、持由麻波利仕奉礼留幣帛乎 |
| | 六月月次 | 忌部乃弱肩尓太襁取挂弖、持由麻波利仕奉礼留幣帛乎 |
| | 大嘗祭 | 忌部乃弱肩尓太襁取挂弖、持由麻波利仕奉礼留幣帛乎 |
| B | 広瀬大忌祭 | 皇御孫命乃宇豆乃幣帛乎令二捧持一弖、王臣等乎為レ使弖 |
| | 龍田風神祭 | 皇御孫命乃宇豆乃幣帛令二捧持一弖、王臣等乎為レ使弖 |
| | 伊勢六月月次祭 | 大中臣太玉串尓隠侍弖、今年六月十七日乃朝日乃豊栄登尓称申事乎 |
| | 伊勢神嘗祭 | 大中臣太玉串尓隠侍弖、今年九月十七日朝日豊栄登尓、天津祝詞乃太祝詞辞乎称申事乎 |
| | 伊勢四月神衣祭 | |
| C | 伊勢二月祈年六月十二月々次祭 | 某官位姓名乎為レ使天、令二捧持一弖進給布 |
| | 〃 豊受宮 | 某官位姓名乎為レ使弖、令二捧持一弖進給布 |
| | 九月神嘗祭 | 某官某位某王・中臣某官某位某姓名乎為レ使弖、忌部弱肩尓太襁取懸、持斎波利令二捧持一弖、進給布 |
| | 豊受宮同祭 | 某官某位某王・中臣某官某位某姓名乎為レ使弖、忌部弱肩尓太襁取懸、持斎波利令二捧持一弖、進給布 |
| | 斎内親王奉レ入時遷二奉大神宮一祝詞 | 弁官某位某姓名乎差使弖、進給 |
| | 春日祭 | 神主尓某官位姓名乎定弖 |
| | 平野祭 | 神主尓神祇某官位姓名定弖 |
| | 久度古開 | 神主某官位姓名定弖 |
| | 遣二唐使一時奉レ幣 | 官位姓名尓令二捧賚一弖、進奉久止 |
| | 大殿祭 | 斎部宿祢某我弱肩尓太襁取懸弖、言寿伎鎮奉 |

使」（『式』二）などの規定から、やはり律令官人制との接点があった。

また、Bの「六月月次祭」「同神嘗祭」にみえる祝詞を奏宣する宮司の「大中臣」とは、宝亀元年（七七〇）一二月に宮司に任ぜられた「中臣比登」に「第十七此宮司以後不レ任二他姓一」（『二所太神宮例文』）、「自二此時一宮司不レ交二異姓一」（『中臣氏系図』）という記載があるように、宝亀以降の成立とみるのが正しいと思う。なお、中臣氏の宮司職独占については、「然則、三氏（中臣・斎部・猿女――引用者注）之職、不レ可二相離一。而、今伊勢宮司、独任二中臣氏一、不レ預二二氏一。所レ遺三也」という『古語拾遺』の文章からも判明する。

このように、A・B・Cの祝詞の宣

| D | 御門祭<br>鎮火祭<br>道饗祭<br>鎮㆓御魂斎戸㆒祭<br>遷㆓却祟神㆒ | 神官、天津祝詞乃太祝詞事乎以弖、称辞竟奉 |
|---|---|---|

読者や幣帛使などに関する部分のほとんどは律令制と対応関係があった。「六月月次祭」「同神嘗祭」の「大中臣」も八世紀後半の成立とみられる。

それに対して、Dの祭祀・祝詞の場合はA・B・Cとかなり様相を異にしているように思う。その点を次に確かめておきたい。

まず、大殿祭・御門祭であるが、両祭の執行者も祝詞の奏上者も忌（斎）部氏であった。この点は前節でも部分的には述べたところであるが、改めて整理しておくと、①「大殿祭」祝詞に「斎部宿祢某我弱肩尓太襁取懸弖、言寿伎鎮奉」とあること、②『古語拾遺』に「又、殿祭・門祭者、元、太玉命供奉之儀、斎部氏之所㆑職也」とあり、『式』八にも御（大）殿・御門祭の祝詞は「斎部氏祝詞」とあること、③両祝詞の文章・語句には『古語拾遺』と類似点があること、④両祝詞の「古語云……」などの分注は他にみえず、独自であるが、これは『古語拾遺』の体裁と同一であることなど(61)から、両祭と忌部氏の関係も明らかであろう。

ところで、『式』三一には、「凡神今食、新嘗祭明日平旦大殿祭、省輔已上率㆓諸忌部等㆒、至㆓延政門㆒、令㆓大舎人叫㆒㆑門、闈司伝宣如㆑常、輔入奏、諸奏事皆輔奏之、其詞曰、宮内省申久、大殿祭此云㆓於保登能保加比㆒、供奉牟登、神祇官姓名率㆓忌部㆒氏候登申」として忌部が神祇官（中臣）に引率されて祭場に伺候するように定められ、大殿祭に中臣氏の関与が窺われる如くである。この儀における中臣氏の役割は『古語拾遺』に「雖㆑然、中臣・斎部共任㆓神祇官㆒、相副供奉。故、宮内省奏詞偁。将㆑供㆓奉御殿祭㆒、而中臣・斎部候㆓御門㆒。至㆓于宝亀年中㆒、初宮内少輔従五位下中臣朝臣常、恣改㆓奏詞㆒云、中臣、率㆓斎部㆒候㆓御門㆒者。彼省、因循永為㆓後例㆒、于㆑今未㆑改。所㆑遺五也」とあるように、「宝亀年中」の改正結果も含まれているが、それ以前にあっても、『古語拾遺』は中臣氏の大殿祭奉仕そのものは認めている。しかし、ここでの中臣氏の役割はさして重要ではない。というのは、『式』の段階でも、中臣氏の役割とは「中臣侍二御殿南一」(『式』一)とあるのみで、主要な局面では、忌部・御巫の供奉が中心であり、中臣氏が積極的な役割を果していた様子を検出できないからである。(62)大殿祭・御門祭は上記の①〜④からみてもやはり忌部氏中心の祭儀といえよう。

次の鎮火祭・道饗祭が卜部氏の掌る祭祀であったことは『令集解』諸説からも確実である。前者については、義解が「在二宮城四方外角一。卜部等鑽レ火而祭。為レ防二火災一。故曰二鎮火一」(「釈及古記无レ別」)、後者についても義解・令釈説が「卜部等」が祭る(義解・令釈説は前掲)という注釈を施しているからである。「道饗祭」にみえる祝詞奏上の「神官」とは「こゝは、祭を預り行ふ、卜部をいふ」という賀茂真淵の指摘に従うべきであろう。(63)

鎮二御魂斎戸一祭は『式』二に「右於二此官斎院一、中臣行事」とあるように、中臣氏が主宰する神事であった。最後の「遷二却祟神一」の奏宣者は手がかりがないので不詳とする他はない。

このようにみてくると、Dの諸祭祀の執行者や祝詞宣読者が中臣(鎮二御魂斎戸一祭)、忌部(大殿祭・御門祭)、卜部(鎮火祭・道饗祭)であって、Aに特徴的な中臣・忌部の祭祀役割分担やB・Cに目立つ律令官人制の形跡が見出せないことなど、A・B・Cとは顕著な相違が認められよう。そして、こうした点からも、Dの諸祝詞の成立が令制以前に遡ることはまず間違いのないところと思うのである。

### (3) 祈願

次に取り上げるのは祝詞の祈願についてである。各祝詞には原則として祈願ないしは感謝の言葉が述べられている。しかしながら、伊勢神宮関係の祝詞——とくに勅使が奏上する祝詞六編——には祈願・感謝の文言がまったく存していない。ここでは、その点にのみ着目して論を進めていきたいと思う。

伊勢神宮祝詞に祈願の言葉がみられないことについて、金子武雄氏は「これ（伊勢神宮の諸祝詞――引用者注）にも祈願の意が言外に含まれ、さうしてそれが寧ろ主になつてゐることも推察せられる」と述べられて(64)、各祝詞に願意が言外に含まれていることを指摘されている。確かに、「斎内親王奉レ入、時」の「皇御孫之尊乎天地日月止共尓堅磐尓、平久安久御座之女牟止」を、次田氏の如く「天皇命を天地日月と共に、永遠に平安無事に坐しまさしめ下さるやうにとの御願によるのでありまして」と解釈する余地もある(65)。しかしながら、重松氏も注意されているように、もし天皇の長寿という願意がこめられているとするならば、「「御座さしめ給へと」あるべきである。ここは「……御座さしめむと」のための御杖代として、即ち「御座さしめむと」なさるための御杖代としてと、解すべきである」という指摘(66)は正当といわねばならない。仮に百歩譲って、「斎内親王奉レ入、時」に祈願の意があったとしても、たとえば「二月祈年六月十二月々次祭」のように単に奉幣のことを述べている祝詞(67)に何らかの願意を見出すことは不可能といわねばならない。

では、なぜ、伊勢神宮関係の祝詞のうち、問題の六編に祈願の言葉を含むことがないのであろうか。この点について、徳田氏は次のような説明を加えられている(68)。

> 祝詞を言霊信仰による呪文として、神名祝賀を原始的形態とする場合、その神徳称揚は神業の発現を確信、予約するもので、神は規定せられたる神業を遂行するのであるから、祈願詞は不必要であつた。然るに言霊の信仰の衰退による、祝詞の呪力の減退は祈願詞を発生せしめた。祝詞式にはこの両者が保存されてゐる。……とにかく正史にのる伊勢の諸祭詞は、貞観以後は必ずこれ（『三代実録』貞観一三年九月甲申条にみえる祈願詞――引用者注）を有して尊敬と鄭重を明かにする。祝詞式の古体にゐる事を諒会する……

すなわち、言霊信仰が衰退していくなかで祈願の詞章が発生するのであって、祈願詞をともなわない『式』祝詞は古態を留めているとされる。しかしながら、この説明では、伊勢神宮の祝詞にのみ、貞観の頃まで言霊信仰が存続したのはなぜかという疑問が残る。徳田説とはなお別の解決の方途が模索されねばならないであろう。

そこで、改めて伊勢神宮の祝詞の祈願詞を見直すと、徳田氏の指摘にもあるように、貞観一三年（八七一）の「神嘗祭」祝詞には「此状乎聞食天天皇朝廷乎宝位無レ動久。夜守日守尓護助賜倍止申賜波止(ママ)久申」の如く祈願の言葉がみえ、以後の祝詞には必ず同様の語句が付加されている。管見の限りでも、たとえば、『朝野群載』一二の「伊勢神嘗幣(69)」、『本朝世紀』天慶元年（九三八）九月己未条、同寛治元年（一〇八七）九月庚申条、『柱史抄』上の九月「十一日伊勢神嘗幣」などの諸史料にも右記の文言が見出されるのである。

ちなみに、貞観一三年以前の祝詞に関して付言すると、弘仁九年（八一八）の神嘗祭では『類聚国史』一一に「奉二幣帛於伊勢太神宮一。祈レ除二疫癘一也」（傍点――引用者）とあるので、この時の祝詞においては傍点箇所のような意味の願意が奏されていた可能性がある。しかしながら、この弘仁九年の神嘗祭の祈願は前後の時期に同趣の例をみないこと、また、貞観一三年以後の祝詞の祈願詞には「除二疫癘一」というような内容が含まれておらず、弘仁九年のケースが後代に継承されず恒例化しなかったことから、弘仁九年の例は特別な事情によって、たまたま神嘗祭の場で祈願が行われたものと思う。したがって、『式』のような願意のない伊勢神宮祝詞はやはり、貞観一三年九月を下限とする時期に成立したとみてよいであろうし、また、それと同時に、該時期に祝詞構成に大きな変化があったと推想されよう。

それでは、貞観一三年までの時期に伊勢神宮の祝詞に変化を生ぜしめるような事情ははたして検証できるのであろうか。それについては、前節で『式』祝詞の形式的比較をもとに次のような指摘をしたことが参照されよう。平安初期以前に成立した諸祝詞は、祝詞の待遇表現などからして、伊勢神宮（とくにアマテラス）を頂点とする構成であった。かかるあり方は九世紀前中葉を画期として変質し、伊勢神宮祝詞の形式も前代と比べれば相対的に低下したことが窺われる（第2節の小結Ⅲ・Ⅳ）という点である。

右述のことを念頭に置くと、貞観一三年を最下限とする時期に、伊勢神宮の恒例の祭の祝詞に天皇の長久と日夜の守護という祈願詞が現れてくることも容易に理解できるのではないだろうか。祝詞に祈願の言葉が出て来、しかも、それが定着すること自体が伊勢神宮の地位の変質と即応する事象であったと思うからである。別言すれば、『式』の伊勢神宮関係の祝詞が祈願の詞章をもたないことこそ、神宮を他の神社とは別格扱いにしようとする何よりの証拠とみなすべきではあるまいか。後代になって、同祝詞に祈願詞が付け加えられてくることが、伊勢神宮の特殊な地位の相対的低下という事実を雄弁に物語っていると考えるのである。このように、伊勢神宮の祝詞にみえる祈願の言葉の有無も神宮の地位を考定する際の手がかりの一つといえよう。

## おわりに

以上、第3節では、祝詞の内容上の検討から、『式』祝詞の成立に関する考察を行った。それは第2節で判明した結論と多くの点で重複し、それを補強する結果となった。とくに、『式』祝詞が成立年代の相違から三段階に分けられることは幣帛の性格、祝詞の宣読者などの分析結果とも整合的であったといえよう。また、『式』の伊勢神宮関係の祝詞のうち「二月祈年六月十二月々次祭」以下六編が願意を示さないのは、律令制祭祀上での伊勢神宮の特殊な地位を反映するものであり、貞観年間に当該祝詞に祈願詞が見出されるのは、その伊勢神宮中心の祝詞体系が変質を遂げた結果に他ならないということも明らかになったと考える。

最後に、以上の『式』祝詞の成立の問題と筆者がかつて論及した記紀神話成立論との関係について一言述べて本章を終わることとしたい。

記紀神話の成立については、岡田氏ら先学の優れた業績[70]に導かれながら次のように考えた[71]。記紀神話の成立は高天原系神話と出雲系神話に大別して考察すべきであること、そして、『式』祝詞と直接的な接点をもたない後者は措くとすると、高天原系神話の最終的な完成は天武朝以降であること、しかしながら、原形は六世紀中葉にすでに成立しており、その〈記紀以前〉の古い形も記紀の異伝の比較から復元可能であるとした。その際、天武朝以降の伝承と〈記紀以前〉の古伝承との差異が奈辺に存したかというのは、各神話によって様々であり、簡単には言い表せないが、主要な相違点の一つに伊勢神宮の伝承の問題があったように思う。その細かい考証は拙著で述べたので、ここでくり返すことはしないが、天武朝以降の段階でアマテラスの伝承が記紀神話の枢要部分（天岩戸神話・天孫降臨神話）に定着するようになったと考えている。つまり、七世紀後半に記紀神話はアマテラス中心の構成として再編成されたのであろう。

このことと『式』祝詞の三段構成と比較すると、祝詞の第一と〈記紀以前〉の古伝承が、また、第二と天武朝以降にアマテラス中心に再構築された記紀神話体系とがそれぞれ対応することは見易い。これは、高天原系神話が宮廷祭儀と密接していたこと、『式』祝詞の多くが神祇令に定められた四時祭の場で唱えられたものであったことに想到するならば、至極当然のことといわねばならない。さらに、右記のことから推すと、平安初期に入って成立した祝詞の第三段階では、その伊勢神宮中心の祝詞構成が変質したことが知られたわけであるが、それは記紀神話の世界と宮廷祭儀との乖離、記紀神話的イデオロギーの後退がはじまったことを意味するのであろう[72]。

## 注

（1）青木紀元『祝詞・宣命註釈』（神道大系、神道大系編纂会、一九七八年）。
（2）金子善光「校訂延喜式祝詞」（『東京工業大学附属高等学校研究報告』八、一九七七年）。
（3）次田潤『祝詞新講』（明治書院、一九二七年）。
（4）青木『祝詞古伝承の研究』（国書刊行会、一九八五年）。
（5）粕谷興起「祈年祭祝詞についての一考察」（『万葉』九四、一九七七年）。
（6）『式』祝詞全体を論じた研究としては、白石光邦『祝詞の研究』（至文堂、一九四一年）、重松信弘「延喜式祝詞における神人の道交」（『古代思想の研究』皇学館大学出版部、一九七八年）がある。
（7）青木「敬語に表はれた上代文献の政治的性格（上）」（『芸林』一―四、一九五〇年）四八～五二頁。
（8）祝詞の形式的分析と内容上の分析との区分はあくまでも便宜的なもので、両者を截然と二分し得るものではないことはいうまでもない。
（9）土橋寛「寿詞と祝詞」（『講座日本の古代信仰』四、学生社、一九七九年）一六七～一六八頁。
（10）『式』の「大嘗祭」祝詞が新嘗祭の祝詞であることは賀茂真淵『祝詞考』（前掲（1）所収）二〇四～二〇五頁に指摘がある。
（11）伊勢神宮の「四月神衣祭」ははじめに宮司がアマテラスに祝詞を奏上した（「申」）後、「荒祭宮毛尓如レ是申弖進止宣」と、祢宜・内人に祭祀を命ずる形をとっている。
（12）角林文雄「大宝令前の文書用語」（『日本古代の政治と経済』吉川弘文館、一九八九年）三二一頁。
（13）沖森卓也「続日本紀宣命の用字と文体」（『国語と国文学』五三―九、一九七六年）五七～五八頁参照。
（14）『式』の「春日祭」「平野祭」「久度古開」祝詞を平安初期の成立としたのは以下の理由による。

まず、「平野祭」「久度古開」であるが、本文で後述するように、『弘仁式』には『式』とほぼ同文の祝詞がみえるので、同祝詞が『弘仁式』段階で成立していたことは間違いない。平野社の創建についてみると、『読紀』延暦元年（七八二）一一月丁酉条に「叙二田村後宮今木大神従四位上一」、同二年一二月丁巳条に「大和国平羣郡久度神叙二従五位下一為二官社一」とあり、平野社の祭神が延暦の初年には現社地ではなく、旧地に祭られていたこと、貞観一四年一二月一五日太政官符（『類聚三代格』一）に「延暦年中立二件社一（平野社のこと――引用者注）」とあることから、「延暦年中」（延暦二年以後）に平野社が創建されたのであろう。また、延暦二〇年五月一四日太政官符（『類聚三代格』一）では祭祀を「闕怠」とすると「中祓」を科せられる例に「平野祭」があがっているので、祝詞も『弘仁式』までには成立したと考えて矛盾がない。

それに対して、「春日祭」祝詞の成立は平野社の祝詞の場合といささか事情が異なる。これについては、義江明子氏に有益な考察（「春日祭祝詞と藤原氏」〈『日本古代の氏の構造』吉川弘文館、一九八六年〉二三九～二四四頁）があるので、それをもとにまとめると以下の通りである。

当該祝詞の成立は、「大神等乃乞賜比任尓、春日乃三笠山乃下津石根尓宮柱広知立、高天原尓千木高知弖、天乃御蔭・日乃御蔭止定奉弖」とあるように、社殿の造営以後のこととしなければならない。そこで、春日社が創建されたのはいつ頃かが問題になるが、①天平勝宝八歳（七五六）の『大和国東大寺山堺四至図』には春日社の社殿がみえず、「神地」とのみあること、②春日社南方の築地遺構の発掘調査によると、八世紀代に御蓋山を取り囲むように築地が形成されていたこと（『春日大社奈良朝築地遺構発掘調査報告』春日顕彰会、一九七七年）、③延暦二〇年（八〇一）に神封物を「仍須㆔毎年納㆓送祭所㆒」とあり（延暦二〇年九月二二日太政官符〈『新抄格勅符抄』一〇〉）、春日社への送付とはしていないこと、④社殿の存在が確認できる初見史料は天長一〇年（八三三）の「伊都内親王御施入願文」（『平安遺文』一―五六）であることなどから、春日社では平安初期に入って、常設の社殿が建立されたものと思われる。したがって、春日祭の開始は奈良朝に遡るとしても、『式』に定着した「春日祭」祝詞は平安初期の成立とみられる。「春日祭」祝詞は「平野祭」「久度古開」と文章が類似しているが、それは両者が同一年代に作成されたからでもあろう。

(15) 次田、前掲(3)三九二頁。
(16) 寛敏生「律令国家祭祀と大宝神祇令」（『ヒストリア』一二七、一九九〇年）八六頁。
(17) 徳田浄「延喜式祝詞四篇」（『上代文学新考』教育出版センター、一九八〇年）二三六頁。
(18) 土橋「総論」（『日本の古代文学』新日本出版社、一九八三年）五三頁。
(19) 土橋、前掲(9)一六五頁。
(20) 土橋、前掲(9)一七二頁。
(21) 上田正昭「序説」（『講座日本の古代信仰』一、学生社、一九八〇年）一六～一七頁。
(22) 土橋、前掲(9)一七〇頁。

(23) Dの諸祝詞がすべて令制以前の詞章を伝えているわけではなく、なかには新しい要素が含まれていることも確認しておかねばならない。「大殿祭」「鎮火祭」を具体例に指摘すると、次の如くである。
「大殿祭」の冒頭の天孫降臨の詞章に「皇御孫之命乎天津高御座尓坐弖、天津璽乃剣・鏡乎捧持賜弖」とあるのは即位儀の際の忌部による神璽の剣鏡奉上の反映であろう。かかる奉上の儀は七世紀前半までは「群臣」の行為であり、忌部が行うのは持統の即位の時が最初であったことはすでに岡田精司氏に指摘(「大王就任儀礼の原形とその展開(補訂)」〈『古代祭祀の史的研究』塙書房、一九九二年〉五一~五二頁)がある。したがって、上記の詞句は七世紀末以後の成立ということになる。

また、同祝詞中に「斎部宿祢某」とあるのは、忌部氏が延暦二二年(八〇三)に姓を「斎部宿祢」と改めた(『日本逸史』延暦二二年三月乙丑条)以後の表記としなければならない。

「鎮火祭」においても「神漏義」の「義」がカムロキの〝キ〟(甲類のキ)と異なり、乙類の〝ギ〟というのは上代特殊仮名遣いから異例である。同様なことは「伊佐奈伎伊佐奈美乃命」の二つの「佐」字を〝ザ〟と訓むこと、ホムスヒを「火結」と表記することなどにみえ、いずれも古い祝詞の詞章にはふさわしくない(青木「火の神」〈『日本神話の基礎的研究』風間書房、一九七〇年〉九七~九九頁)。

しかしながら、右の諸点をもって直ちに二祝詞の成立年代を平安期にまで引き下げてしまうわけにはいくまい。というのも、青木氏も指摘されているように、表記などは後世の変改があったとしても、内容そのものには古いものが伝わっているからである(青木、同上論文、九九~一〇二頁)。
(24) 鈴木重胤『延喜式祝詞講義』九(『鈴木重胤全集』一一、鈴木重胤先生学徳顕揚会、一九三九年)一七六頁。
(25) 賀茂、前掲(10)一九四頁。
(26) 本居宣長『大祓詞後釈つけそへぶみ』(『本居宣長全集』七、筑摩書房、一九七一年)一七四頁。
(27) 東野治之「木簡に現われた「某の前に申す」という形式の文書について」(『日本古代木簡の研究』塙書房、一九八三年)二五六~二五八頁。
(28) 早川庄八「公式様文書と文書木簡」(『木簡研究』七、一九八五年)一五〇~一五三頁。
(29) 早川、前掲(28)一五三頁。
(30) 岸俊男「木簡と大宝令」(『日本古代文物の研究』塙書房、一九八八年)二三〇~二三四頁。

(31) 東野、前掲(27)。
(32) 早川、前掲(28)一五三〜一五四頁。
(33) 「藤原宮木簡の記載形式について」（奈良国立文化財研究所『藤原宮木簡』一、一九七八年）三三一〜三三五頁。
(34) 賀茂、前掲(10)一九七頁。
(35) 本居、前掲(26)一七五頁。
(36) 平田篤胤『古史伝』六（『平田篤胤全集』七、法文館書店、一九一三年）九頁。
(37) 粕谷「道饗の祭」（『季刊悠久』一四、一九八三年）九二〜九四頁。
(38) 次田、前掲(3)三六二〜三六三頁。
(39) 重松、前掲(6)一四二頁。
(40) 井上光貞「日本律令の成立とその注釈書」（『律令』日本思想大系、岩波書店、一九七六年）七八一〜七八二頁。
(41) 拙稿「古代祝詞の変質とその史的背景」（本書II—二）。
(42) 本居、前掲(26)一六八頁。
(43) 虎尾俊哉「貞観式における神祇式の取扱い」（『古代典籍文書論考』吉川弘文館、一九八二年）八六〜八七頁。
(44) 鎌田元一「弘仁格式の撰進と施行について」（『古代国家の形式と展開』吉川弘文館、一九七六年）、福井俊彦『交替式の研究』（吉川弘文館、一九七八年）二九八〜三二二頁。
(45) 和田英松『式逸』（『続々群書類従』六、国書刊行会、一九〇六年）四九三頁。なお、最近、早川万年氏は『皇字沙汰文』所引の『貞観式』（祝詞）について、それを『弘仁式』の誤りとせず、「貞観式として祝詞を引用しているものの、それは実のところ貞観式段階で改変を加えていない点においては弘仁祝詞式と同じ」と指摘されている（「皇字沙汰文所引の貞観式について」〈『弘仁式貞観式逸文集成』国書刊行会、一九九二年〉一四八〜一四九頁）。
(46) 『政事要略』二四にも「祝式云」として『式』の「豊受宮同祭」（神嘗祭）を引き、「皇太神乃大前尓申給久」としている。しかし、『式』諸本はいずれも「皇神」「前」で一致しているので、ここでは『式』に従っておきたい。
(47) 拙稿、前掲(41)。
(48) 拙稿、前掲(41)。

(49) 賀茂、前掲(10)一四三頁。
(50) 「常毛進留」という語が祝詞で使用されるのは伊勢神宮以外では「賀茂祭」祝詞に「常毛進留宇都乃大幣乎」とある(『朝野群載』一二)に過ぎない。
(51) 拙稿、前掲(41)。
(52) 土橋、前掲(9)一七〇頁。
(53) 岡田「律令制祭祀における伊勢神宮」(前掲(23)所収)。
(54) 岡田精司「律令的祭祀形態の成立」(『古代王権の祭祀と神話』塙書房、一九七〇年)一五〇頁。
(55) 森田悌「祈年・月次・新嘗祭の考察」(『解体期律令政治社会史の研究』国書刊行会、一九八二年)二四六～二四七頁。その他、熊谷保孝「祈年祭奉幣について」(『政治経済史学』二〇〇、一九八三年)三七六～三七七頁、古川淳一「祈年祭・月次祭の本質」(『ヒストリア』一三四、一九九二年)八頁・一九～二〇頁参照。
(56) 薗田香融「神祇令の祭祀」(『関西大学文学論集』三―四、一九五四年)七二頁。
(57) 二宮正彦「相嘗祭の考察」(『古代の神社と祭祀』創元社、一九八八年)。
(58) 相嘗祭成立の研究としては、薗田・二宮論文(前掲(56)(57))の他に、高嶋弘志「律令神祇祭祀と神主の成立」(『北大史学』二一、一九八一年)二～三頁、中野高行「相嘗祭の成立と天高市神話」(『古代王権と祭儀』吉川弘文館、一九九〇年)、西宮秀紀「神々の祭祀と政治」(『新版古代の日本』五、角川書店、一九九二年)、菊地照夫「相嘗祭の基礎的考察」(『法政考古学』二〇、一九九三年)などがある。
(59) 岡田、前掲(53)三四六頁。
(60) 祈年・月次・新嘗祭の祝詞を中臣氏が読むことは『式』八の「凡祭祀祝詞者、御殿、御門等祭、斎部氏祝詞、以外諸祭、中臣氏祝詞」という条文などから知られる。
(61) 倉野憲司「祝詞考説」(『古代文学研究』岡村書店、一九二九年)三七〇～三七五頁、安田尚道・秋本吉徳「古語拾遺 解説」(『古語拾遺』現代思潮社、一九七六年)一三～一五頁。
(62) 岡田荘司「大殿祭と忌部氏」(『神道宗教』一〇〇、一九八〇年)一五四頁。
(63) 賀茂、前掲(10)一九七頁。

(64)　金子武雄『延喜式祝詞講』(武蔵野書院、一九五一年)五〇二頁。

(65)　次田、前掲(3)四一七頁。また、倉野氏も『式』祝詞を分類された表のなかで当該祝詞を「聖寿の万歳」を趣旨とする「祈願」の祝詞と位置付けられている(「祝詞と宣命」〈『日本文学史』三、三省堂、一九四三年〉三八六頁)。

(66)　重松、前掲(6)一二四頁。

(67)　伊勢神宮の祈年・月次・神嘗祭の祝詞(勅使)は豊受宮の祝詞も含めてほぼ同文であり、大差はない。また、「遷奉大神宮祝詞」も二〇年に一度の造替に際し、種々の装束物・神宝を弁官を使として献上する旨を奏上するだけで、とくに祈願の意があるとは思われない。倉野氏も前掲(65)論文で「二月祈年六月十二月々次祭」以下の六篇の祝詞について「祈願又は感謝」の欄に「ナシ」と記入されている(三八五～三八六頁)。

(68)　徳田「平安朝前期の祝詞」(『国学院雑誌』四五―三、一九三九年)一〇～一一頁。

(69)　『朝野群載』一二には、伊勢神宮関係の祝詞として、「伊勢神嘗幣」の他に「告即位於大神宮」「伊勢斎王卜定」「斎王参宮」「斎王退出」「諸社例宣命様」(「伊勢内宮」「外宮」)の六篇をのせる。このうち、「斎王退出」以外には本文に述べたような祈願の言葉が付せられている。

(70)　岡田精司「記紀神話の成立」(『岩波講座日本歴史』二、岩波書店、一九七五年)など。

(71)　拙著『記紀神話の成立』(吉川弘文館、一九八四年)。

(72)　平安初期における記紀神話的イデオロギー後退に相関する事柄として、以下の点が指摘されよう。①出雲国譲り神話と関連の深い出雲国造の神賀詞奏上が天長一〇年(八三三)四月二五日の豊持の例(『続日本後紀』)をもって終わること、②天孫降臨神話に結び付く忌部の鏡剣奉上は本来、即位儀で行われていたはずである(神祇令践祚条)が、桓武朝には大嘗祭辰日行事に移され――この儀は天長一〇年の仁明天皇の大嘗祭以降には廃止された(『北山抄』五)――、しかも、桓武即位の際に践祚儀が成立したこと(この点については、加茂正典「大嘗祭〝辰日前段行事〟考」〈『天皇代替り儀式の歴史的展開』柏書房、一九八九年〉、柳沼千枝「践祚の成立とその意義」〈『日本史研究』三六三、一九九二年〉参照)、③海幸山幸神話を起源譚とする隼人の宮廷儀礼奉仕も延暦二〇年(八〇一)の隼人朝貢の停止(『類聚国史』一九〇、延暦二〇年六月壬寅条)や同二四年の「大替隼人風俗歌舞」の停止(『日本後紀』延暦二四年正月乙酉条)を通して形骸化していくことなどである。

# 二　古代祝詞の変質とその史的背景

## はじめに

『続日本紀』以下の五国史およびそれ以後の諸史料（一〇世紀末まで）には都合、九一例の祝詞が採録されている。九一例の祝詞は二例を除いて、いずれも古代国家が執行した臨時祭に際しての神社祝詞であった。それらを検討してみると、時代の経過とともに、祝詞の形態が変化していった様子が窺われる。これまでも祭祀や祝詞の始原性を根拠に、祝詞は製作時以後、常に不変であったと説かれることがあった(1)が、それだけではやはり不十分といわねばならない。

古代の諸史料に記録され、今日に伝わった祝詞は天皇祭祀と不可分のものばかりである。それは各祝詞とも、必ず冒頭に天皇の勅命である意の語句を冠していることからも明らかであろう。九一例の諸祝詞のなかに民間祭祀の場で唱えられたものは一つもない。事情は前章で論じた『延喜式』祝詞の場合も同じであった。したがって、本章で扱う古代祝詞の変質は八世紀から一〇世紀における古代国家の神祇体制やその変容を正しく反映するものであったことが想定されよう。

本章では、前章で指摘した『式』祝詞の三段階成立説を踏まえて、一〇世紀末までの諸史料にみえる祝詞を対象に、

表11　諸史料にみる祝詞例（一）—（イ）

| No | 年代 | 神名 | 冒頭 | a | b | c | d | 出典 |
|---|---|---|---|---|---|---|---|---|
| 1 | 延暦二四・二・一〇 | 石上乃大神 | 天皇御命尓坐 | ナシ | | | 幣帛 | 日本後紀 |
| 2 | 天長元・九・一〇 | 太神〔伊勢〕 | 天皇詔旨尓坐 | 大前 | ○ | ○ | | 類聚国史 |
| 3 | 四・正・一九 | 稲荷神 | 天皇詔旨止 | 前 | | | | 〃 |
| 4 | 四・四・二 | ＊度会乃五十鈴之川上尓坐皇太神 | 天皇我大命尓坐 | 大前 | | | 大幣帛 | 〃 |
| 5 | 五・二・二五 | 五十鈴乃河上尓称辞定奉太神 | 天皇我大命尓坐 | 大前 | | | | 〃 |
| 6 | 五・八・二四 | 北山神 | 天皇我詔旨止 | ナシ | | | 幣 | 〃 |
| 7 | 八・一二・八 | ＊皇大神〔賀茂〕 | 天皇我御命尓坐 | ナシ | ○ | | | 〃 |
| 8 | 承和三・五・九 | 四所大神〔イハヒヌシ他〕 | 皇御孫命尓坐 | ナシ | | | | 続日本後紀 |
| 9 | 七・二・二六 | 大物忌大神 | 天皇我詔旨尓坐 | ナシ | | | | 〃 |
| 10 | 八・六・二二 | ＊伊勢度会乃五十鈴之川上尓坐大神 | 天皇我詔旨止 | 広前 | ○ | ○ | 大幣 | 〃 |
| 11 | 嘉祥三・七・一一 | 天御柱国御柱神等 | 天皇我詔旨仁坐 | 広前 | | | | 文徳実録 |
| 12 | 三・九・一四 | 大神〔賀茂〕 | 天皇我詔旨止 | 広前 | ○ | ○ | | 〃 |
| 13 | 三・九・一五 | ＊大神〔春日〕 | 天皇我詔旨止 | 広前 | | ○ | | 〃 |
| 14 | 三・一〇・二〇 | 大神等〔日前国懸〕 | 天皇我詔旨止 | 広前 | ○ | ○ | | 〃 |
| 15 | 仁寿元・六・三 | 大神〔伊勢〕 | 天皇我詔旨止 | 広前 | ○ | ○ | 太幣 | 〃 |
| 16 | 元・一〇・一七 | 平野大神等 | 天皇我詔旨止 | ナシ | | | | 〃 |
| 17 | 斉衡二・九・六 | 八幡大菩薩〔宇佐〕 | 天皇我詔旨止 | 広前 | ○ | ○ | 太幣帛 | 〃 |
| 18 | 天安元・二・一七 | ＊諸大神〔内外諸名神〕 | 天皇我詔旨止 | 広前 | ○ | ○ | 大幣帛 | 〃 |
| 19 | 貞観三・五・一五 | 八幡大菩薩〔石清水〕 | 天皇我詔旨止 | 広前 | ○ | ○ | 大幣帛 | 三代実録 |
| 20 | 七・二・一四 | 八幡大菩薩〔宇佐〕 | 天皇我詔旨尓坐 | 大前 | ○ | ○ | 大幣 | 〃 |
| 21 | 七・四・一七 | 石清水尓坐八幡大菩薩 | 天皇我詔旨度 | 広前 | ○ | ○ | 大幣帛 | 〃 |
| 22 | 八・七・六 | ＊天照坐太神 | 天皇我詔旨止 | 広前 | ○ | | 大幣帛 | 〃 |
| 23 | 八・七・六 | 南海道諸名神 | 天皇我詔旨止 | 広前 | | ○ | 幣帛 | 〃 |
| 24 | 八・七・一四 | 松尾大神 | 天皇我詔旨止 | 広前 | ○ | ○ | 大幣帛 | 〃 |
| 25 | 九・五・三 | 稲荷神 | 天皇我詔旨止 | 広前 | | | 幣帛 | 〃 |
| 26 | 一〇・壬一二・一〇 | ＊広田大神 | 天皇我詔旨止 | 広前 | | | 大幣帛 | 〃 |

| | | | | | | | | | |
|---|---|---|---|---|---|---|---|---|---|
| 27 | | 一一・二・八 | *春日大神 | 天皇我詔旨止 | 広前 | ○ | ○ | 大幣帛 | 〃 |
| 28 | | 一一・六・一七 | *伊勢度会乃五十鈴乃河上尓坐皇大神 | 天皇我詔旨止 | 広前 | ○ | ○ | 大幣帛 | 〃 |
| 29 | | 一一・一二・一四 | *天照坐皇大神 | 天皇我詔旨止 | 広前 | ○ | ○ | 大幣帛 | 〃 |
| 30 | | 一一・一二・二九 | *石清水乃皇大神 | 天皇我詔旨尓坐 | 広前 | ○ | ○ | 大幣帛 | 〃 |
| 31 | | 一二・二・一五 | 八幡大菩薩〔宇佐〕 | 天皇我詔旨尓坐 | 広前 | ○ | ○ | | 〃 |
| 32 | | 一二・二・一五 | 香椎廟 | 天皇我詔旨尓坐 | 広前 | ○ | ○ | 太幣帛 | 〃 |
| 33 | | 一二・二・一五 | *宗像大神 | 天皇我詔旨止 | 広前 | ○ | ○ | 大幣帛 | 〃 |
| 34 | | 一二・二・一五 | 甘南備神 | 天皇我詔旨止 | 前 | | | 幣帛 | 〃 |
| 35 | | 一二・六・一〇 | 賀茂大神 | 天皇我詔旨止 | 広前 | ○ | ○ | 大幣 | 〃 |
| 36 | | 一二・六・二二 | *賀茂大神 | 天皇我詔旨止 | 広前 | ○ | ○ | 大幣 | 〃 |
| 37 | | 一二・一一・一七 | 宗像神 | 天皇我詔旨止 | 前 | | | | 〃 |
| 38 | | 一二・一一・一七 | 堰神 | 天皇我詔旨止 | 前 | | | | 〃 |
| 39 | | 一三・九・一一 | 天照坐大神 | 天皇我詔旨止 | 広前 | ○ | ○ | 大幣帛 | 〃 |
| 40 | | 一五・一〇・六 | *賀茂大神 | 天皇我詔旨止 | 広前 | ○ | ○ | 大幣 | 〃 |
| 41 | | 一六・壬四・七 | 稲荷神 | 天皇我詔旨止 | 前 | | | | 〃 |
| 42 | | 一六・八・二〇 | *賀茂乃大神 | 天皇我詔旨止 | 広前 | ○ | ○ | 大幣帛 | 〃 |
| 43 | | 一七・六・八 | *春日大神 | 天皇我詔旨止 | 広前 | ○ | ○ | 大幣帛 | 〃 |
| 44 | | 一八・一〇・五 | 畿内畿外乃諸名神 | 天皇我詔旨止 | 広前 | | | | 〃 |
| 45 | 元慶 | 元・一二・二三 | *天照之坐皇大神 | 天皇我詔旨止 | 広前 | ○ | ○ | 大幣帛 | 〃 |
| 46 | | 元・一二・二四 | *賀茂大神 | 天皇我詔旨止 | 広前 | ○ | ○ | 大幣 | 〃 |
| 47 | | 元・七・一九 | *松尾大神 | 天皇我詔旨止 | 広前 | ○ | | | 〃 |
| 48 | | 二・三・九 | 平野大神 | 天皇我詔旨止 | 広前 | ○ | ○ | 大幣帛 | 〃 |
| 49 | | 四・二・五 | *賀茂大神 | 天皇我詔旨止 | 広前 | ○ | | 大幣帛 | 〃 |
| 50 | | 五・一二・一一 | *伊勢乃五十鈴乃河上尓坐皇大神 | 天皇我詔旨止 | 広前 | ○ | ○ | 大幣帛 | 〃 |
| 51 | 仁和 | 元・五・一四 | *丹生河上仁坐雨師大神 | 天皇我詔旨止 | 広前 | | ○ | 大幣帛 | 〃 |
| 52 | | 元・九・二二 | *賀茂大神 | 天皇我詔旨止 | 広前 | ○ | ○ | 大幣 | 〃 |
| 53 | | 二・八・七 | 松尾大明神 | 天皇我詔旨止 | 広前 | ○ | ○ | 大幣帛 | 〃 |
| 54 | 承平 | 六・九・一三 | *天照坐皇太神 | 天皇我詔旨止 | 広前 | ○ | ○ | 大幣帛 | 朝野群載 |
| 55 | 天慶 | 元・九・一五 | *天照坐皇太神 | 天皇加詔旨ト | 広前 | ○ | ○ | 大幣帛 | 本朝世紀 |
| 56 | | 元・一〇・九 | 八幡大菩薩〔宇佐〕 | 天皇ヵ詔旨ト | 広前 | ○ | ○ | 大幣帛 | 〃 |

| | | | | | | | | | |
|---|---|---|---|---|---|---|---|---|---|
| 57 | | 元・一〇・九 | 香椎廟 | 天皇加詔旨と | 広前 | ○ | ○ | 御幣帛 | 〃 |
| 58 | | 元・一一・三 | *賀茂皇太神 | 天皇加詔旨と | 広前 | ○ | ○ | 御幣 | 〃 |
| 59 | | 四・八・九 | 石清水尓御坐せる八幡大菩薩 | 天皇我詔旨度 | 広前 | ○ | ○ | 御幣 | 〃 |
| 60 | | 四・八・九 | *賀茂皇太神 | 天皇加詔旨度 | 広前 | ○ | ○ | 幣帛 | 〃 |
| 61 | | 四・八・一三 | *其太神〔伊勢以下一六社〕 | 天皇加詔旨度 | 広前 | ○ | ○ | 御幣 | 〃 |
| 62 | | 四・九・六 | *某神〔石清水以下八社〕 | 天皇我詔旨度 | 広前 | ○ | ○ | 御幣 | 〃 |
| 63 | | 五・四・一四 | *某皇大神〔伊勢以下一一社〕 | 天皇加詔旨と | 広前 | ○ | ○ | 幣帛 | 〃 |
| 64 | | 五・四・一四 | 石清水仁坐八幡大菩薩 | 天皇が詔旨と | 広前 | ○ | ○ | 大幣 | 〃 |
| 65 | | 五・四・二七 | 八幡大菩薩〔宇佐〕 | 天皇加詔旨と | 広前 | ○ | ○ | | 〃 |
| 66 | | 五・四・二七 | 石清水尓坐八幡大菩薩 | 天皇加詔旨と | 広前 | ○ | ○ | 大幣 | 〃 |
| 67 | | 五・四・二九 | *賀茂皇大神 | 天皇加詔旨と | 広前 | ○ | ○ | 大幣 | 〃 |
| 68 | | 九・四・二二 | *天照坐皇大神 | 天皇我詔旨度 | 広前 | ○ | ○ | 大幣 | 即位部類記 |
| 69 | | 九・四・二二 | *賀茂皇大神 | 天皇我詔旨止 | 広前 | ○ | ○ | 大幣 | 〃 |
| 70 | | 九・五・一五 | 皇神等〔天下諸神〕 | 天皇我詔旨登 | 広前 | | | 幣帛 | 小右記 |
| 71 | 応和 | 元・壬三・七 | 八幡大苷〔宇佐〕 | 天皇加詔旨と | 広前 | ○ | ○ | 大幣 | 石清水文書 |
| 72 | | 元・壬三・七 | 香椎廟 | 天皇我詔旨と | 広前 | ○ | ○ | 大幣帛 | 〃 |
| 73 | | 元・壬三・二二 | 石清水尓御座せ流八幡大菩薩 | 天皇我詔旨と | 広前 | ○ | ○ | 大幣 | 〃 |
| 74 | | 元・五・二〇 | 八幡大菩薩〔宇佐〕 | 天皇我詔旨と | 広前 | ○ | ○ | 大幣 | 〃 |
| 75 | | 元・五・二〇 | 香椎廟 | 天皇我詔旨と | (広前) | ○ | ○ | 大幣 | 石清水八幡宮記録 |
| 76 | | 三・六・九 | 某太神〔伊勢以下一六社〕 | 天皇我詔旨止 | 広前 | ○ | ○ | 大幣 | 朝野群載 |
| 77 | 正暦 | 五・三・二六 | 五畿内七道諸国大小諸神 | 天皇我詔旨度 | 広前 | ○ | ○ | 大幣 | 本朝世紀 |
| 78 | 長保 | 元・二・二〇 | 祇薗 | 天皇加詔旨と | 広前 | ○ | ○ | 御幣 | 〃 |

(注)
①aは「大前・広前などの区別」、bは「カケマクモカシコキ(掛畏岐)の有無」、cは「カシコミカシコミモモウシタマハク(恐美恐毛申賜久)の有無」、dは「大(太)幣帛・幣帛などの区別」を表す。
②「神名」欄で*印を付したのは、各祝詞に「皇大(太)神」とみえることを示す。
③34の「前」については、新訂増補国史大系本は「広、據上文補」として「広前」に改めている。しかし、あえて「広」字を補う理由もなく、「前」のままとした(朝日新聞社本も「広」字を補っていない)。
④75は「掛畏支香椎廟乃恐見恐見毛申賜へと申」とあるが、「香椎廟乃」と「恐見」との間には「広前」を補うべきであろう。

まず、祝詞変質の具体相を把握していくことからはじめたい。そして、そのうえで、変質の背景・理由を解明していきたいと思う。

## 1　諸史料にみる祝詞例

一〇世紀末までの諸史料にみえる祝詞については、(一)その全文が大略、収載されたと思われる八三例と、(二)「云々」によって祝詞の大半か一部が省略されている八例とに大別される。さらに、(一)は二型に類別できる。一つは、(イ)冒頭に「天皇我詔旨良万止」(「天皇我詔旨尓坐世」)の語句を冠し、次に「某神の(大・広)前に申す」という祝詞の慣用句が後接していく場合(七八例)であり、もう一つは、(ロ)上記の基準に合致しない祝詞(五例)である。表11は(一)―(イ)の七八例の祝詞をいくつかの基準で比較・整理したものである。表11からは次のような祝詞の変化を指摘することができる。

まず、第一は、「某神の前に申す」という慣用句を手がかりにすると、「某神の広前に申す」が初出する10を一つの目安として、前後で明らかな変化が認められる点である。[2]

もっとも、「広前」の語をもとに、承和八年(八四一)を境に祝詞の形式的変化が生じたとするには年代的にやや疑問が残る。それは『本朝月令』所引の「平野祭」「久度古関(ママ)」の祝詞は一部の用語を除いて、『式』祝詞と同文であるが、両者とも『式』と同様に「広前」を使用し、しかも、『本朝月令』に引く祝詞が『弘仁式』(弘仁一一年〈八二〇〉撰進)祝詞であることが確定的であるからである。[3] この点を重視すれば、「広前」の使用開始期は承和年間よりも古いと考えられよう。

しかしながら、『類聚三代格』などによって知られる『弘仁格』文のなかに、日付は弘仁一〇年以前でありながら、内容上、弘仁一一年以後の加筆が認められるという事実から、『弘仁格式』は撰進後も編纂が継続され、天長七年（八三〇）の施行以後にも遺漏紕繆の改正がなされ、最終的には承和七年四月に頒行されたこと、したがって、現行の『弘仁格式』には部分的には承和初年頃までの制度改正の結果が盛り込まれたことが明らかにされている(4)。この点からすれば、『弘仁式』祝詞の「広前」を『弘仁式』撰進後の改訂の一例とみなすこともできよう。いずれにしても、ここでは弘仁末から承和年間の九世紀前半に「広前」が使われるようになったとしておきたいと思う。

ところで、この「広前」の語の出現は単に祝詞の新しい慣用句がはじまったことのみを意味したわけではないようである。というのは、表11の1～9と10～78の二グループについてみると、1～9のなかでは、「大前」を採用しているのは伊勢神宮のみであり、それ以外の諸神への祝詞が「某神の前に申す」か「某神に申す」として、祝詞の待遇表現に区別があった。それに対して、10以下になると、伊勢神宮のみならず、賀茂・春日・宇佐などの多くの神々への祝詞に伊勢神宮といわば対等な形で「広前」が使われているからである。その点で、10の祝詞の前後の変化は注目すべきものといわねばならない。

ただし、10以下の諸祝詞のすべてが「広前」を使用しているわけではなかったことも確かである。そのうち、さしあたって、16の平野神への祝詞の「ナシ」、41の稲荷神の「前」については、両神には一方で同じような時期に「広前」を使用する例（25・48）もあったことが留意される。とすれば、16・41の二例は1～9の時期の祝詞の遺制と解されるのではあるまいか。また、20の宇佐八幡の祝詞に「大前」が使われているのも同様であろう(5)（残りの「前」例〈34・37・38〉については後述する）。

祝詞の変化の第二として、「皇大（太）神」の語の使用傾向が指摘できる。表11からも、「皇大（太）神」は当初、伊勢神宮に対してのみ使われていた。それが7（賀茂）・13（春日）あたりを境に同語句は数多くの神社祝詞で採用されるようになる。すくなくとも、「皇大神」は九世紀中葉以降は伊勢神宮への限定使用ではなくなるのである。

第三として、「カケマクモカシコキ（掛畏岐）」某神、「カシコミカシコミモモウシタマハク（恐美恐美毛申賜波久）」という、丁重の意を表す祝詞の慣用句の使用状況についても変化が認められる。この語句は九世紀前半の段階ではさほど顕著に使われた形跡がない。それがやはり九世紀中頃からかなり広汎に祝詞に登場するようになる。[6]『式』の諸祝詞のなかでは、類似表現として、平安初期に成立した「春日祭」祝詞に「恐岐鹿嶋坐健御賀豆智命」とあるに過ぎない。この「恐岐」は「カケマクモカシコキ」の語が成立する前段の、いわば過渡的表現とみられ、年代的にも矛盾がない。

第四として、祝詞のなかで幣帛をとくに「大（太）幣帛」「大（太）幣」と表記するか、単に「幣帛」「幣」と記すのか、という問題もある。表11の1～16の間では「大（太）」字は伊勢神宮の幣帛にのみ冠せられており、1の石上神（「幣帛」）、6の北山神（「幣」）とは区別されていた如くである。それが、17の宇佐八幡の祝詞を初見として「大（太）幣帛」の語が多くの神社祝詞に姿をみせるようになるのである。

このようにみてくると、上記の四点から、時代の流れのなかで祝詞のあり方が変質していったことが窺知されよう。その際、祝詞の変容の境界がどこにあったかが問題になるが、ひとまず、「広前」の語の使用傾向をもとに、年代としては弘仁末から承和年間――表11では9と10の祝詞の間にあったとみておきたいと思う。そして、今、1～9の祝詞を甲類、10以下を乙類とすると、甲類は伊勢神宮のみを特別扱いするものであったのに対し、乙類ではかかるあり方が解消する傾向にあり、両者の間には祝詞の大きな変化があったと考えざるを得ないのである。

ところで、それと同時に、乙類のなかでは、肥前国甘南備神への祝詞（34）、山城国宗像神（37）、同堰神（38）の

表12　諸史料にみる祝詞例(一)―(ロ)

| No | 年代 | 神名 | 冒頭 | b | d | 出典 |
|---|---|---|---|---|---|---|
| 79 | 天平勝宝元・一二・二七 | 八幡大神〔宇佐〕 | 天皇我御命尓坐 | ○ | | 続日本紀 |
| 80 | 天長四・二・二六 | 伊勢〔内宮〕 | 天皇恐々毛奏賜閇止白久 | ○ | | 類聚国史 |
| 81 | 嘉祥三・一〇・二〇 | 伊太祁曽神 | 天皇我詔旨尓申給久 | | | 文徳実録 |
| 82 | 三・一〇・二〇 | 園神韓神 | 天皇我詔旨尓申給久 | | | 〃 |
| 83 | 天安二・四・一一 | 諸大神 | 天皇我詔旨止 | ○ | 大幣帛 | 〃 |

（注）b・dは表11に同じ。また、80の祝詞は『類聚国史』によったが、『日本紀略』から立后に関する一節を補うことができる。

表13　諸史料にみる祝詞例(二)

| No | 年代 | 神社名 | 特記事項 | 出典 |
|---|---|---|---|---|
| 84 | 貞観一四・三・二三 | 石清水 | カシコミカシコミモモウシタマハク | 三代実録 |
| 85 | 一五・五・五 | 賀茂 | | 〃 |
| 86 | 一五・五・九 | 賀茂 | 皇大神 | 〃 |
| 87 | 一六・壬四・四 | 伊勢 | | 日本紀略 |
| 88 | 元慶元・四・二三 | 梅宮 | | 三代実録 |
| 89 | 元・六・二三 | 丹生川上 | 大幣 | 〃 |
| 90 | 五・四・二〇 | 賀茂 | | 〃 |
| 91 | 天延元・九・一一 | 伊勢 | 皇太神、カシコミカシコミモモウシタマハク | 神宮雑例集 |

存在も注目される。というのは、この三神への祝詞は、当時、「広前に申す」という表現が定着していたにもかかわらず、「前に申す」を用いていること、「皇大（太）神」「カケマクモカシコキ」「カシコミカシコミモモウシタマハク」「大（太）幣帛」も使っていないこと、という諸点において、乙類のなかでは特異な存在であったからである。要するに、乙類のなかでは、伊勢以下の諸神と甘南備神らの三神とは祝詞上の待遇が異なり、両者ははっきりと区別されていたことが指摘できるのである。

しからば、次に、乙類の祝詞が二グループに分けられる経緯が問われねばならない。しかし、この課題に答えていく前に、一〇世紀末までの諸祝詞のなかで、全文が収載されているにもかかわらず、これまで扱ってきた型と若干異なる祝詞（(一)―(ロ)とした五例）と、「云々」によって祝詞の一部が省略されているもの（(二)とした八例）

についても一瞥を加えておきたい。

まず、(一)―(ロ)の祝詞であるが、表11にならって表示する(表12)と、「〃カケマクモカシコキ〃某神の(大・広)前に申す」という形を採用していないことなど、(一)―(イ)とした諸例の基本形とは一致しないことが知られよう。このうち、81・82の祝詞は日前国懸神への祝詞(表11、14)と同日に出されたものであるが、後者と比べて、冠頭の語句や祈願の言葉などが節略された格好になっており、日前国懸神に対して格差が付けられている如くである。したがって、(一)―(イ)の諸祝詞の分析結果を念頭に置くと、年代から79・80は甲類に、81〜83は乙類に比定されようし、また、後者のなかでも、81・82が日前国懸神とは別扱いの祝詞であること、しかも、83と異なり「カシコミカシコミモモウシタマハク」を使っていないことからして、同じ乙類の仲間でも、むしろ、表11の甘南備神以下に対応する祝詞であったと思われる。かくして、(一)―(ロ)の諸例からも、乙類に二グループが見出されるのである。

次の(二)の省略型の祝詞の例であるが、部分省略の祝詞が五例と「辞別」以下の祝詞の末尾のみを引用する三例が存する。それを表13に掲げた。

諸例はいずれも年代のうえからは乙類の範疇に入ることはいうまでもないが、手がかりを欠く祝詞を除外すると、「皇大(太)神」「大幣」「カシコミカシコミモモウシタマハク」の用例からして、84・86・89・91の四例は乙類のなかでは伊勢以下の諸神のグループに追加することができる。

かくて、表11・表12・表13を通覧して、第一に、甲類と乙類との間には祝詞上、大きな差異が窺知される――その変化の時期は弘仁末から承和年間であった――こと、第二に、乙類の祝詞はさらに二分され、表11では伊勢・賀茂・春日・宇佐らの諸神への祝詞と甘南備・宗像・堰神の三神へのそれとの間には一定の区別がなされていたこと、しかも、その区別は表12においても同様であることの二点が明らかになったと思う。

それでは、祝詞の甲類と乙類との二タイプの存在には、いったいどのような史的解釈を施すことが可能であろうか。このうち、甲類については、本書II―一「『延喜式』祝詞の成立」のなかで論及したので、結論のみを簡説しておくと、甲類の諸祝詞が伊勢神宮と他社をはっきり区別する姿勢をもっていたことは、『式』の祝詞体系（平安初期成立の「春日祭」「平野祭」「久度古開」を除く）が伊勢神宮を頂点に形成されていたことや天武朝以降の段階で最終的に完成した記紀神話が伊勢神宮の伝承を中心に構築されていたこととよく一致している。そして、『式』祝詞や記紀の高天原系神話が神祇令の四時祭に定められた宮廷の祭儀と密接していることからして、甲類祝詞は律令制的神祇祭祀体制と照応する内容をもっていたと判断されよう。

とすると、甲類と構成の異なる乙類の祝詞群を律令制下の神祇体制と関連付ける可能性はきわめて乏しいといわねばならない。これは、たとえば、乙類に二つのタイプが生じたことについて、官社と非官社による差に起因すると仮定したとしても、次の二点で否定されることからも裏付けられよう。

それは第一に、乙類祝詞成立の九世紀中葉以降とは律令制的班幣体制の崩壊期であったこと[7]、第二として、乙類で、祝詞中に「広前」を使用しない甘南備・宗像・堰の三社は非官社であるが、一方、「広前」を使用している諸社のなかでも石清水八幡宮・香椎廟・祇園社も同じく非官社であったことである。

したがって、乙類の二型を官社・非官社の差異によって理解することはやはり難しいのである。乙類の成立については、なお別様の解釈が求められねばならないであろう。そこで、この問題解決のために、節を改めて、官社制と神階社制という、平安期の神祇統制策に焦点をあてて言及していきたいと思う。

# 2　官社制と神階社制

## （1）官社制の検討

『式』九・一〇（神名帳）には、全国三一三二座（二八六一処）が祈年祭に幣帛を班たるべき式内社（官社）として登録されていたことは周知の通りであろう。その制は『続紀』慶雲三年（七〇六）二月庚子条の「是日。甲斐。信濃。越中。但馬。土左等国一十九社。始入二祈年幣帛例一。其神名具二神祇官記一。」という記事に窺われるように、すくなくとも大宝令の規定に遡ることは間違いない(8)。また、官社制が全国規模で設定されていく時期としては、八世紀中頃に遡り(9)、九世紀初頭までには官社数もかなりの数におよんでいたと思われる。

このような見方は、①『続紀』天平九年（七三七）八月甲寅条に「詔曰。……其在二諸国一能起二風雨一為二国家一有レ験神未レ預二幣帛一者。悉入二供幣之例一」とあり、この時に官社化した神社も多かったと考えられること（『古語拾遺』にも「至二天平年中一、勘二造神帳一」とある）、②天平五年勘造の『出雲国風土記』にみえる国内の「在二神祇官一」の神社「壹佰捌拾肆所」と同国の式内社座数（一八七座）がおおむね一致すること、③延暦二三年（八〇四）に撰進された『皇太神宮儀式帳』『止由気宮儀式帳』にみえる度会郡内の両宮摂社としての「官帳社廿五処」「載二官帳一名社十六処」が『式』の同郡内の式内社とほぼ同一であることなどから、これまでもよく説かれてきた(10)。

正史にみる列官社の記事は、『日本後紀』以下の四国史において屢見し、また、『式』撰上後も官社に預る例もあるが、梅田義彦氏の指摘にもあるように「神名帳が、形式としても、またその基本的数量からいっても、弘仁式で一応の完成に達していたことは動かすことができない(11)」といえよう。そもそも、そのような判断に導かれるのは、右記の諸点の他に以下の証左も指摘されるからである。

第一は、既述の如く、九世紀は律令制的班幣体制の崩壊期に入っていたことである。祈年祭における諸社祝部の神祇官への不参という事態に対して、八世紀後半から一〇世紀前半の間、国家は班幣制維持を目的とする官符をしばしば発したが、その維持はなかなか困難であった。一〇世紀中・後葉以後になると、祝部の神祇官召集も地域的には畿内内部に縮小化されていくが、一二世紀前半までは国家が祈年班幣制そのものを放棄したわけではなかった[12]。しかしながら、八世紀後半来、諸社祝部の幣帛不受の行為が律令制的神祇祭祀体制に動揺を与えたことはけっして軽視できないであろう。

第二に、平安初期に創祀され、有力化する神社のなかに官社に昇格しない神社があったことがあげられる。たとえば、大原野社[13]・石清水八幡宮[14]・祇園社[15]などは代表例である。かかる諸社が官社とされなかった理由は様々に想定されようが[16]、その一つに、前代に比べて官社制のもつ比重が低下しつつあったことが考えられよう。

第三として、かつて喜田貞吉氏が述べられていたように、「承和以後新に置かれた郡で、神名帳に其の名の見えて居るのは一つもないと云つてよい[17]」という事実である。この点をさらに追及されたのが西牟田崇生氏で、弘仁から延喜年間における郡の改変（分立・改名）とその郡内所在の官社との関係について、次のように指摘されている[18]。①『神名帳』に官社所在の新郡（名）が反映しているのが五例あるが、それらは貞観五年（八六三）、美作国苫田郡より分郡した苫東郡のケース（『三代実録』貞観五年五月戊子条）を例外とすれば[19]、天長二年（八二五）に若狭国遠敷郡から分郡した大飯郡の例（『紀略』天長二年七月辛亥条）が最後であること、②逆に、かかる反映が見出されない新郡名は五例あり、その初見は斉衡二年（八五五）に美濃国多芸・武義郡から分郡した石津郡であること（『文徳実録』斉衡二年壬四月丁酉条）、③天長二年と斉衡二年の間には『弘仁式』の編纂・施行があったこと（『弘仁式』の編纂・施行については前述）からも、右の如き事実は『神名帳』の郡名表記が『弘仁式』をそのまま継承したことにもとづくとされた。従うべき見解であろう。

以上の諸点から、『弘仁式』の段階で、すでに官社制および『神名帳』の作成は「一応の完成」域に到達していたと思うのである。

（2）神階社制の成立と展開

ところで、官社制は『弘仁式』段階でおおむね完成したが、当該期にそれとちょうど入れ替わるように顕著にみられるのが、国家が神々に神階を授与することによって成立する神階社制であった。神階社制については、神階と列官社との間に必然的な関係がなかったという点のみは、先学諸氏[20]によって説き尽くされた感がある。しかし、神階社制そのものは未だ十分に明らかにされているとは言い難い。

まず、これまでの主要な学説を振り返ってみると、嶋田鋭二氏は「八世紀中葉以降、……富豪層を背景として新たな神祇が成長してくる。国家はこれを把握せんとして、古代国家最後の政策的対応とみられる名神・神階授与政策を試みる」が、神階社制は「天平以来の神を人間化し、それを現実に君臨する天皇が君・臣の関係におこうとする」政策であったとされた[21]。また、西別府元日氏は承和期以降急増する地方神への神階授与を国司による部内支配の進展や富豪層把握のあらわれと解され、九世紀中葉における国政基調転換の一現象と位置付けられている[22]。さらに、川原秀夫氏は七世紀後半に成立する官社制は在地首長の秩序を抑止し、在地首長と村落首長の神々を同列に扱うものであったが、流動する在地社会に対応しきれず、桓武朝の官社制補強策（国幣制・名神制）を経て、九世紀段階に神階社制が成立した。神階社制は国衙を介して首長層や富豪層に在地社会の再編を掌握するものであったと指摘された[23]。

表14　神階授与例数

| 年代 | 官社 | 非官社 |
|---|---|---|
| 天平三年(七三一) | 二 | |
| 一八年(七四六) | 一 | |
| 天平勝宝元年(七四九) | 一 | |
| 天平神護二年(七六六) | 四 | |
| 宝亀五年(七七四) | 一 | |
| 八年(七七七) | 二 | |
| 一一年(七八〇) | 三 | |
| 延暦元年(七八二) | 一 | 一 |
| 二年(七八三) | 一 | |
| 三年(七八四) | 七 | |
| 五年(七八六) | 一 | |
| 一〇年(七九一) | 五 | |
| 一三年(七九四) | 三 | |
| 一四年(七九五) | 四 | |
| 一五年(七九六) | 一 | |
| 大同元年(八〇六) | 一 | |
| 二年(八〇七) | 二 | |
| 弘仁四年(八一三) | 一 | |
| 九年(八一八) | 二 | |
| 一三年(八二二) | 四 | |
| 天長四年(八二七) | 一 | |
| 一〇年(八三三) | 一 | 一 |
| 承和二年(八三五) | 二 | |
| 三年(八三六) | 一五 | |
| 四年(八三七) | 九 | |
| 五年(八三八) | 二 | 一 |
| 六年(八三九) | 一一 | 一 |
| 三年(八五〇) | 四七 | 七 |
| 仁寿元年(八五一) | 三五 | 七 |
| 二年(八五二) | 三〇 | 三 |
| 三年(八五三) | 六 | |
| 斉衡元年(八五四) | 一四 | 一 |
| 二年(八五五) | 三 | 二 |
| 三年(八五六) | 一一 | 一 |
| 天安元年(八五七) | 六 | 六 |
| 二年(八五八) | 一五 | 二 |
| 貞観元年(八五九) | 二八七 | 二三 |
| 二年(八六〇) | 二三 | 二二 |
| 三年(八六一) | 一二 | 一三 |
| 四年(八六二) | 一四 | 九 |
| 五年(八六三) | 二一 | 二二 |
| 六年(八六四) | 二八 | 一五 |
| 七年(八六五) | 三六 | 一八 |
| 八年(八六六) | 三〇 | 一五 |
| 九年(八六七) | 四八 | 二一 |
| 一〇年(八六八) | 二三 | 一一 |
| 一一年(八六九) | 二三 | 五 |
| 一二年(八七〇) | 三六 | 一一 |
| 一三年(八七一) | 二五 | 一一 |
| 一四年(八七二) | 三 | 二 |
| 一五年(八七三) | 一八 | 二五 |
| 一六年(八七四) | 二一 | 一五 |
| 一七年(八七五) | 二三 | 一八 |
| 一八年(八七六) | 一四 | 一〇 |
| 三年(八八七) | | 一 |
| 四年(八八八) | | 二 |
| 寛平元年(八八九) | 三 | 三 |
| 二年(八九〇) | 一 | 五 |
| 三年(八九一) | 一一 | 一五 |
| 四年(八九二) | | 一 |
| 六年(八九四) | 四 | 二 |
| 八年(八九六) | 一 | |
| 九年(八九七) | 六 | 四 |
| 延喜元年(九〇一) | 二 | 一 |
| 三年(九〇三) | 一 | 四 |
| 六年(九〇六) | 一 | 六 |
| 七年(九〇七) | 三 | |
| 九年(九〇九) | 一 | 一 |
| 一〇年(九一〇) | 三 | 四 |
| 一一年(九一一) | 二 | 二 |
| 一六年(九一六) | 二 | 一 |
| 一八年(九一八) | 一 | |
| 二一年(九二一) | 一 | 四 |
| 二二年(九二二) | | 一 |
| 延長六年(九二八) | 三 | |
| 承平元年(九三一) | 一 | |
| 三年(九三三) | | 一 |
| 六年(九三六) | 一 | |
| 天慶三年(九四〇) | 二六 | 五 |
| 四年(九四一) | 二 | |
| 六年(九四三) | | 一 |

| | | | | | | | | |
|---|---|---|---|---|---|---|---|---|
| 七年(八四〇) | 一四 | 三 | 元慶元年(八七七) | 二〇 | 一二 | 天暦二年(九四八) | 一 | |
| 八年(八四一) | 九 | | 二年(八七八) | 一五 | 二一 | 天徳三年(九五九) | | 一 |
| 九年(八四二) | 一〇 | 一 | 三年(八七九) | 一六 | 一八 | 応和元年(九六一) | 一 | |
| 一〇年(八四三) | 一五 | 二 | 四年(八八〇) | 一六 | 一八 | 二年(九六二) | 一 | |
| 一一年(八四四) | 八 | 一 | 五年(八八一) | 三 | 一三 | 康保元年(九六四) | 一 | |
| 一二年(八四五) | 八 | 一 | 六年(八八二) | 一 | 一二 | 三年(九六六) | | 一 |
| 一三年(八四六) | 三 | 一 | 七年(八八三) | 一三 | 一三 | 安和元年(九六八) | 一 | |
| 一四年(八四七) | 三 | 三 | 八年(八八四) | 九 | 一〇 | 天禄二年(九七一) | | 一 |
| 嘉祥元年(八四八) | 一一 | 一 | 仁和元年(八八五) | 六 | 一三 | 永観元年(九八三) | | 一 |
| 二年(八四九) | 九 | 一 | 二年(八八六) | 四 | 四 | 正暦四年(九九三) | | 一 |

（注）天下諸神同時昇叙が寛平九年（八九七）一二月三日（『紀略』同日条）、天慶三年（九四〇）正月六日（『園太暦』貞和三年一二月二四日条）、天暦六年（九五二）五月一六日（『石清水文書』卜部兼頼注進）にあるが、いずれも表には載せていない。

こうした嶋田・西別府・川原各氏の説はいずれも傾聴に値する妥当な見解と思うが、[24]ここでは、神階社制に関してこれまであまり取り上げられてこなかった次の二点を問題としたい。その第一は、九世紀に神階社制が急激に発達することは否定できないが、八世紀段階で神階の授与例がすでにあった[25]ことも事実である。この八世紀代の神階（越前国の気比神について、『新抄格勅符抄』一〇所引大同元年牒に「天平三年十二月十日符従三位料二百戸」とあるのが史料上の初見）ことも事実である。この八世紀代の神階社制[26]と九世紀以降のそれとの差異はどこに存したのであろうか。また、第二として、一〇世紀以後も神階授与は継続する。神階社制は一〇世紀段階にはどのように展開するのであろうか。

そこで、右の問題解決のために表14を作成した。表14は一〇世紀末までの諸史料にみえる国家による神階授与例を官社・非官社に分けて表示したものである。この表で注目さるべきは、八世紀代から九世紀前半にかけて神階を授かった神社は一社[27]を除き、原則としてすべて官社に限られたということであり、九世紀前・中葉以降になると、官社・

非官社を問わず、神階が授けられたという点であろう。[28] 非官社にして神階を与えられた神社は承和五年以後、増加傾向がはっきりしている。そして、嘉祥三年（八五〇）とその翌年に次のような太政官符（『類聚三代格』一）が出されているのは、この趨勢と無縁ではあるまい。

太政官符

応下国内諸神不レ論二有位無位一叙中正六位上上事

右太政官去年十二月廿八日下二五畿内七道諸国一符偁。右大臣宣。奉レ　勅。特有レ所レ思。天下大小諸神。或本預二官社一。或未レ載二公簿一。有位更増二一階一。無位新叙二六位一。唯大社并名神。雖レ云二無位一。奉レ授二従五位下一者。而今推量。六位之中。其階有レ四。至二于奉行一。必応レ有レ疑。宜下除レ奉レ授二五位一之外。不レ論二有位無位一。共叙上二正六位上一。

嘉祥四年正月廿七日

すなわち、この官符に明らかなように、官社（「本預二官社一」）、非官社（「未レ載二公簿一」）を問わず、有位のものはさらに一階を増し、無位のものは正六位上たるべきことが規定されたのである。その後も、神階社制が盛行したことは『類聚三代格』一、貞観一〇年（八六八）六月二八日太政官符所引撰格所起請に「如今。諸国神社。其数巨多。国司偏称二霊験一。請増二爵位一。二三年間。或叙二三位以上一」とあることからも窺われよう。

このように、八世紀の神階社制とは官社制の枠を出るものではなく、官社―非官社という神祇統制のなかで、官社内の序列化の一手段に過ぎなかったと評価される。それが、律令制的班幣体制の衰退を機に、九世紀前・中葉には国司を媒介として官社・非官社の別なく、全神祇に神階が叙せられるようになるのである。これは、官社・非官社の枠を超えた神階による一元的な神祇の再編成という新しい方向への転換を意味しよう。[29]

それでは、神階社制の一〇世紀以後の展開はどうか。一〇世紀代の神階社制で特徴的な事象は天下諸神同時昇叙を別とすれば、国家による神階叙位例の減少であろう（表14）。とくに一〇世紀中頃以後の減少傾向は著しい。かかる状況について、二宮正彦氏は次のように説明されている(30)。

諸神への神階奉授記事は摂関時代にはいってからも続出はするが、仁明・文徳・清和朝に見られるような盛観さは失われ、地方神への奉授に分散する傾向があらわれてくるのである。これは先述したように、中央・地方の名社のほとんどが、神威昂揚の一手段として神階の昇叙をのぞみ、貞観年間には、それぞれの名社が極位にちかい神階に達したため、摂関時代にはいり、神階奉授の対象が地方諸社へと波及されることに由来するのであろう。

右の引用文からも明らかな如く、摂関時代の神階社制の特徴として、（一）貞観年間には、中央・地方の名社が極位に近い神階に達したこと、（二）神階授与が地方神へ波及したことが指摘されているが、この二宮説を手がかりとして一〇世紀の神階社制を考察してみたいと思う。

そもそも、神階授与の手続きとしては『新儀式』四に「神位階者随二諸司諸国申請一。上卿奉レ勅。先令レ下二勘本位一。奉二加授一矣。令三内記勘二作位記一。附二内侍一奏聞之。請印訖令レ頒二給之一」とあるように(31)、諸司・諸国の申請にもとづき、内記が神位記を作成、奏聞、請印（内印）の儀があった。そして、五畿七道諸国は国司宛に、京中は神祇官宛にそれぞれ太政官符が出されて諸社に神位記が頒給されるというものであった(32)。

ところが、『貞信公記』天慶八年（九四五）六月廿七日条に「中使好古朝臣将来諸卿定二申諸神位記一、依三神祇官・国司等奉二授位階一、被レ奉二位記一、但自今以後、官・国如レ此不レ可二奉授一之状、宜レ賜二官符一者」として、神祇官や国司が私的に神階を授けるのを禁じている記事がある。これは神祇官・国司による神階の〝濫授〟を窺わせる記事として注目されてよい。しかし、一方では、国家がかかる〝濫授〟を禁止していることも事実である。すくなくとも、天慶八年の段階では、国家の側としては、神階授与を神祇官や国司に全面的に委ねているわけではなかったといえよう。おそらく、こうした状況と関連があるかと思われるのが「天慶七年四月廿二日」[33]作成の日付をもつ『筑後国内神名帳』の神階記載であろう。それは同帳に神位（記）として「勅授位記」「公家奉レ授之位」とある他に「時吏奉レ授レ位」として「借位」が散見しているからである。「借位」は国司（「時吏」）授与の神階であり、「勅授」「公家奉授」による正式な神階とははっきり区別して記入されていた。国司授与の神階が「借位」であったということは、『筑後国内神名帳』の段階においても、神階授与に際しては、国家の規制がなお機能していたことを察知すべきではないだろうか。[34]

このようにみてくると、二宮氏が指摘された、(二)の神階授与の地方への波及に関しては次の点が敷衍されよう。すなわち、神階は本来、請印儀を経て授与されるものであったが、一〇世紀代には、国司らによる独自の神階授与が進行していた。その一方で、天慶七・八年当時では国家には神祇官・国司による神階〝濫授〟を禁止しようとする動きがあったということである。しかし、一〇世紀中頃以降には表14にみるように国家による神階授与例がかなり減っていくことからしても、この政府の禁止策は早晩、瓦解したことは想像に難くない。その瓦解後の段階で成立してくるのが国内神名帳であろう。国内神名帳は『式』神名帳とは無関係に、各国単位に諸社を官社・非官社の別なく、神階順に記すという特徴があった。[35]かかる国司による国内の神々の掌握を象徴するような、しかも、一国単位で完結する国内神名帳が成立してくるのは天慶七・八年以後のこととせねばなるまい。それでは、天慶以後ではいつ頃とすべきであろうか。最近、一〇世紀後半に国司（受領）による強力な部内支配の確立が指摘されているが、[36]国内神名帳の成立もやはり一〇世紀後半を画期とみるべきであろう。そのような点からして、現存の国内神名帳でも、唯一、「借位」記載のある『筑後国内神名帳』と諸他の国内神名帳とは成立の背景が異なるものとして区別されねばならないと思うのである。[37]

次に、二宮説の（一）について。二宮氏は極位に近い神階を獲得した諸社が同一時期に奉幣され、それが次第に固定化して二二社成立の要因になったと指摘されている。[38] おおむね妥当な見解と思うが、もう少し子細に観察すると、以下のようなことが指摘されよう。

一〇世紀中頃を境に神階授与例が減少していくことはすでに何度か述べた。これはとくに中央（畿内）において、極位に達した神社が増加して、神階による神々の序列化のもつ意義が前代に比べて低下したことをも物語るものといえよう。その結果、中央では必ずしも神階のみにもとづかない新しい社格が誕生するのではあるまいか。その新しい社格こそが二二社制であったように思う。

二二社制の成立過程は『二十二社註式』に記されている。同書の記述には直ちに信用し難いところがあるとしても、[40] 二二社制が一〇世紀初頭から中・後葉にかけて形成され、一一世紀代には完成したとみることはまず了解されよう。二二社制を構成する諸社についてみると、次のように特徴を整理することができる。第一は、全体として、伊勢神宮と畿内諸社から成り立っていたこと（日吉社のみは例外的）、第二に、官社は一七社を占めるが、それ以外に北野社のように非官社（式外社）にして神階をもつ神社が含まれていたこと、第三として、大原野・吉田・祇園社のように非官社にして神階をもたない神社（非神階社）も含まれていたことである。

右の三点には古代国家の神祇政策の諸相が窺えて興味深いものがある。すなわち、第一の特徴は律令制下の神祇祭祀体制が伊勢神宮や畿内諸社（官社）を重視する姿勢をもっていたことと対応する。[41] 第二の非官社―神階社の登場は本節でも指摘した九世紀中頃の神階社制の成立と、第三の非官社―非神階社が二二社の仲間に加えられているあり方は一〇世紀中頃の中央における神階社制の衰退と、それぞれ連関するものであったと思われるからである。これを換言すると、二二社制とは、二二社の伊勢―畿内諸社という枠組は律令制下の神祇構造に遡るとしても、そのなかに非官社―神階社、非官社―非神階社をも包含するという点では、律令制的神祇体制とは明らかに一線を画するものであったといえよう。

以上、二宮氏が示された見通しをもとに、一〇世紀における国家の神祇政策について、神階社制を手がかりに、中央における二二社制、諸国においては国司が独自に国内の神々に神階を授けて序列化する体制（国内神名帳の作成）の成立を指摘した。両者はどちらも一〇世紀中葉における国家による神階授与例の減少と表裏一体の関係にあったといわねばなるまい。このような一〇世紀中・後葉における二二社制―諸国の国内神名帳の作成は、九世紀中頃以降の国衙を媒介とする神階社制とは別個の神祇体制に転換したことを意味するのであろう。

## 3　古代祝詞変質の背景

さて、ここで、これまで論じてきたところを簡単に整理しておきたい。

まず、第1節で一〇世紀末までの諸史料にみえる九一例の神社祝詞を比較し、諸例は弘仁末から承和年間を境に甲類と乙類に二分し得ること、さらに乙類は二型に区分できることを明らかにした。そして、律令制的祭祀体制と対応する甲類に対して、乙類祝詞の背景を如何に解釈するかはひとまず保留とした。

そして、第2節では、古代国家の神祇政策の展開過程を考察した。その結果、①官社制は『弘仁式』の段階でおおむね完成していたと推定されること、②神階社制は天長～承和年間を機に大きな変化を遂げ、それ以前においては、神階授与は官社内に限定されるのが原則であったが、以後は官社・非官社の枠とは無関係に、神階による一元的な神祇再編の方向へ変更したこと、③一〇世紀中頃には国家による神階授与例が大幅に減少するが、その背景に一〇世紀中・後葉における二二社制―各国司の一国内神祇掌握体制の成立（国内神名帳の作成）があったことを指摘した。

このようにみてくると、第1節で判断を保留した乙類の祝詞構成は九世紀代以降の神階社制を背景に成立したものではないかという仮説を提示し得ると思う。以下では、この仮説が満足されるか否かの検討に移りたい。

表15は乙類の祝詞が奏上された時点にもっとも近い時期（過去）の諸社の神階を表示したものである。その際、表の太線より右側には賀茂以下の諸社を、左側にはそれよりも祝詞の待遇表現が劣る諸社を配列した。ただし、神階を特定し得ない複数の諸神祝詞の例（たとえば、表11、23の「南海道諸名神」など）、はじめから神階をもたない伊勢・日前国懸・香椎廟・石清水八幡の例、さらには、乙類のなかで甲類の祝詞の遺制とした三例（16・20・41）は表から省いた。

表15から気付かれるのは、以下の二点である。

第一は、乙類にみられた伊勢以下の諸神のグループと甘南備神以下との祝詞の二群（表11参照）は、神階の高下によって、祝詞の形式・表記に差異が生まれたものと推断される。すなわち、祇園（78）のケースを唯一の例外として、前者は従五位上以上、後者は従五位下以下という明瞭なる隔差である。ここに神階社制と乙類祝詞との間に接点を見出し得るであろう（祇園社への祝詞については後述する）。

第二として、第1節で（一）―（ロ）に分類した諸祝詞（表12参照）であるが、年次から乙類に含められる81・82・83のうち、83の「諸大神」の例は措くとすると、81・82の形式が表11では甘南備神以下のグループに近い特徴をもっていたことについては先述の通りである。ところで、81・82の両祝詞は神階授与を内容とするものであったこと、しかも、その神階が従五位下であったことは注意されてよい。このケースにおいても、やはり神階の差によって祝詞の形態が相違しているのである。

表15　諸社祝詞と神階

| 神社名 | | | 神階 | 出典 |
|---|---|---|---|---|
| 賀茂 | 12~86 | | 正一位 | 『日本紀略』大同二年五月庚寅条 |
| 松尾 | 24 | | 従一位 | 『三代実録』貞観元年正月甲申条 |
| | 47・53 | | 正一位 | 『三代実録』貞観八年一一月辛酉条 |
| 春日 | 13~43 | タケミカヅチ・イハヒヌシ | 正一位 | 『文徳実録』嘉祥三年九月己丑条 |
| | | アメノコヤネ | 従一位 | 〃 |
| | | ヒメカミ | 正四位上 | 〃 |
| 宇佐八幡 | 17 | 大神 | 一品 | 『続日本紀』天平勝宝元年一二月丁亥条 |
| | | 比咩神 | 二品 | 〃 |
| | 31~74 | 大神 | 一品 | 『文徳実録』天安二年五月辛未条 |
| | | 比咩神 | 一品 | 〃 |
| 稲荷 | 25 | | 正四位上 | 『三代実録』貞観元年正月甲申条 |
| 平野 | 48 | 今木神 | 正一位 | 『三代実録』貞観六年七月甲午条 |
| | | 久度・古開神 | 正三位 | 『三代実録』貞観五年五月甲子条 |
| | | 比咩神 | 従四位上 | 〃 |
| 龍田 | 11 | | 従五位上 | 『文徳実録』嘉祥三年七月丙戌条 |
| 広田 | 26 | | 正三位→従一位 | 『三代実録』貞観一〇年壬一二月己亥条 |
| 宗像 | 33 | | 正二位 | 『三代実録』貞観元年二月丙辰条 |
| 丹生川上 | 51・89 | | 正三位 | 『三代実録』元慶元年六月壬辰条 |
| 甘南備 | 34 | | 従五位下 | 『三代実録』貞観一二年正月甲子条 |
| 宗像〔山城〕 | 37 | | | |
| 堰 | 38 | | | |

かくて、乙類祝詞とは神階社制を背景にしたものであったという見方が、以上の二点においては矛盾するところがなく、大方の承認が得られるものと思う。しかしながら、この見通しの正しさをはっきりさせるためには、『式』祝詞のなかで平安初期に成立したものにも右述のことが該当するかどうかという点もあわせて検討する必要があろう。

そこで、第一に取り上げなければならないのは、「広前」を使っていることから乙類に包摂されるはずの「春日祭」「平野祭」「久度古開」祝詞の場合である。ここでも諸神の九世紀前・中期の神階を調べてみると、春日社の四神については、嘉祥三年（八五〇）九月にタケミカヅチ・イハヒヌシが正一

| | | | | |
|---|---|---|---|---|
| 祇園 | 78 | | | |
| 伊太祁曽 | 81 | | 従五位下 | 『文徳実録』嘉祥三年一〇月甲子条 |
| 園・韓 | 82 | | 従五位下 | 『文徳実録』嘉祥三年一〇月甲子条 |

（注）神社名の欄の数字は表11・表12・表13の祝詞整理番号と共通である。また、広田の神階の欄で「↓」を付したのは26の祝詞と同時に神階が上昇したことを示す。

位に、アメノコヤネが従一位に、ヒメカミが正四位上に叙せられていることが知られるだけである（表15参照）。弘仁末から承和年間の四神の神階は不明であるが、もし、当該期の神階が嘉祥三年時のそれより低かったとしても、従五位下以下であった可能性は少なかろう。また、平野社の三神に関しては、今木神が延暦元年（七八二）には従四位上であり（『続日本紀』延暦元年一一月丁酉条）、以後、承和三年に正四位上に（『続日本後紀』承和三年一一月庚午条）、さらに嘉祥元年に従三位に昇叙されている（同、嘉祥元年七月壬午条）ことが分かる。久度・古開神も承和三年に従五位下から従五位上へ、嘉祥元年には正五位下に神階が上昇している。このように、春日社四神・平野社三神の位階が、いずれも九世紀前半期には従五位上以上に到達していたことが確認もしくは推定されるのである。したがって、『式』の「春日祭」「平野祭」「久度古開」祝詞が「広前」の語を採用しているのも当然のことといえよう。

なお、「久度古開」では、「平野祭」の「皇大御神」（今木神）に対して、「皇御神」（久度・古開神）とあった。この点について、賀茂真淵は「今木には、皇大御神と書、こゝには、大と無は、始より、神位の卑かりし故なるべし」(42)と述べている。上記の観点からすれば、真淵説は首肯さるべき見解であろう。

次に、「道饗祭」の祝詞が「高天之原尓事始弖、皇御孫之命止称辞竟奉、大八衢尓湯津磐村之如久塞坐皇神等之前尓申久、八衢比古・八衢比売・久那斗止御名者申弖、称竟奉久波」として、ヤチマタヒコらの「皇神」に対して「前」を使っている点も考慮されねばならない。「道饗祭」は『式』祝詞のなかでは、令制以前からの伝統的な宮廷祭儀の祝詞の範疇に属するが、『式』の「道饗祭」そのものは古く遡るものではなく、天長一〇年（八三三）以降に全面的に改作されたものであったと推定される。右の点は前章で指摘したので、論証は割愛するが、天長以降の祝詞とすると、なぜ、「広前」を採用せずに「前」であったかという点は気になるところであろう。しかし、この疑問に答えるのはさして困難ではない。というのは、ヤチマタヒコ以下に神階が授けられた形跡がない[43]からである。それゆえ、「道饗祭」では「広前に申す」という形を採るに至らなかったのであろう。

以上のことから明らかなように、九世紀前・中葉以降の乙類祝詞が神階社制下に成立したとする見通しは、右の諸点においてもきわめて整合的であったといえる。したがって、弘仁末から承和期における古代祝詞の変質は、在地の富豪の台頭、その富豪層による律令制的班幣体制の切り崩しを背景に、神階による全神祇の序列化という新しい神祇統制の成立と密接な関係にあったと総括できよう。

ところで、第2節で指摘したように、神階社制は一〇世紀中・後葉には二二社制、国司による国内の神々掌握体制に転換する。これまで問題としてきた諸祝詞のなかで、一〇世紀中頃以降の祝詞のものには、二二社制が影響をおよぼしたことが予想される。二二社制に対応する祝詞ははたして検出できるのであろうか。

そこで、筆者は二二社の一つである祇園社の祝詞（表11、78）に着目したい。なぜならば、当該祝詞は乙類のなかで、「広前」、「カケマクモカシコキ」、「カシコミカシコミモモウシタマハク」の語句を用い[44]ながら、神階をもたない例外的存在であったからである。祇園社のような非官社―非神階社が祝詞形式において、伊勢神宮などと対等に近い形で重視されるあり方こそ二二社制にふさわしいといえよう。その意味で、表11などに掲げた諸祝詞は一〇世紀中・後葉の二二社制の成立をも正しく反映していると思うのである。

## まとめ

以上、本章では、一〇世紀末までの諸史料にみえる九一例の神社祝詞を題材に祝詞の変質とその史的背景を考察した。結論を整理すると以下の通りである。

Ⅰ　本章で論じた諸祝詞はいずれも冒頭部に天皇の勅命である意の語句を冠していることからも、天皇祭祀と不可分の祝詞であった。したがって、古代国家の神祇祭祀体制の転換は祝詞のあり方にも反映した。

Ⅱ　諸祝詞は九世紀前半から中頃を画期として、伊勢神宮を頂点に形成された祝詞構成（甲類）からそのようなあり方が解消する傾向の祝詞群（乙類）へと変容する。甲類は律令官社制のもとに成立した祝詞であったのに対して、乙類は神階社制下に成立したものであった。

Ⅲ　乙類の祝詞のなかには、一〇世紀末に非官社―非神階社でありながら、伊勢神宮などの祝詞といわば対等の待遇表現をもつものが現れる。こうした非官社―非神階社が重視されるあり方は一〇世紀中・後葉における二二社制の成立と対応するのであろう。

Ⅳ　前章では『式』祝詞の三段階成立を論じた。すなわち、第一は令制以前、第二は律令制形成期、第三は平安初期成立を指摘した。前章と本章の論旨との関係からいえば、前章の第二と甲類が、第三と乙類が対応し、両者は矛盾するところがない。

注

（1）西田長男「『延喜式祝詞』の製作年代」（『神道大系月報』三、一九七八年）一頁。

（2）拙稿「『延喜式』祝詞の成立」（本書Ⅱ—一）。

なお、「大前」から「広前」への変化に関連して、祝詞慣用句の一つである「宮柱太敷（知）立」①と「宮柱広敷（知）立」②の相違も考慮されてよい。両者の関係については、鈴木重胤の「古くは太知とも太知立とも太敷とも太敷立とも云るを、今京に成ては此を広と換たり」（『延喜式祝詞講義』五〈『鈴木重胤全集』一〇、鈴木重胤先生学徳顕揚会、一九三九年〉四五四頁）という指摘が正しいが、②の使用開始期はもう少し限定することが可能である。①の使用例中でもっとも新しいものは『古語拾遺』（大同二年〈八〇七〉撰上）にみえる例であること、②では『式』の「平野祭」「久度古開」祝詞が『本朝月令』所引『弘仁式』祝詞にも存することから、『弘仁式』が②の初見史料と判断されよう（『弘仁式』祝詞については、本文および後掲注（4）の論考参照）。とすれば、①→②の移行年代は九世紀前半期として差し支えあるまい。これも「大前」→「広前」の変化の一環であろう。

（3）虎尾俊哉「貞観式における神祇式の取扱い」（『古代典籍文書論考』吉川弘文館、一九八二年）八六～八七頁。

（4）鎌田元一「弘仁格式の撰進と施行について」（『古代国家の形成と展開』吉川弘文館、一九七六年）、福井俊彦『交替式の研究』（吉川弘文館、一九七八年）二九八～三二一頁。

（5）一二世紀前半の『朝野群載』一二の「賀茂祭」祝詞は「天皇我御命仁坐。掛畏支皇太神尓申給波久……」（『柱史抄』上もほぼ同文）とあり、年代的にも新しいものであるが、「広前」「カシコミカシコミモモウシタマハク」が使用されておらず、祝詞としてはむしろ古い型に属するものといえる。賀茂祭の創祀は八世紀末から九世紀前半と考えられる（拙稿「賀茂斎院の再検討」〈『日本古代の祭祀と仏教』吉川弘文館、一九九五年〉一二六～一二八頁）ので、その際に作成された祝詞が後に新しい要素（「掛畏支」）を付加しつつも、古態を留めて伝来したものと思われる。これも基本的には前代の祝詞の遺制といえよう。

（6）「カケマクモカシコキ」は古祝詞には付けられていないが、天長から貞観期の神社祝詞において使用が一般化するという指摘が西宮一民氏にある（『日本上代の文章と表記』〈風間書房、一九七〇年〉一九一～二〇七頁）。

（7）拙稿「日本古代の「名山大川」祭祀」（本書Ⅰ—一）参照。

（8）天武朝から大宝令制定時における官社制の形成過程については、川原秀夫「律令官社制の成立過程と特質」（『日本古代の政治と制度』続群書類従完成会、一九八五年）四二三〜四三四頁に詳しい。

（9）井上光貞『日本古代の王権と祭祀』（東京大学出版会、一九八四年）四二一〜四三頁。

（10）梅田義彦「神名帳考」（『神道の思想』二、雄山閣出版、一九七五年）二四六〜二四七頁。

（11）梅田、前掲（10）二六五頁。

（12）拙稿、前掲（7）。

（13）大原野社は春日四神の遷座によって創祀されたが、宮地直一氏は長岡京の時代に藤原北家の内麻呂によって勧請されたと指摘されている（「大原野神社の鎮坐に就きて」〈『神社協会雑誌』八―一・二、一九〇九年〉）。

（14）石清水八幡宮の創立については、『類聚三代格』一、貞観一八年八月一三日太政官符に「右得二護国寺牒一偁。去貞観二年。故伝燈大法師位行教。奉二為国家一。特以懇誠。祈二請大菩薩一。奉レ移二此山宮一」とある。

（15）祇園社の草創が貞観年間に遡ることについては、福山敏男「八坂神社本殿の形式」（『日本建築史の研究』桑名文星堂、一九四三年）四五〜四八頁参照。

（16）石清水八幡宮が官社化しなかった理由として、同社が「仏教的色彩の加わること濃厚であったから」という指摘がある（梅田「国史見在社考」〈前掲（10）所収〉一九二頁）。

（17）喜田貞吉「延喜式の杜撰」（『歴史地理』三三―三、一九一九年）二五八頁。

（18）西牟田崇生「神名帳記載の一考察(下)」（『神道宗教』八一、一九七五年）五一〜六三頁。

（19）宮城栄昌氏は「苫東郡」は「苫田郡」の誤写である可能性を指摘されている（『延喜式の研究　論述編』〈大修館書店、一九五七年〉五〇七頁）。もし、宮城氏の指摘が正しいとすると、新郡名の「苫東郡」は神名帳に反映していないことになる。

（20）林陸朗「官社制度と神階」（『国学院雑誌』五四―二、一九五三年）二四〜二六頁、西山徳「官社制度における神の位階」（『増補上代神道史の研究』国書刊行会、一九八三年）、巳波利江子「八・九世紀の神社行政」（『寧楽史苑』三〇、一九八五年）、古川淳一「神階より見た九世紀の官社制度」（『川内古代史論集』四、一九八八年）。

（21）嶋田鋭二「封建制形成期のイデオロギー」（『講座日本史』二、東京大学出版会、一九七〇年）二八五〜二八七頁。

（22）西別府元日「九世紀中葉における国政基調の転換について」（『日本史研究』一六九、一九七六年）五一〜五二頁。

(23) 川原「古代における祭祀統制とその変質」（『歴史学研究』五七三、一九八七年）。
(24) 関口明氏も「位階授与・官社昇格のいずれもが承和期から次第に増加しはじめ」るが、このような政策がとられた理由は「農民層の抵抗の基盤である在地神を国家的にからめとることにあった」と指摘されている（関口明・追塩千尋「九世紀における国司の特質」〈『史流』一五、一九七四年〉四九〜五〇頁）。
　ただし、坂本太郎氏が、貞観年間における多数の神階授与例を「諸事唐風の優越する時代ながら、固有文化への回帰が台頭してきたことの兆《きざし》」ととらえられている（『六国史』〈吉川弘文館、一九七〇年〉三一八頁）のは賛成し難い。
(25) 壬申の乱の際、「即勅登二進三神（事代主神・牟佐神・村屋神——引用者注）之品一以祠焉」（『紀』天武元年七月条）とあり、これを神階社制の最初とする説もあるが、牟佐神・村屋神の神階が貞観元年（八五九）に従五位下から従五位上へ昇叙された（『三代実録』貞観元年正月甲申条）ことからして疑問を挟む余地が多い。上田正昭氏は「品をあげて」の「品」は神階の義とするよりも、「官社」化することを意味したものではなかったか」とされ（「神階昇叙の背景」〈『古代伝承史の研究』塙書房、一九九一年〉一四八〜一四九頁）、小倉慈司氏も「「品」は等級・扱い程度の意味で、国家祭祀に加えられたことを指す」（「八・九世紀における地方神社行政の展開」〈『史学雑誌』一〇三—三、一九九四年〉八四頁）と指摘されている。
(26) 八世紀における神階社制については、上田、前掲(25)が参照される。
(27) 例外は伊勢国多度神（社）で、延暦元年に従五位下（『続紀』延暦元年一〇月庚戌朔条）、天長一〇年に正五位下に叙せられた（『続日本後紀』天長一〇年四月庚辰条）が、官社になったのは嘉祥三年であった（『文徳実録』嘉祥三年九月甲申条）。このような例が存在するとしても、本文で述べた原則は大勢として動かないと思う。
(28) この点は川原氏も正しく指摘されている（前掲(23)四九頁）。また、小倉、前掲(25)八四〜九〇頁も参照。
(29) 承和期が国政基調転換の一画期であったことは、西別府「王臣家牒の成立と王臣家の動向について」（『歴史学研究』四七六、一九八〇年）、同、前掲(22)、関口・追塩、前掲(24)などに詳しい。
(30) 二宮正彦「摂関時代における神社行政」（『古代の神社と祭祀』創元社、一九八八年）二三四〜二三五頁。
(31) 神階授与の手続きについては、『本朝世紀』天慶五年四月一一日条、『柱史抄』下の「神位事」も参照される。
(32) 『類聚符宣抄』一、天暦六年四月一五日太政官符。
(33) 『筑後国内神名帳』について、西田長男氏は日付の「天慶七年四月廿一日（ママ）」が前後とは異筆で、紙の「継目の上に認められ、かつその上を更になぞった跡が窺われ」、日付の後の国司の署記も筆勢などからして「偽筆であろう」。しかしながら、右の事実をもって全体を偽文書とする必要はなく、書体や内容からみて天慶のものとして差し支えないとされている（「筑後国神名帳」（『群書解題』六、続群書類従完成会、一九六二年）四二五頁）。

(34) 『筑後国内神名帳』の記載から、政府は天慶四年来、再三にわたって、大宰府を介して管国嶋の神名帳の進上を命じ、筑後国もそれに応えて国内神名帳を進上したことが知られる。この事実も、天慶七年当時、国家の神祇統制が諸国におよんでいたことの証左となろう。

(35) 三橋健「解題」（『神社編一　総記（上）』神道大系、神道大系編纂会、一九八六年）六頁、川原、前掲(23)四九頁。

(36) 大津透「平安時代収取制度の研究」（『律令国家支配構造の研究』岩波書店、一九九三年）。

(37) 国内神名帳の先蹤と思しきが『出雲国風土記』の神社記載である。すなわち、「在二神祇官一」（官社）と「不レ在二神祇官一」（非官社）に分けて各郡毎に神社名を列記している。ただし、国内神名帳は官社・非官社の別なく神社名を神階順に記載するという点において、『出雲国風土記』とは異質といわねばならない。

(38) 二宮、前掲(30)二四〇頁。

(39) 渡辺直彦氏も神階が「時代の下るにつれて漸次加階され、次第に神社序列の上に占める意義が薄れてゆく」と指摘されている（「神階勲位の研究」（『日本古代官位制度の基礎的研究増補版』吉川弘文館、一九七八年）一五七頁）。

(40) 岡田荘司「十六社奉幣制の成立」（『平安時代の国家と祭祀』続群書類従完成会、一九九四年）。

(41) 拙稿、前掲(7)。

(42) 賀茂真淵『祝詞考』（『祝詞・宣命註釈』神道大系、神道大系編纂会、一九七八年）一四三頁。

(43) 岡田精司氏もヤチマタヒコ以下三神は神名の下に〝神〟〝命〟字が付いていないので、宮廷祭祀における格付けの低い、精霊神であると指摘されている（「古代伝承の鹿」（『古代祭祀の史的研究』塙書房、一九九二年）四四二頁）。

(44) 本文で指摘したような特徴をもつ祇園社祝詞は後世にも継承されている（『柱史抄』上所収の六月一五日祇園臨時祭「宣命」など）。

# Ⅲ　古代国家と儀式

# 一　古代大祓儀の基礎的考察

## はじめに

古代において、六月・一二月の晦日に、朱雀門前で百官人の罪穢を祓う大祓の儀式が執り行われていた。この儀については、古代の天皇の位置付けとも関連する問題を内包していると思われるにもかかわらず、分析された研究はさほど多くない(1)。それは大祓と関係の深いケガレやハレ・ケ・ケガレの問題については数多くの論考があり、研究の深化がみられているの(2)とは対照的であるともいえる。

そもそも大祓儀はどのような機会に施行されていたのであろうか。この点に関して、梅田義彦氏は「中央の大祓には恒例・臨時の二種があり、また諸国の大祓は、すべて臨時であり、その範囲は、全天下にわたることもあるが、時により比較的狭い地域にとどまるものもあった(3)」として、臨時大祓については、次のような整理を試みられている(4)。

臨時
（1）中央の大祓
（2）中央・諸国の大祓（諸国は、その全部にわたる場合と、小範囲の諸国の場合とがある。）
（3）諸国の大祓（天下諸国にわたる場合と、小範囲の諸国の場合とがある。）

これに対して、三橋健氏は諸国大祓にも恒例の大祓があったことを指摘され、大祓の儀は左のように分類できると

された。[5] すなわち、臨時と恒例に分けた場合は、

- 大祓
  - 臨時の大祓
    - 中央（朝廷）の臨時の大祓
    - 諸国（国衙）の臨時の大祓
  - 恒例の大祓
    - 中央（朝廷）の恒例の大祓
    - 諸国（国衙）の恒例の大祓

であり、中央と諸国という観点からは、

- 大祓
  - 中央（朝廷）の大祓
    - 中央（朝廷）の臨時の大祓
    - 中央（朝廷）の恒例の大祓
  - 諸国（国衙）の大祓
    - 諸国（国衙）の臨時の大祓
    - 諸国（国衙）の恒例の大祓

と分けられている。

このうち、三橋氏の指摘にある諸国大祓に恒例の大祓があったという点については、にわかには判然としないところであるが[6]、それとは別に梅田・三橋氏の分類にも次のような問題点を提示することは可能であろう。

それは第一に、梅田氏が諸国大祓を天下諸国の大祓と「小範囲の諸国の場合」の大祓と区分されている点である。この指摘自体はけっして誤りではないが、「小範囲の諸国」とはより限定し、一定の意義付けをなし得るのではあるまいか[7]。

第二に、中央（朝廷）の大祓であるが、ここでの恒例・臨時の大祓はともに朱雀門前の大祓儀を指す如くであるが、平安期の史料をひもどいてみると、朱雀門前大祓以外にいずれも臨時の大祓であるが、建礼門前・八省院東廊・三所

（紫宸殿前庭・建礼門前・朱雀門前）などでの大祓の事例が目に付くのである。確かに神祇令の規定や『続日本紀』の大祓の記事からすると、梅田・三橋氏のような整理はそれなりに妥当といえるが、平安期――とくに九世紀以降の中央の大祓は朱雀門前での恒例と臨時の大祓という区分のみでは律し切れない複雑さをもっていたはずである。これを別言すれば、両氏の指摘は主として八世紀段階の大祓についてはあてはまるとしても、九世紀以後の大祓については、十分とはいい難いように思うのである。すなわち、八世紀から平安期への大祓の変容をどのようにとらえるか――これが両氏の論文に対して指摘したい第二の点である。

以上のような問題状況のもとで、本章では、梅田・三橋説について述べた第二の中央（朝廷）の大祓儀に関して、言及していきたいと思う。

なお、本章では、とくに九・一〇世紀の大祓を分析の対象の中心に据えた。それはそれ以前においては大祓関係の史料が少ないことにもとづく。また、一〇世紀末までとしたのはあくまでも便宜的な区分に過ぎない。したがって、論及の要があれば、一一世紀以降の大祓例にも適宜触れたことをはじめに断っておきたい。

## 1　平安期の大祓儀をめぐる諸説

朝廷で行われた大祓の場としては朱雀門前に限られておらず、平安時代には建礼門前なども利用されていたことは前に記した通りであるが、これについて、従来の研究はどのように理解していたのであろうか。ひとまず、学説史を一瞥しておきたいが、ここでは、この課題に取りくんだ近世から明治期の国学者の臨時大祓をめぐる学説を検討することとしたい。

そこで、第一に取り上げたいのは本居宣長の説である。宣長は『玉勝間』一二で次の如く述べている。(8)

師の祝詞考、大祓の解《トキゴト》に、臨時の大祓は、建礼門にてあること、三代実録に見えたり、といはれたるを、おの
れ後釈に、かの三代実録なるは、内裏の穢なるによりてこそ、建礼門にては行はれたるなれ、おしなべては、臨
時のも、朱雀門にて有し也、といへりしも誤也、後に史どもを見るに、内裏の穢にはあらざるをりも、建礼門に
て行はれて、おほかたの臨時のは、いつもかの門前にして行はるゝ例なること、三代実録四十一の巻に見えたり

右の引用文からも明らかなように宣長の説は『玉勝間』に至るまでに一転している。『大祓詞後釈』では臨時大祓は建礼門で行われるという「師」（賀茂真淵）説を批判して、内裏の穢でとくに建礼門で大祓が行われたとしても、臨時の場合も朱雀門前が使われるのが通例であったとして、「師」説に従っていない。ところが、『玉勝間』では『後釈』における自説の誤りを認め、『三代実録』の例から内裏の穢がなくとも建礼門で臨時の大祓が執行されるようになったと指摘して、結局のところ、真淵説に同調するのである。

かかる宣長の臨時大祓＝建礼門前大祓説に対して、鈴木重胤は「但臨時大祓と雖も尚主々しき事なるには、朱雀門にて行はれたりしなり、然れば天下に預らぬ朝廷の内々の事のみ建礼門にて行る丶所なり(9)」として、朱雀門前大祓と建礼門大祓とは別々の機能をもつものであったと主張する。

この重胤の考えは近藤芳樹の『大祓執中抄』にも基本的に継承されているが、芳樹は二つの大祓の機能の相違をさらにはっきりさせている。(10)

もとより臨時のは、常例のとは異にて、集会の人も、穢に触たる限をめされて、諸司の官人の内にても、穢処に
行至らぬは穢なきゆゑに、おのづから人の数もすくなくて、ひろく朱雀門につどへたまふにはおよばざれば、内
裡をむねとして、建礼門にて行ひたまふは、さることなりけり。されども建礼門は、朱雀門の如き仗舎もなく門

も広からぬゆゑ、諸司百官などの着べき所を、幄にて作らる、が例なるを、……また同じ臨時の大祓ながらも、凶服を除かん為、或は大嘗祭の時などの如きは、親王以下百官人、こと〴〵く集会して、またく二季ノ儀におなじければ、朱雀門なることいはんも更なり。かく罪穢のひろきと狭きと、集会の人のおほきとすくなきとによりて、けぢめあるを……

すなわち、建礼門前の臨時大祓は小範囲の穢を祓うという機能をもち、「集会の人」も触穢の官人のみが参集するというもので、「罪穢のひろきと狭きと、集会の人のおほきとすくなきとによりて」朱雀門前大祓とは「けぢめ」があったとするのである。

また、こうした朱雀門前と建礼門前大祓の区別如何とは別に、重胤は八省院東廊大祓に着目している[11]。

又中古の書に、八省院東廊大祓と云事有り此は建礼門大祓両〔雨カ〕儀の時に東廊を用られたるを中古内裏焼亡て建礼門の未建ざる時などに在し事なり、又此八省院東廊大祓も八省院焼亡の後は又建礼門にて行はれたる也、其事百練抄文暦元年仁治三年の条に見えたりと或人云り

ここには、「両〔雨カ〕儀」や内裏焼亡の時には建礼門前に代って八省院東廊が大祓の場となったという指摘がある。八省院東廊大祓について言及した論として注目しておきたい。

このようにみてくると、近世から明治にかけての諸学説から、平安期の大祓儀について、いくつかの論点が浮かび上がってくる。

それは、①平安期に臨時大祓儀は建礼門前で実施されたとするか[12]（真淵・宣長）、朱雀門・建礼門前の双方でなされたのか（重胤・芳樹）、②もし、後者の説に依拠した場合、朱雀門前大祓の建礼門前のそれとの性格の違いはどのようなものであったといえるか、③八省院東廊の大祓の位置付け——の三点である。勿論、問題は上記の点に尽きるもの

ではないが、大祓儀をめぐる一通りの問題点が提起されていたことは確かといえよう。以下では、この三点を念頭に置いて、朱雀門前大祓などの各種大祓の儀式次第を詳しく検討していきたいと思う。

## 2　大祓儀の諸相

### （1）朱雀門前大祓儀

神祇令大祓条には、次のように朝廷の恒例大祓を規定している。

凡六月十二月晦日大祓者。中臣上二御祓麻一。東西文部上二祓刀一。読二祓詞一。訖百官男女。聚二集祓所一。中臣宣二祓詞一。卜部為二解除一。

この条文のうち、前半部分が内裏で行われる二季晦日御贖儀を、後半（「訖」以下）が恒例の大祓儀を指すことはすでに説かれている通りであろう。[13]

そこで、はじめに御贖儀からみていきたい。御贖儀は天皇（中宮・東宮）に対する祓であるが、その行事次第を『儀式』五・『延喜式』一・『清涼記』（『江家次第』七所引）によって整理すると、左の如くである。

（一）縫殿寮官人が荒世・和世の御服（豆豆志呂比御服）を持って内裏に参入し、内侍・縫司の女官を経て蔵人（中臣女）が天皇に奉る。天皇は気息をつけて返す。

（二）中臣が御麻を捧げ、中臣女がこれを受けて天皇に奉る。天皇は自ら取って御体を撫でる。終わると、卜部が御麻を取り祓所（朱雀門前）に向かう。[14]

（三）東西文部が横刀を捧げ、中臣女がこれを受けて天皇に奉る。天皇は気息をつけて返す。この時、祓詞（「東文忌寸部献㆓横刀㆒時呪西文部准㆑此。」）が読まれる。

（四）中臣らが荒世・和世を奉る。この荒世・和世で中臣が天皇の御体を執り量る（五度）。『清涼記』では荒世・和世に代って「竹夜」を以ってし、その量り方は「先量㆓身長㆒、次量㆑自㆓両肩㆒至㆓御足㆒、次左右手自㆓胸中㆒至㆓指末㆒、次量㆓左右腰㆒至㆓御足㆒、次自㆓左右膝㆒至㆑足」とある。この儀はとくに「節折」と呼ばれる。(15)

（五）宮主が坩を取り、中臣に授ける。中臣女はこれを受けて天皇に奉る。天皇は坩のなかに口気を放つ。(16) 終わると、皆退出し、河上で解除を行う。

この儀は中宮・東宮に対しても行われるが、その場合は天皇の御贖儀と異なり、（三）の東西文部の横刀献上の件を欠いたものとなっている。また、御贖儀には、二季晦日御贖儀以外に毎月晦日御贖、六・一一・一二月の一日～八日の御贖祭および天皇一代に一度だけ行われる羅城御贖があった。なお、『年中行事秘抄』・『師光年中行事』・「天歴《ママ》二年五月廿三日神祇官勘文」（『平安遺文』一〇―四九〇五）には御贖祭が弘仁五年（八一四）、嵯峨天皇の不予に際し、はじまったという説がみえる。

次に、恒例の大祓儀は以下の通りである。（『儀式』五・「式部記文」(17)〈『法曹類林』二〇〇所引〉による）。

（一）六・一二月晦日、午四刻（午後一二時半）、神祇・宮内・縫殿らの官人が内裏の延政門外に候し（御贖儀）、百官が祓処（朱雀門前）に会集する。これより先、神祇官が朱雀門前の二条大路の南に祓物を列べ、所司が各座を朱雀門および東西の仗舎に設ける。

（二）未一刻（午後一時）、刀祢（諸司六位以下の官人）に札を進めしめて造簿が始まる。式部は文官、兵部は武官、中務は縫殿・治部の雅楽歌女・大蔵の縫部女の簿を造る。

（三）卜部が内裏から御麻を捧げて祓処に到着すると、それに祓の稲を挿む。

（四）大臣が「常乃任爾任令レ祓」と宣すると、諸官人は座を起ち列立する。

（五）神祇官が官人に切麻を頒ち、中臣が「六月晦大祓十二月准レ之」（『式』八）を読む(18)。次に、大麻を行い、五位以上の切麻を撤して大祓の儀は終了する(19)。なお、臨時の朱雀門前大祓もこれに準じて行われる（『儀式』五に「但臨時大祓者不レ令レ申二刀祢数札一、直令レ進」とある）。

このように恒例の大祓は内裏における天皇の祓としての御贖儀と宮の正門の朱雀門前に参集せしめられた百官人男女への祓としての大祓儀からなっていた。養老職員令にもとづく二官八省の四等官の定員が三三一人であり、これに伴部までも含む総定員数は六四八七人であったことからしても(20)、朱雀門前に参集の「百官男女」（神祇令大祓条）、「集侍親王・諸王・諸臣・百官人等」（「六月晦大祓」）はかなりの人数におよんでいたと推想される。かかる天皇―百官人を祓うという形式が律令国家の中央政治機構を象徴するものであったことはいうまでもあるまい。

ところで、大祓儀はいつ頃からはじまったのであろうか。史料のうえでの初見は『続紀』大宝二年（七〇二）一二月壬戌条の「廃二大祓一。但東西文部解除如レ常」であったことからしても、朱雀門前大祓が大宝令に制定されていたことは確実である。金子裕之氏は平城京から出土する人形・土製模造品・人面土器・土馬などの遺物が直接間接に大祓と関連するものであったと推定し、同様の遺物が藤原京においても見出されることを指摘されている(21)。注目さるべき見解といえよう。したがって、大祓が律令制形成期の七世紀後半に成立することはまず間違いのないところであろう(22)。

一方、後の時代における大祓儀の実施に目を転ずると、『北山抄』一が朱雀門壇上に「設二日上座一。西面。儀式云、設二参議以上座一。近例、参議一人行レ事、或納言参着、希有例也。」と記しているのが注意される。すなわち、『儀式』とは異なり、「近例、参議一人行レ事」というのである。同様なことは『江家次第』七にもみられるので、後代に継承されていったことが分かるが、かかる事態はどこまで古く遡るのであろうか。これについては、『西宮記』恒例第二が手がかりになる。同書の「大祓」の記述は簡略であるが、冒頭に「上卿着二朱雀門一」として上卿の参着を記し、それ以外の公卿のことには言及していない。おそらく、『西宮記』成立の一〇世紀後半には大祓儀が上卿と弁以下の行事になっていたと考えられよう。そして、かかる変化と表裏の関係にあるのが、「内蔵祓、殿上人着。」（『西宮記』恒例第二）、「三局六月祓」（『本朝世紀』康保四年〈九六七〉六月甲戌条）、「左衛門府六月祓」（『小右記』寛弘二年〈一〇〇五〉六月甲辰条）などとして史料に登場してくる諸司単位の祓であった。[23]七世紀後半に国家儀礼としてはじまった大祓儀は、一〇世紀後半に新たに諸司の祓を生み、ここに朝廷の大祓儀は大祓儀―諸司祓という形で、いわば多元化していくものと思うのである。

（2）建礼門前大祓儀

次に、建礼門前大祓儀について。内裏外郭正門の建礼門の前で臨時大祓が行われていたことは、実例が六国史などに数多く見出されるが、儀式書・故実書の類には手がかりは乏しい。わずかに『式』に関連するかと思われる規定が二つある。

a　凡臨時大祓所、立二五丈幄二宇、七丈幄一宇一、五丈一宇設二参議已上一人座一、一宇設二弁官座一、七丈一宇諸司立祓、（『式』三〇、大蔵省）

b　凡臨時大祓日、設二公卿并弁、外記、史、史生、官掌、召使及祝詞等座一、（『式』三八、掃部寮）

aについて、宣長は『大祓詞後釈』上で朱雀門前大祓の時には大蔵省の幄を立てることがないので、「他所《コト》にて行はる〔る脱ヵ〕こともあるにや」と指摘している。[24]ただし、具体的な場所がどこであったかについての言及はない。

右の宣長説を一歩前進させたのが近藤芳樹で、幄の舗設に関する次の二史料に着目して、建礼門前・朱雀門前の大祓に幄が使われていたことを主張している。[25]①『三代実録』元慶六年（八八二）四月甲午条に「於二朱雀門前一修二大祓一。以二去八日大膳職人死。十日大蔵省人死。平野。松尾。賀茂祭等停止一故也。臨時大祓於二建礼門前一行レ之。因レ穢不レ可レ用二大蔵省幄一。仍用二朱雀門一也」とあるので、「建礼門の大祓のをりも、此幄を用らるゝこと」が知られる、②朱雀門前大祓の際の幄の使用規定は『式』にはないが、「式部記文」に「六月十二月二晦。百官会集。其日平旦大蔵木工掃部。張《リ》レ幄《ヲ》鋪二設《ス》於大伴壬生二門《ノ》間《ノ》大路《ニ》一。各有二常儀一。と見ゆ」(26)として、朱雀門前「大祓の儀、百官みな西向ゆゑ、前を開きて後を閉む為に、この二門〈大伴〈朱雀〉門と壬生門のこと――引用者注〉の間を幄にて塞ぐ也。こはふるくよりありし例か、また当時にはじまりしことか、いまだ考へず」と述べている。

この宣長・芳樹説では、aの史料にみる三宇の幄を宣長が朱雀門前大祓以外の「他所《コト》」大祓のものとした点、芳樹がそれを建礼門前大祓の時に使用されたものとした点（①）については異論はない。前掲の『三代実録』の記事からしても、建礼門前大祓に大蔵省の幄が張られていたことは動かし難いように思うのである。

それに対して、芳樹説の（②）については再考の余地があろう。なぜならば、aにみる「五丈幄二宇」とは参議以上一人と弁官の座であるが、すくなくとも『儀式』五によると、参議の座は朱雀門壇上に斑幔を隔てて設けられており、aとは合致していないからである。その際、『本朝月令』所引「貞観官式」に「前式。凡六月十二月晦日。宮城南路大祓。大臣已下。五位已上。就二幄下座一云々。今案。立レ幄停止」とあるのは留意されてよい。すなわち、「前式」（『弘仁式』）までは「大臣已下。五位已上」は「幄下座」に就いていたのが、『貞観式』では「立レ幄停止」が知られるからである。したがって、aの規定と『式』の朱雀門前大祓とは別個と考えるのが自然であり、また、「式部記文」にいう「張レ幄」は『弘仁式』ないしはそれ以前の朱雀門前大祓の状況の反映とすべきであろう。

次に、bの規定であるが、従前にbを建礼門前の大祓に結び付けて解釈した学説は管見に入らなかった。しかしながら、これもaと同様に、建礼門前大祓の一規定とみなしてよいのではあるまいか。というのは、bと同じ『式』三八（掃部寮）に「晦日大祓、朱雀門壇上設二公卿及弁、中務、式部、兵部并女官座一、左右仗舎六位已上座、但祝詞者在二庭中一、十二月亦同」とあるのが恒例の朱雀門前大祓を指すことはいうまでもないが、これをbと比べると、その座の設定対象者が大きく異なっていることに気付かれるからである。bで座を設けられる公卿・弁・外記・史・史生・官掌・召使・祝詞（師）は、むしろ、aの建礼門前の大祓儀に参集さるべきメンバーと同一であったといえよう。

かくして、『式』のa・bにみる臨時大祓とは、具体的には建礼門前大祓を指していたことが明らかになったと思われる。もっとも、a・bには「臨時大祓」とはあっても建礼門前の語はみえないので、以上の考証はあまりにも短絡に過ぎるとして非難されるかもしれない。しかしながら、a・bが朱雀門前の大祓（臨時大祓も含む）と一致していないことは確かであるし、後述の八省院東廊大祓も幄を使用した形跡がないことから、八省院東廊大祓を指すとも考えにくいと思われる。[27]したがって、『式』のa・bは建礼門前大祓の規定を定めたものと解して論を先に進めたい。

ところで、『式』から知られる建礼門前の大祓とはどのようなものであったろうか。a・bの規定そのものが短文であるために、窺知される内容に限度があるが、その第一として、建礼門前大祓は臨時に実施されるものであったことが指摘される。これは後述の諸史料にみる実例がすべて臨時大祓であったことと対応している。

第二に、参集者は参議以上一人（上卿）・弁官・外記・史・史生・官掌・召使・祝詞（師）程度で、女官はもとより、朱雀門前大祓の如き百官人の参列がなかったことである。その点からすれば、近藤芳樹が「集会の人」の多寡によって朱雀門前と建礼門前の大祓には「けぢめ」があったと述べていたのは正鵠を射た見解といってよいであろう。[28]

第三に、天皇の出御を示す記事として『日本紀略』寛平九年（八九七）七月八日条に「天皇御二建礼門一。行二大祓一」とある。かかる天皇出御の史料の存在を他に知らないが、[29]天皇出御の有無はともかくも、該大祓儀が内裏外郭の建礼門前を儀場としていたことから、天皇および天皇が住む内裏を祓う役割を担っていたことは認められてよいであろう。

以上、建礼門前大祓の内容を十分に明らかにし得たとはいい難いが、これには後述の八省院東廊大祓とかかわる点もあるので、先の議論はひとまず措くこととして、次にその成立時期について考えてみたいと思う。

そこで、結論から先回りして述べると、建礼門前大祓の開始は九世紀前半であったと推定している。それは、六国史とそれ以後の諸史料（一〇世紀末まで）にみえる臨時大祓のなかで執行された場所が明示されているものを整理した表19（本章末尾に付載）からも、天長三年（八二六）正月の「（建礼門）南庭」大祓（表19、1）が当該例の史料上の初見であることが留意されるからである。勿論、史料の初見が建礼門前大祓の嚆矢と同じではないことも確かである。しかしながら、やはり、九世紀前半が画期であったと思うのは以下の理由も併考したいからである。

第一として、大祓の儀場としての建礼門（前）の成立という問題がある。内裏の南門の建礼門が明確化するのは内裏が大極殿・朝堂から分離した長岡宮の段階からとするのが順当であろう。さらに厳密にいえば、『続紀』延暦八年（七八九）二月庚子条に「移レ自二西宮一。始御二東宮一」とあるのが大極殿・朝堂から分離した内裏（東宮）の造営を意味することからしても、七八九年以降ということになる。また、すでに指摘があるように[30]、長岡宮までは大極殿前面が門と回廊とによって区画され、その門が内裏の門と同じく兵衛によって警備されていたことも参照されよう。すなわち、大極殿門内は内裏に準ずる場所と考えられていたことになる。それが平安宮において大極殿前面の門や回廊が消滅し、代わって龍尾道となった。この事実も内裏と大極殿・朝堂地区との分離、内裏の独立を意味するはずである。いずれにしても、長岡・平安宮のはじまる八世紀末という時期が建礼門前大祓儀の成立としては一つの目安になろう。

しかも、この建礼門の成立については、別の観点からも看過できない面があった。というのは、一〇世紀以降の貴族・寺社の日記・記録類から窺われることであるが、穢は道路の如き空間には伝染しないとされていたのに対し、垣で囲まれた家屋のような閉鎖空間には穢がおよぶものであったと指摘されている[31]からである。しかも、その閉鎖空間では門が重要視され、同じ垣内に複数の家屋が存在していた場合は別々の門でなければ穢は波及する、すなわち、

「家であるか否かの判断の基準が門があるかないかによっている」[32]のであった。したがって、門には「忌札」や「穢札」が張られていたことも十分納得される。門は穢の侵入を阻止する場でもあったのである。[33]「門が人体における顔のように、家全体を象徴する存在」であったという山本幸司氏の指摘[34]はまさに傾聴に値するといってよい。[35]この門と穢との関係を念頭におくと、長岡・平安宮で内裏が大極殿・朝堂地区から分離し、内裏外郭の正門としての建礼門という独自の門をもつに至ったことの意味は小さくはないと思うのである。[36]

建礼門前大祓の成立を知る手がかりの第二に、同門前で行われた大祓以外の儀式の一つとして大射（射礼）を取り上げてみたい。[37]大射とは、正月一七日に群臣が建礼門で射芸を行うのを天皇が観覧する行事であるが、『続紀』から『三代実録』に至る間、大射の実施された場所を調べてみると、平城宮では大極殿門（「南闈」[38]「大極殿南門」[39]）において執り行われている。平安宮では、はじめ朝堂院・馬埒殿・建礼門前などが併用されて儀場が一定していないが、弘仁六年（八一五）以降は豊楽院にほぼ固定化し、貞観七年（八六五）からは元慶七年（八八三）の例（豊楽院）を唯一の例外として建礼門前に定着するのである。この一連の変化で興味深いのは、九世紀後半には建礼門前の儀となった大射であるが、大射が最初に同門前で行われたのが延暦二四年（八〇五）であり、[40]貞観七年までの間にかかる例は他に四例を検出できるだけであったことである。大射と建礼門前大祓とを単純に同一視することはできないとしても、大射の問題から、建礼門前が儀場として十分活用される時期は同門の成立より少し遅れ、九世紀に入ってからとみるべきではあるまいか。また、それと同時に、大射が平城宮では大極殿門で行われていたことも示唆的である。この事実は建礼門の源流が奈辺にまで遡るのか察知する手がかりとなろう。

以上の点を考慮して、建礼門前大祓は長岡・平安宮における内裏空間の大極殿・一二朝堂からの分離独立をうけて、内裏内の浄化を目的として、九世紀前半には成立していたと判断したいと思うのである。そして、この大祓儀は表19

からも一〇世紀中頃から徐々に実例数が減少していくことが読みとれるのであるが、それについては次項で、建礼門前大祓と関連の深い八省院東廊大祓について触言してから改めて論究したい。

### （3）八省院東廊大祓儀

八省院東廊大祓儀[41]については、『江家次第』一二に行事次第をみる。また、『兵範記』仁安二年（一一六七）一〇月庚子条にも八省院東廊大祓の記事があり、あわせて参照される。両史料から復元される大祓儀は以下の通りである。

（一）八省院東廊の東北角に大幔を引いて、東廊に上卿・弁・外記・史・弾正・二省[42]の座、北廊に神祇官の座を鋪き、修明門の南に祝師の座を鋪く。

（二）上卿が昭訓門より参著。次いで弁以下が著座する。

（三）祝師が上卿・弁の座に百部（ホドカヅラ）の筥蓋に入った祓物を置き、「下部[43]」が上官の座に祓物を置く。

（四）祝師が著座し、「禊詞」を読むが、それが「八張[44]」におよぶ頃、上卿以下が縄を解く。次に、祝師は大麻を上卿・弁に奉る。上卿らは祝師に持たせながら、「一撫一吻」して返す。終わって退出する。

この大祓の儀[45]はこれまで述べてきた朱雀門前大祓や建礼門前大祓と比較すると、その参列者が上卿・弁・外記・史・弾正・二省・神祇官・祝師であったことからして、後者に近い内容をもっていたことは明らかといえよう。すくなくとも、八省院東廊大祓が建礼門前大祓と親縁関係にあったことは右のことからも疑いないと考えるが、それと同時に、八省院東廊大祓儀が建礼門前のそれの代替としてはじまった節があることにも注意を喚起したい。

それは第一に、八省院東廊大祓の初見史料に注目するからである。『三代実録』貞観元年（八五九）九月壬子条に「雨。大ヿ祓於八省院東廊一。為二大嘗会近一也。依二雨行レ事。故用二東廊一」（表19、30）とあるが、この記事は大嘗祭を間近にひかえて大祓を行おうとしたところ、雨により儀場を八省院東廊に代えたということであろう。その際、ここで、本来の大祓の場として予定されていたのは建礼門前ではなかったであろうか。このことはやや回りくどくなるが、次の点から裏付けられるように思う。

そもそも、貞観元年のケースでは大嘗祭を前に九月一〇日に朱雀門前で大祓儀がなされ（『三代実録』貞観元年九月壬戌条、表19、29）、その二〇日後に同じ目的で八省院東廊大祓があった。同様な事例として、①元慶元年（八七七）八月～一一月にかけて大嘗祭前に、はじめ朱雀門前で大祓が修され（78・79）、引き続いて建礼門前で大祓が行われていたらしい（80）こと、②仁寿二年（八五二）壬八月には斎王の群行を前に二四日に建礼門前大祓（14）が、三〇日には朱雀門前で大祓（15）が「故重有二此祓一」として行われていたことがあげられる。すなわち、①の例から、まず朱雀門前大祓で宮全体を祓浄し、次いで内裏を祓うというように、いわば同心円状に浄化がなされていた（②の場合はその順が逆である）ことに気付かれるのである。とすれば、貞観元年の八省院東廊大祓の場合も、もとは①の例と同じく朱雀門前→建礼門前の順番で大祓がなされるはずであったのが、雨により建礼門前大祓が八省院東廊へ儀式の場を変更せしめられたと解されるのではあるまいか。

第二に、『北山抄』六に仁王会前の大祓に関して「先一両日有二大祓事一。於二建礼門前一行レ之、検校参議行レ事。雨儀、於二八省東廊一、有二此事一」とあること。『北山抄』にいう二つの大祓儀の関係は仁王会前の場合にのみ適用されるものではないだろう。

第三に、八省院東廊という場所の問題である。この大祓儀では、祝師の座は建礼門の西隣の修明門の南にあり、ちょうど、八省院東北廊から外に向かって祓をする格好になっている。なぜ、このような場所が大祓の場所として選択されたのであろうか。それは八省院東廊の内側の空間――すなわち、そこに小安殿が存していたことに注意する必要があろう。本書I―二「古代奉幣儀の検討」で詳論したように、小安殿一郭は伊勢神宮への奉幣儀が行われる、内裏といわば等質の空間であった。したがって、当該地点において、建礼門前と同じ性格の大祓儀が行われていたのも蓋し当然のことというべきではあるまいか。(46)

第四に、表19によると、八省院東廊大祓は貞観元年九月例(30)以後、しばらくその実例をみない。しかし、天徳元年(九五七)六月に実施された(138)後は一〇世紀末にかけて例数は増加の一途をたどる。これに反比例して建礼門前大祓の事例数が減少していることも窺えよう。このような観察ができるのも、鈴木重胤がすでに指摘していたこ(47)とであるが、一〇世紀以降に内裏に罹災があったことと関係があろう。(48)一〇世紀末までを限ってみても、天徳四年九月に内裏が焼失した(『紀略』)のをはじめ、内裏の焼亡は四回を数え、また、永祚元年(九八九)八月には大風により建礼門が転倒するという事態も起こっている(『紀略』)。こうした内裏の罹災が大祓の場として建礼門に代わって八省院東廊が利用されるようになった原因と考えられよう。したがって、八省院東廊大祓は当初、雨により、建礼門前大祓の代替として行われたが、後に内裏焼亡を契機として本格的に用いられるに至ったと思うのである。

このように八省院東廊大祓が建礼門前大祓の代用であったとすると、『式』の二規定からかろうじて知られるに過ぎなかった後者の大祓儀の内容は八省院東廊大祓からある程度、復原することが可能になるはずである。たとえば、前述した『江家次第』や『兵範記』による次第の(三)(四)などは建礼門前大祓でも同様であったと推想され、新たなる知見として付け加えられよう。

また、八省院東廊大祓の起源も建礼門前大祓が九世紀前半に開始されたことからすれば、やはり同じ年代が上限となろう。該大祓の史料上の初見が貞観元年であったこととも矛盾しないのである。

以上、縷々述べてきたところから、平安期の大祓儀には二型三種があったことが明らかになったと思う。その一つの型は律令制成立期にはじまる朱雀門前大祓であり、天皇に対する御贖儀、百官人に対する大祓儀を通して、天皇・百官人および宮城全体を祓禳する。もう一つは九世紀前半からの建礼門前大祓とその代替としての八省院東廊大祓で、天皇や内裏空間の祓を中心とするものであった。この二型の大祓が系譜を異にしたものであることはこれまでの議論からも明白であろう。ここでは、前者を朱雀門前型大祓、後者を建礼門前型大祓と呼ぶこととして、さらに各大祓のもつ意義を指摘していきたいが、その前に三種の大祓儀とは別の大祓が諸史料に散見しているので、それを先に紹介して上記の二型の大祓とどのような関係に位置付けられるのかについて述べてみたいと思う。

（4）三所大祓など

表19から、三種の大祓以外のものとして、まず指摘されるのは、紫宸殿南庭・建礼門前・朱雀門前の三所で行われる大祓儀である。表19では、貞観五年（八六三）例（40）を初見として都合六度の実施があり、一一世紀以降にも継続的にみられる。この大祓は後述の通り、疫病（疱瘡）流行の時などに執行される特別なものであるが、儀式書の類には具体的な式次第を記したものがない。管見の限りでは、実際の例から行事内容を知り得るものとして、次の三例があげられる。

a　今日於二紫宸殿建礼朱雀等門前一、可レ有二大祓一、為レ除レ疫也、神祇官人参ヲ入自二長楽門一云々、南殿前左衛門督、誠信、建礼門前右大弁、忠輔、朱雀門前右中弁説孝、外記皆病不参、仍以二右大史文守永一為二外記代一、夕帰宅

（『権記』長徳四年〈九九八〉七月五日条）

b　是世間不レ閑之時、被レ行二三ヶ日所（ママ）大祓一也、……朱雀門前、参議顕実、弁、□建礼門前、参議顕雅、弁蔵人弁為隆、南殿前庭、参議忠教、頭弁重資、南殿前庭上卿座、日華門内神祇官座、南庭祝師北面也、此事如何、参議并弁入レ従二日華門一着レ座、祓了退出、

（『中右記』嘉承元年〈一一〇六〉五月丙辰条）

c　於二三所一有二大祓事一。依二天下疱瘡事一也。権中納言藤季成卿定二日時一。今日甲申。時戌二点。

内裏権中納言藤季成卿 大外記清原景兼 左中弁藤資信朝臣 左少史清原景親　建礼門参議藤清隆卿 少外記惟宗重憲 権右中弁藤朝隆朝臣 右少史中原頼季 権　朱雀門清隆卿 少外記惟宗忠業

（『本朝世紀』康治二年〈一一四三〉六月甲申条）

右によると、紫宸殿前・建礼門前・朱雀門前に上卿以下が参集し、それに神祇官人・祝師が加わって大祓がなされたようである。bによると、南殿前庭には上卿の座、日華門内には神祇官の座、南庭に北面して祝師の座が設けられていたことになる。

それでは、このような三所大祓はこれまで述べてきた諸大祓儀の類型とどのような関係にあったといえるだろうか。それについては、三所大祓が紫宸殿→建礼門→朱雀門と内裏の外へ向かって三重に浄化がなされるものであり、何よりも内裏中心の大祓であったことが注目される。また、参列者が上卿・弁官・外記・史であったことをも考えあわせるならば、三所大祓は建礼門前型大祓の範疇に含めることができるのではあるまいか。三所大祓が建礼門前大祓を三箇所において行うという形からしても、同大祓を建礼門前大祓の発展したものと把握しておきたい。しかれば、その行事次第も先の八省院東廊大祓とほぼ同一と考えて差し支えないであろう。

ところで、三所大祓儀の成立については、貞観五年の例が史料上の初見であることが一つの糸口となるが、延喜一五年（九一五）一〇月に行われたケース（108）も参考となろう。すなわち、『紀略』延喜一五年一〇月癸卯条には「巳一点。於二紫宸殿大庭。建礼門。朱雀門等三所一有二大祓事一。為レ除二疱瘡一。又依二仁寿三年。貞観五年例一也」として、先例に仁寿三年（八五三）と貞観五年例があげられている点である。仁寿三年にも疱瘡流行があったことは『文徳実録』仁寿三年二月条に「是月。京師及畿外多患二疱瘡一。死者甚衆。天平九年及弘仁五年有二此瘡患一」とあることからも明瞭であり、同年にその記事はないものの三所大祓が実施されたことは十分推定されよう。そして、先の『紀略』

の記事をそのまま信用すれば、仁寿三年こそが三所大祓が行われた最初の年であり、それ以前の疱瘡流行の天平九年（七三七）や弘仁五年（八一四）ではかかる大祓は未成立であったとも解釈できる。いずれにしても、三所大祓が建礼門前型に属していたことからも、遅くとも九世紀中頃には成立していたとみておきたいと思う。

平安宮内で行われた大祓としては、他に会昌門前大祓がある。表19では貞観八年（47）と貞観一〇年（58）に実施されたのみである。会昌門は応天門のすぐ北の門であるが、この二度の大祓は貞観八年の応天門の変で炎上した同門のケガレを浄化する意図と二年後の再建に際して行われたものであった。前者に「会二百官一」（『三代実録』貞観八年壬三月丁卯条）とあるので、百官人の参列があった朱雀門前大祓と同一形態とみてよい。しかし、その一方で、後述の如く、このような失火穢の場合では、建礼門前大祓（あるいは八省院東廊大祓）が行われるのが通例であることからすれば、百官人の参加はこの場にふさわしくない一面である。会昌門前の大祓は前後に例をみないものであるので、推論を積み重ねることは慎まねばならないが、結局のところ、会昌門前大祓儀とはやや特殊な型の大祓であり、朱雀門前型と建礼門前型の両様の特徴をもっていたとするのが妥当なところではあるまいか。

本項の最後に京内で行われた冷然院――新成殿前・南大庭・南路の大祓（表19、16・17・18・19）、織部司南門大祓（『紀略』寛弘六年〈一〇〇九〉四月庚子条）、羅城門前大祓（32）についても簡単に触れておきたい。

冷然院は平安宮の東、二条大路の北にあり[49]、文徳天皇は斉衡元年（八五四）四月に梨下院より遷御して以来、死没する天安二年（八五八）八月まで一貫して御在所としていた[50]。この冷然院での大祓が内裏の祓を軸とする建礼門前型大祓の準用であったことは想像に難くないところである。また、織部司は平安宮に東接し、一条院に南接しているが、織部司南門に関しては、『権記』長保元年（九九九）七月一三日条に、一条院で仁王会を行うにあたり、一条院の殿舎や門を内裏に比定したなかで「建礼門分可レ用二西門并織部司南門等間一」という記述がある。織部司南門は建礼門に

表16　各大祓儀の実施日

| 日 | 1 | 2 | 3 | 4 | 5 | 6 | 7 | 8 | 9 | 10 | 11 | 12 | 13 | 14 | 15 | 16 | 17 | 18 | 19 | 20 | 21 | 22 | 23 | 24 | 25 | 26 | 27 | 28 | 29 | 30 | 計 |
|---|---|---|---|---|---|---|---|---|---|---|---|---|---|---|---|---|---|---|---|---|---|---|---|---|---|---|---|---|---|---|---|
| 朱雀門 | 1 | 1 | | | 1 | 1 | 2 | 1 | | 1 | | 2 | | | | 1 | | | | | | 1 | | 1 | | | 2 | 2 | 13 | 9 | 39 |
| 建礼門 | 1 | 3 | 1 | 5 | 3 | 4 | 5 | 2 | 3 | 9 | 25 | 2 | 3 | 3 | 3 | 5 | 3 | 3 | 5 | 6 | 5 | 3 | 4 | 2 | 3 | 2 | | 1 | 6 | 6 | 126 |
| 八省廊 | | 1 | 1 | 3 | 1 | | 2 | 1 | 1 | 1 | 4 | | 1 | 1 | | | | | | | 1 | 1 | 1 | | 1 | | | 2 | 1 | 1 | 25 |
| 三所 | | | | | 1 | | | | | 1 | | | | | 1 | 1 | | | | | 1 | | | | | | 1 | 1 | | | 7 |

対比されるような存在であったといえよう。したがって、織部司南門の大祓儀も建礼門型の一類型とすることにとくに異論は生じまい。

京正門である羅城門前での大祓について[51]は、『式』四二（左右京職）に大嘗祭前と斎王群行の時に大祓が行われるとして、「官人率二坊令、坊長、百姓於羅城外一、東西相対分列、左京西面北上、右京東面北上、朝使者坐二中央一南向、訖即解除」という条文がある。表19では貞観元年一〇月の大祓（32）が大嘗祭を前に執行された唯一の例である。これは九月に朱雀門前と八省院東廊で大祓が行われて宮・内裏の穢が祓われた後、さらに一〇月の羅城門大祓で官人が坊令・坊長・百姓を門外に参集せしめて京内の罪穢を祓禳するというものであろう。ここでも重層的な祓がみられたことに注意しておきたい。

### （5）各大祓儀の実施日時

本項では大祓儀の実施日時という観点から、各大祓の類型化を試みたいと思う。表16は表19の大祓例が何日に行われたかを整理したものである。諸例はいずれも臨時の大祓であるが、このうち、朱雀門前大祓と建礼門前大祓とを比較すると、前者の場合、二九・三〇日（晦日）に行われる例が多い（全体の五六パーセントを占める）のに対し、建礼門前大祓にはそのような特徴を見出し得ないという事実に気付かれる。朱雀門前の臨時大祓が晦日に多いということについては、そもそも朱雀門前の

表17　朱雀門前大祓儀の時刻

| | 式部記文 | 儀　式 | 北山抄・江家次第 |
|---|---|---|---|
| 諸司会集 | 午四尅（午後一二時半） | 未一刻（午後一時） | 酉　刻（午後六時） |
| 大臣以下五位以上就座 | 未四尅（午後二時半） | | |

恒例大祓が六・一二月の晦日に実施されていたことが想起される。民俗学者が説くところの、一年を六月を境に二期に分けるという一年二期区分説[52]を勘案すると、恒例の大祓とは「年」の改まる節目の日である六・一二月晦日に、百官人が朱雀門前に会集して、過去「一年間」の罪穢を祓い、「新年」を迎えるということに他ならない。この見方を援用すれば、朱雀門前の臨時大祓が晦日に多いことも見当が付くのではあるまいか。おそらく、そこには、月の晦日ないしはその前日を期して、一ヵ月間の宮内の罪穢を祓禳するという発想が存在したのであろう。大祓と関係の深い御贖が「毎月晦日御贖」（『式』一）として、毎月の晦日に行われているのも右と関連しよう[53]。

それに比べると、建礼門前大祓には実施日が特定日に集中する傾向が少ない[54]。これは、後述の通り、平安期に強く忌避された死穢などの発生に対する内裏の浄化策として建礼門前大祓がなされたことと関係があろうが、ここで、さしあたって指摘しておきたいのは、朱雀門前大祓と建礼門前大祓とは施行日が大きく異なっていたことである。この点からも、前述の朱雀門前型大祓と建礼門前型大祓との相違が認められてよいであろう。そして、それと同時に、八省院東廊・三所大祓の期日にも一定の特徴を見出し得ないことが留意される。これは両大祓が建礼門前型大祓の仲間に入ることを意味しているといえよう。

次に、大祓が行われる時刻を検討してみよう。朱雀門前の恒例の大祓については、『式』一に「右晦日申時（午後四時）以前、親王以下百官会二集朱雀門一、卜部読二祝詞一」とあり、儀式書の類からはより詳しい時刻を知ることができる（表17参照）。

それによると、大祓の開始時刻はおおむね夕刻であり、しかも、これも時代が下るにつれて徐々に遅れる傾向にあったことが分かる。[55] ちなみにいくつかの例をあげてみよう。『九条殿記』大祓事（天慶二年〈九三九〉六月二九日）によると、九条師輔が朱雀門に参向したのは「酉一点」（午後五時）であったが、内裏からの御贖物の到来が遅れ、ようやく「戌一点許（午後七時頃）御贖物持来、同時初解除之」であり、終わって退出したのは「戌二点」であった。また、『小右記』正暦元年（九九〇）一二月辛未条では実資が朱雀門に向かったのは「戌時許」であり、いずれも『式』一や表17にみる大祓の時刻よりも大幅に遅延しているのである。

これは何も恒例の大祓儀に限ったことではない。臨時の朱雀門前大祓も夕刻になされていたことは、天暦九年（九五五）正月の例（135）が「申刻」であり、寛弘八年（一〇一一）九月の大祓では同じく「申剋」に行われ、「酉剋許」には終了していた例[56]からも窺知される。

いずれにしても、上記の諸例から、朱雀門前大祓は、施行時刻が平安期に官人の不参・遅参によって多分に遅れることはあったが、本来、夕方に行うものであったことが察せられる。[57]「六月晦大祓」のなかにも「今年六月晦日夕日降乃大祓尓、祓給比清給事乎、諸聞食止宣」とあることや、大祓の儀式次第では「祝詞」を読む祝師の座が西面とされていた（『北山抄』二）のをはじめ、朱雀門壇上の大臣以下の座および東仗舎の外記以下の座がいずれも西面であった（『儀式』五）ことなどは右と密接するものと思われる。そして、これに「六月晦大祓」に罪穢が「大海原」から「根国・底之国尓坐速佐須良比咩」のもとへ流されていくとあることも重ねあわせるならば、大祓が夕刻に行われるというのは太陽が海原に没する頃合こそ罪穢の解除にもっともふさわしいと考えられていたからであろう。

ところで、建礼門前大祓の時間を調べてみると、「申時」（午後四時）という例（98・115）も確かに存する。しかし、その一方で、天慶元年四月の大祓では陰陽寮官人がその時刻を「巳二刻」（午前九時半）と勘申している例（117）や天慶五年壬三月、同八年八月の大祓のように「午二点」（午前一一時半）に行われたとするもの（123・124）などがあったことは注目される。これからすると、建礼門前大祓は必ずしも夕方になされるとは定まっていなかったように思われるのである。

この事情は八省院東廊大祓についてもあてはまる。正暦元年九月の例（196）では「晩景」に臨んで行われ、「戌二刻」（午後七時半）に終了しているし、『小右記』正暦四年五月辛丑条にみる大祓儀も、やはり「晩景」に実資が東廊に着座してはじまっている。しかしながら、かかる例がすべてではなかったことは次の事例が教えてくれる。長保三年（一〇〇一）三月の大祓では「寅時」(58)（午前四時）、寛仁元年（一〇一七）一〇月の場合は「巳剋許」(59)（午前一〇時頃）であった。これ以上の挙例は繁雑になるので省略に従うこととしたいが、右からしても、八省院東廊の大祓実施時刻は朱雀門前大祓と比べて不定であったとせねばならないであろう。

三所大祓は実際例が少ないが、知られる限りを列記してみると、108の「巳一点」（午前九時）、201の「未一剋」（午後一時）、「戌二点」(60)（午後七時半）、「亥剋」(61)（午後一〇時）の例がある。かかる例からしても、この大祓の実施もまた、一定の時刻が決まっていなかったといえよう。

このようにみてくると、各大祓の施行される日時には差異があったことが首肯されよう。すなわち、朱雀門前大祓は月の晦日の日没の時刻になされるものであったのに対し、建礼門前・八省院東廊・三所の大祓の場合にはいずれも日時を特定するという慣例が生まれていなかったらしい。そして、ここからも各大祓儀を朱雀門前型と建礼門前型の二型に分類できるであろうし、また、実施日時の問題は両者を区分する基準の一つになるように思うのである。

## 3　各大祓儀と罪穢

### (1) 各大祓儀と事由

表18は大祓が行われるに至った事由と、それに対して如何なる大祓がなされたかを表19をもとに整理して表示したものである。

この表の上段から一通りみていくと、ア～オは死穢をはじめとする様々なケガレである。ケガレの発生した場所は判明する限り、内裏・宮内が圧倒的に多い(62)。このケガレへの禁忌意識は大山喬平・高取正男氏らの指摘にもあるように、八世紀から九世紀にかけて律令貴族たちの間で急速に累積架上されたものであった。その背景としては仏教・儒教・道教などの外来思想の受容があげられている(63)。

カ・キ・クは諒闇に関わるもので、これには天皇・上皇らの死去後の釈(除)服と一年間の諒闇終了後に際しての大祓があった。また、諒闇中であるにもかかわらず、諸祭祀を行うために大祓を行ったかと推想される例(62・86)もある。

コは罪人配流の時の大祓で、かかる場合においても大祓が実施されていたという事実ははなはだ示唆的である。53の例は貞観八年(八六六)の応天門の変、159は安和二年(九六九)の安和の変後の大祓で、流刑という律上の刑罰と固有法内の大祓との間の親縁関係が察知されよう(64)。

ソ～ナはいずれも伊勢斎王関係の大祓である。斎王は卜定されると、初斎院→野宮→群行というコースを歩むが、そのうち、卜定・野宮移入・群行の各段階に大祓が集中している。斎王の斎戒期間中に大祓がくり返し執り行われて

表18 各大祓儀と事由

| | 事由 | 朱雀門前大祓 | 建礼門前大祓 | 八省院東廊大祓 |
|---|---|---|---|---|
| ア | 死穢 | 41・87・107 | 44・46・48・54・65・68・69・70・(72)・73・74・83・89・90・94・96・111・113・117・118・122・126・142・143・(167)・179 | 154・193・195・213 |
| イ | 失火穢 | | 1・55・67・71・(72)・75・153・174 | 191 |
| ウ | 傷胎穢 | | | 203 |
| エ | 獣死穢・獣産穢 | | 3・38・61・77・85・99・118・121・164・172 | 180 |
| オ | 穢 | | 26・39・(42)・49・50・76・101・109・110・112・132・140・147・148・149・(161)・165・(169) | 138・149・177 |
| カ | 諒闇了 | 4・5・28・100・(114)・135・156・197 | 64・115・151 | 196 |
| キ | 諒闇中 | | (62)・(86) | 138 |
| ク | 除服 | 6・20 | | |
| ケ | 疫病ノ流行 | 56 | 63・105 | 206 |
| コ | 罪人ノ配流 | 53 | 159 | |
| サ | 不雨 | | 51 | |
| シ | 大嘗祭ノ前 | 11・(12)・29・78・79・93・104・158・162・185・186・187 | (80) | 30 |
| ス | 大嘗祭解斎 | 13・33・81 | | |
| セ | 仁王会 | | 105・123・136・137・141・145・150・170・173・(175)・192・202 | 176・199・200・204・207・208・(210)・211 |
| ソ | 斎王卜定〔含斎院〕 | 31・157・168 | 8 | |

| | | | | |
|---|---|---|---|---|
| タ | 斎王卜定由告使発遣 | 127 | 92 | |
| チ | 野宮移入前ノ御禊 | | 34 | |
| ツ | 野宮移入 | | 82・88・(95)・(131) | |
| テ | 斎王装束使ノ任命 | | 35 | |
| ト | 斎王群行 | 15・37・84・97・119・133・139 | 2・14・36 | |
| ナ | 斎王奉迎使ノ発遣 | | 7・21・124・155 | |
| ニ | 伊勢神宮〔定期造替〕 | | 59・60・61・98・125・146・152 | 182 |
| | 〔例幣〕 | | 43・57 | |
| | 〔即位〕 | | 22・91・(183) | |
| ヌ | 伊勢・石清水・賀茂〔即位〕 | | 188 | |
| ネ | 伊勢・賀茂・尾張〔賀瑞〕 | | 10 | |
| ノ | 伊勢以下ノ諸社及ビ東海東山道名神神社〔兵革〕 | | 120 | |
| ハ | 伊勢并諸社〔祈晴〕 | | 184 | |
| | 〔疫疾〕 | | | 206 |
| ヒ | 宇佐〔即位〕 | | 25 | |
| フ | 大神宝 | | 23・27・116・128・163 | |
| ヘ | 大奉幣 | | 9・24・103・160・(189) | |
| ホ | 高山祭 | | 52 | |
| マ | 内裏ノ造営 | | 144 | 181・214 |

（注）〔 〕は補足説明、（ ）は推定によるもの。

いたことになる。

ニ~ヘはとくに説明を要しないであろうが、朝廷から諸社への奉幣使発遣に際しての大祓例として一括される。

ところで、表18の諸例は「善悪二祓」という観点から大別することも可能である。「善悪二祓」とは『類聚三代格』一、延暦二〇年五月一四日太政官符や『紀』履中五年一〇月甲子条（「悪解除・善解除」）にみえるものであるが、古くから説かれている通り、善祓が不浄がなくとも積極的に吉善なる状況を招来しようとする祓であるのに対し、悪祓は罪穢の発生後、これを祓除する事後的な祓を指していた(65)。したがって、ア〜サにともなう大祓は悪祓であり、シ・セ〜マが善祓の範疇に入るといえよう。なお、善悪の祓という点では、大嘗祭の解斎大祓（ス）のみは例外的である。これについて、岡田重精氏は大嘗祭の如き重儀で神聖性が強烈な場合は「拘忌を解除する機能をもつ」大祓がなされたと指摘されている(66)。スの場合は善悪祓のどちらにも属するものではなかったと判断されよう。

さて、以上の議論を前提としたうえで、各大祓儀にどのような特徴があったかについて考えてみたい。平安期の大祓の複雑な諸相からしても表18のなかから、何らかの特徴を摘出することは容易なことではない。しかしながら、儀式書・年中行事書類にみえる臨時大祓に関しての諸規定をもあわせて参照するならば、以下のことが指摘されるように思う。

まず、第一点として、大祓が、朱雀門前型大祓と建礼門前型大祓の両方にわたるもの（甲類）と建礼門前型のみで施行されたもの（乙類）とに区別できることに注意したい。

事例数の少ないものについては保留するとしても、甲類には、諒闇了（カ）、大嘗祭前（シ）、斎王関係（ソ〜ナ）が典型例として指摘できる。そもそも、こうした大祓がみられるのは前記の通り、九世紀に入ると、朱雀門前以外にも建礼門前や八省院東廊においても大祓が行われて、内裏―宮と同心円状に祓浄がなされるに至ったことに原因を求められよう。

第二点に、建礼門前・八省院東廊のみで大祓が執行された乙類の例が少なくないことが注目される。そのなかでもケガレを浄化する大祓（ア～オ）がおおむね建礼門前型大祓であったことは重要であろう。『小野宮年中行事』にも祈年祭・月次祭・賀茂祭・九月一一日奉幣・新嘗会などが穢によって延引・停止された時、建礼門前で大祓を行うと記してある。もっとも、表18の41・87・107の三例は朱雀門前大祓であり、右の原則に一致していない。しかし、ケガレに対しては建礼門前で大祓を行うという原則はかなり貫徹していたとみるべきではあるまいか。というのは『三代実録』元慶六年四月甲午条の朱雀門前大祓例（87）には、死穢によって諸祭が停止されたが、「臨時大祓於二建礼門前一行レ之。因レ穢不レ可レ用二大蔵省幄一。仍用二朱雀門一也」とあるのが手がかりになるからである。ここからはケガレによる大祓は建礼門前で行うものであり、87のように朱雀門前が使われたのはあくまでも大蔵省の幄がケガレで使用不能であったための特殊例であったことが認められよう。41・107に関しては、このような明徴を見出し得ないが、やはり87と類似の事情があったとしても見当違いとはいえまい。要するに、これは平安期に貴族層の間でケガレへの忌避意識が増幅されたが、そのケガレの浄化策としての大祓には朱雀門前ではなく、建礼門前がもっぱら用いられていたことを意味しよう。そして、該点をさらにもう一歩進めて、建礼門前型大祓において祓除の対象が内裏であったことを考慮するならば、ケガレをもっとも忌避していたのは天皇および内裏であったことに他ならなかったはずである。

第三点として指摘したいのは、仁王会（セ）、奉幣使発遣（ニ～ヘ）、内裏造営（マ）の乙類大祓である。かかる大祓が建礼門前型であったことは『西宮記』臨時一（甲）に大神宝使発遣（「御即位後被レ立二京畿七道幣使一」）に際しては建礼門前大祓、[67]臨時仁王会前には八省院東廊大祓の施行を規定していることからも疑いがない。これは第二点で述べたケガレの祓と表裏一体の関係にあったといえよう。すなわち、建礼門前でのケガレの祓禳が悪祓であったのとは反対に、右の諸大祓が天皇の地位・内裏・伊勢神宮と密接するものが多い[68]ことからしても、天皇に対する善祓と理解されるからである。そして、ここにも内裏を積極的に清浄なる空間として維持しようとする意識が窺知されるのではないだろうか。

以上、右記の三点のいずれからも、平安期の内裏が罪穢を強く忌避する、宮城内のもっとも聖なる空間として位置付けられていたことが認められる。そして、建礼門前型大祓とは、その神聖なる空間を清浄に保つ手段であったことは改めて強調するまでもあるまい。

表18から考察される点は以上であるが[69]、なお、大祓の事由という観点からは三所大祓についても右述のことが該当する。三所大祓が行われた事由としては、疱瘡（天然痘）とするものが四例（108・129・166・201）、疫病とするものが三例（40・205・212）、天変とするものが一例（201）と整理することができる。このうち、貞観五年（八六三）正月例（40）は「咳逆」病によるものであり[70]、正暦五年（九九四）四月の205の「疾疫」に関してはとくに疱瘡と明記した史料はないが、服部敏良氏は前年の流行からみて、当該例を疱瘡と推定されている[71]。とすると、三所大祓とは疱瘡などの伝染性の強い疫病流行に際して[72]行われる大祓であったと帰納することが可能であり[73]、その際には、建礼門前大祓の延長として紫宸殿前・建礼門前・朱雀門前の三所で大祓儀が挙行されたものと思われる。ここからも、この同心円状の祓の中心の内裏がもっとも浄化さるべき場所として観念されていたことが認められよう。

（2）『続日本紀』の大祓記事

これまでは平安期の大祓儀を論じ、それ以前の大祓については十分に言及してこなかった。それは、先述のように、『続紀』の大祓記事がわずかであったことによる。しかし、『続紀』に大祓の記事が散見していることも事実であり、やはり避けて通るわけにはいかない。前節までに得た見通しを補強する意味からも、ここで取り上げて簡説しておき

たいと思う。そこで、『続紀』にみる大祓のなかで中央（朝廷）で執り行われたものを列挙すると、以下の如くである。(74)

a　鎮二大安殿一大祓。天皇御二新宮正殿一斎戒。惣頒二幣帛於畿内及七道諸社一。（大宝二年〈七〇二〉三月己卯条）
b　廃二大祓一。但東西文部解除如レ常。（大宝二年〈七〇二〉一二月壬戌条）
c　是日。百官大祓。（天平元年〈七二九〉二月己卯条）
d　大祓。以二斎内親王将レ向二伊勢一也。（天平宝字五年〈七六一〉八月辛巳条）
e　大祓。以二伊勢美濃等国風雨之災一也。（宝亀六年〈七七五〉八月辛卯条）
f　大祓。以二風雨及地震一也。（宝亀六年〈七七五〉一〇月甲申条）
g　大祓。以二災変屢見一也。（宝亀七年〈七七六〉五月乙卯条）
h　大祓。為三宮中頻有二妖怪一也。（宝亀八年〈七七七〉三月辛未条）
i　大祓。百官不レ釈二素服一。（延暦元年〈七八二〉正月癸未条）
j　百官釈レ服従レ吉。是日大祓。（延暦九年〈七九〇〉正月丁卯条）
k　百官釈レ服大祓。（延暦九年〈七九〇〉壬三月丙申条）

このうち、bが朱雀門前の恒例の大祓に関する初見記事であることについてはすでに述べた。そこで、残りの諸例をこれまでの平安期の各大祓の形式的把握や大祓の事由からの整理をふまえて検討してみると、次の三点が知られることと思う。

それは第一に、朱雀門前型大祓は百官人男女の会集によって行われるものであったが、その点からすれば、cの「百官大祓」とは明らかに朱雀門前での大祓であったはずである。このc例と同様に考えられるのは、おそらく「百官」の祓を対象としたと思われるｉ・ｊ・ｋの三例で、朱雀門前大祓とみて大過ないであろう。

　第二に、各大祓儀の実施日をみると、ｄ・ｇが二九日、ｅ・ｉ・ｊ・ｋが三〇日である。朱雀門前型が月の末日に行われることが多いという原則を念頭に置くと、右の五例も朱雀門前大祓であったとすべきであろう。(75)

　第三に、平安時代の大祓事由に照らしてみると、ｉ例は諒闇中（キ）、ｊ・ｋは除服（ク）、ｃは罪人の配流(76)（コ）、ｄは斎王の群行（ト）にあたる。ｅ・ｆ・ｇは天災に対する大祓と解してよければ、表18のなかでは不雨（サ）の一類ということになろう。とすれば、『続紀』の諸例の事由は平安期に建礼門前でなされた大祓の特徴的なそれ（ケガレの発生、奉幣使発遣など）とはすくなくとも相違していたといわねばならない。この点からも、右記の諸大祓を朱雀門前大祓とする余地は大いにあろう。

　以上の三点から、例数が少ないので確定的なことはいえないとしても、『続紀』にみる大祓儀は大略、朱雀門前大祓であったことが考えられよう。そして、このことは『続紀』段階の大祓と九世紀以降の大祓とを区別する一傍証ともなるのではあるまいか。

## まとめ

以上、述べてきたところをまとめると、左の通りである。

Ⅰ　平安期に朝廷で行われた大祓儀には、朱雀門前・建礼門前・八省院東廊・三所の大祓があり、これらは前一者の朱雀門前型（恒例・臨時）と後三者の建礼門前型（臨時）の二型に分類できる。

Ⅱ　朱雀門前大祓は天皇―百官人を祓の対象として、宮城正門の朱雀門前に百官人男女を会集せしめて行われた。

成立は律令制形成期の七世紀後半に遡る。一〇世紀後半には、参議（上卿）と弁以下の行事に転化する一方、諸司の祓が生まれるようになり、朱雀門前大祓の国家儀礼としての意義は低下していく。

Ⅲ　建礼門前大祓は天皇・内裏のケガレ浄化を目的として、内裏外郭南門の建礼門前で上卿・弁・外記・史・祝師らによって実施されるもので、九世紀前半には成立していたと推定される。この背景としては、長岡・平安宮において内裏空間が大極殿・朝堂から独立したことや平安初期に貴族の間でケガレ意識が急速に増幅されていったことが考えられる。

Ⅳ　八省院東廊大祓は八省院の東北廊を儀場に、貞観五年（八六三）に建礼門前大祓の代替としてはじまった。とくに一〇世紀以降には内裏焼亡などの理由により本格的に行われたが、その内容や機能は建礼門前大祓と共通する。

Ⅴ　三所大祓は九世紀以後、皰瘡などの疫病流行の際に、建礼門前大祓の延長型として実施され、紫宸殿前・建礼門前・朱雀門前の三箇所で内裏を中心とする同心円状の大祓がなされるものであった。

本章では、九・一〇世紀の建礼門前型大祓と朱雀門前型大祓とを対比させながら論じてきた。その結論として、平安初期に新たにはじまる建礼門前型大祓が天皇・内裏の浄化と不可分であったことがいえよう。ここで、改めて本章の結論部分を再説したのは他でもない。建礼門前型大祓の登場が当該期における天皇のあり方と連関すると思考するからである。というのは、平安期には天皇の性格も大きく変貌したといわれている。その証左として、天安二年（八五八）にわずか九歳の清和天皇が即位したことが指摘され、それまでの天皇が成人であったこととの相違や九世紀以後に女帝が姿を消すこととの関係で注目されてきた(77)。そして、その史的背景として、平安期に入って天皇家が家産制的支配組織を構成しはじめたこと(78)、皇位の父系直系血縁継承原理が成立したことなどが指摘されているのである(79)。それらは従うべき卓見であろう。

ところで、こうした九世紀における女帝→幼帝への変化と関係するのが天皇・内裏と穢の問題であろう。[80]河音能平氏が幼帝とはケガレに染まっていない存在であったと指摘されていた[81]ことが想起されるのである。そもそも、女帝の終焉と女性の月経を不浄とする観念の成長とは密接していたのではないだろうか。

女性の月経を忌むことについては『式』三に規定があり[82]、平安期以降に確実に存在していた[83]といえるが、それに対して、月経の忌憚をさほど強く表明していない例として『古事記』景行天皇段にみえるヤマトタケルと尾張国のミヤズヒメとの間の月経をめぐる問答歌をあげることができよう。[84]すくなくとも、天武天皇自ら「撰二録帝紀一、討二覈旧辞一、削レ偽定レ実」を行って完成した（序文）とされる『記』が平安期に比して月経を忌避していなかったことは注意せねばなるまい。[85]

平安初期には、太政官を中心とする官僚組織が整備され、それまで原則的には大極殿に出御して政務を行っていた天皇は日常、内裏で政務を執ることとなった。その端的なあらわれが、すでに何度か述べた長岡・平安宮における大極殿・朝堂と内裏の分離であった。[86]その結果、天皇の神聖化が進み、外来思想の影響もあって前代に増して内裏空間が罪穢を忌避するに至ったことは想像に難くない。九世紀中葉において聖なる幼帝が誕生したことや弘仁年間に成立の、天皇家に直結した「宣旨職」としての検非違使[87]が掃除・穢の統轄者としての役割を担うようになる[88]のも右の事実と軌を一にするものであったといえよう。本章で明らかにしたように、建礼門前型大祓が内裏をケガレから防禦する機能をもつものであったとするならば、該大祓儀のもつ意義をけっして過少評価するわけにはいかないであろう。

表19 諸史料にみる大祓儀

| No | 年月日 | 場所 | 事由 | 出典 |
|---|---|---|---|---|
| 1 | 天長三・正・五 | 南庭 | 縁二左兵衛府失火事一 | 類聚国史 |
| 2 | 七・八・三〇 | 建礼門南庭 | 為三斎女王参二入伊勢太神宮一也 | 〃 |
| 3 | 七・九・四 | 建礼門前 | 依二掖庭犬死一也 | 〃 |
| 4 | 承和八・五・二七 | 朱雀門 | 為レ除二後太上天皇之服一也 | 続日本後紀 |
| 5 | 一〇・七・三〇 | 朱雀門 | 始就二吉礼一也 | 〃 |
| 6 | 嘉祥三・四・六 | 朱雀門前 | 帝公除、百官吉服 | 文徳実録 |
| 7 | 三・五・二 | 建礼門前 | 伊勢太神宮ニ遣使シテ斎内親王ヲ迎ウ | 〃 |
| 8 | 三・七・九 | 建礼門前 | 斎宮・斎院ヲ定ム | 〃 |
| 9 | 三・八・五 | 建礼門前 | 五畿七道ニ遣使シテ、諸神ニ班幣シ即位ヲ告グ | 〃 |
| 10 | 三・九・二六 | 建礼門前 | 伊勢・賀茂・尾張社ニ遣使シテ賀瑞ヲ告グ | 〃 |
| 11 | 仁寿元・八・三〇 | 朱雀門前 | 為二大嘗祭一、豫除二群穢一 | 〃 |
| 12 | 元・一〇・三〇 | 朱雀門前 | (大嘗祭前) | 〃 |
| 13 | 元・一一・二九 | 朱雀門前 | 謂二之解斎一 | 〃 |
| 14 | 二・壬八・二四 | 建礼門前 | 伊勢斎内親王将レ参二太神宮一 | 〃 |
| 15 | 二・壬八・三〇 | 朱雀門前 | 伊勢斎内親王将レ参二太神宮一 | 〃 |
| 16 | 斉衡三・一一・二三 | 新成殿前 | | 〃 |
| 17 | 天安元・一〇・二九 | 冷然院南大庭 | 縁二奉幣八幡大菩薩宮使進発一也 | 〃 |
| 18 | 二・四・一〇 | 冷然院南路 | 為レ遣二諸名神社奉幣帛之使一也 | 〃 |
| 19 | 二・五・二九 | 南大庭 | | 〃 |
| 20 | 二・九・一六 | 朱雀門前 | 今上公除、百官吉服 | 三代実録 |
| 21 | 二・一〇・八 | 建礼門前 | 伊勢斎内親王ヲ迎エル使ヲ発遣ス | 〃 |
| 22 | 二・一〇・三〇 | 建礼門前 | 為下明日擬上発二伊勢太神宮使一也〔即位ヲ告グ〕 | 〃 |
| 23 | 貞観元・正・一〇 | 建礼門前 | 始奉レ作二天下諸社神宝一 | 〃 |
| 24 | 元・正・二九 | 建礼門前 | 以二明日将一レ発二班幣諸神使一也〔即位ヲ告グ〕 | 〃 |
| 25 | 元・二・三〇 | 建礼門前 | 以二明日可一レ発二奉幣八幡大菩薩使一也〔即位ヲ告グ〕 | 〃 |

| | | | | |
|---|---|---|---|---|
| 26 | 元・四・二一 | 建礼門前 | 以三触穢之人入二於御在所一也 | 〃 |
| 27 | 元・七・一三 | 建礼門前 | 以二明日将レ発二奉諸神社幣并財宝使一也 | 〃 |
| 28 | 元・八・二九 | 朱雀門前 | 心喪礼畢 | 〃 |
| 29 | 元・九・一〇 | 朱雀門前 | 為レ行二大嘗会事一也 | 〃 |
| 30 | 元・九・三〇 | 八省院東廊 | 為二大嘗会近一也 | 〃 |
| 31 | 元・一〇・一二 | 朱雀門前 | 以レ定二伊勢賀茂斎内親王一也 | 〃 |
| 32 | 元・一〇・一五 | 羅城門前 | 有二大嘗会祭一故也 | 〃 |
| 33 | 元・一一・三〇 | 朱雀門前 | 大嘗祭解斎也 | 〃 |
| 34 | 二・八・二四 | 建礼門前 | 為二明日伊勢斎内親王将レ行レ禊也 | 〃 |
| 35 | 三・六・九 | 建礼門前 | 任二伊勢斎内親王装束使一 | 〃 |
| 36 | 三・八・一八 | 建礼門前 | 以二伊勢斎内親王可レ入二太神宮一故也 | 〃 |
| 37 | 三・八・二九 | 朱雀門前 | 以二伊勢斎内親王九月一日将レ入二太神宮一故也 | 〃 |
| 38 | 四・六・一〇 | 建礼門前 | 以三宮内省有二馬死穢一也 | 〃 |
| 39 | 四・一一・二〇 | 建礼門前 | 神祇官卜云、触穢之人供二神事一、仍成レ祟、…以攘二妖祥一焉 | 〃 |
| 40 | 五・正・二七 | 御在所及建礼門、朱雀門 | 以攘二災疫一也 | 〃 |
| 41 | 五・二・二 | 朱雀門前 | 以下触二死穢一人入中禁中上也 | 〃 |
| 42 | 五・四・一〇 | 建礼門前 | (忽有二穢事一) | 〃 |
| 43 | 五・九・一〇 | 建礼門前 | 以二明日将レ発下奉幣伊勢太神宮使上也 | 〃 |
| 44 | 五・一〇・三〇 | 建礼門前 | 以下犬噛二死人骸一入中神祇官上故也 | 〃 |
| 45 | 七・三・二九 | 建礼門前 | | 〃 |
| 46 | 七・七・二九 | 建礼門前 | 武徳殿前有二人死一、…以攘二邪穢一也 | 〃 |
| 47 | 八・壬三・二二 | 会昌門前 | 以二応天門火一也 | 〃 |
| 48 | 八・四・一〇 | 建礼門前 | 以二鼓吹司人死一也 | 〃 |
| 49 | 八・四・二一 | 建礼門前 | 以二弁官大蔵省並有レ穢也 | 〃 |
| 50 | 八・六・一一 | 建礼門前 | 以レ有レ穢也 | 〃 |
| 51 | 八・六・一八 | 建礼門前 | 雷而不レ雨 | 〃 |
| 52 | 八・七・二 | 建礼門前 | 高山祭使ヲ発遣ス | 〃 |
| 53 | 八・九・二九 | 朱雀門前 | 以レ配二流罪人一也 | 〃 |

| | | | | |
|---|---|---|---|---|
| 54 | 八・一一・二一 | 建礼門前 | 以三図書寮有二人死一也 | 〃 |
| 55 | 九・四・一〇 | 建礼門前 | 以三太政官厨辺火近二宮城一也 | 〃 |
| 56 | 九・五・二九 | 朱雀門前 | 宮城京邑病苦死喪者衆 | 〃 |
| 57 | 九・一〇・七 | 建礼門前 | 明日、伊勢神宮ニ例幣使ヲ発遣ス | 〃 |
| 58 | 一〇・二・二三 | 会昌門前 | 始造二応天門一 | 〃 |
| 59 | 一〇・九・七 | 建礼門前 | 伊勢神宮ニ遣使シテ財宝ヲ奉ル〔定期造替・内宮〕 | 〃 |
| 60 | 一二・九・七 | 建礼門前 | 明日応レ遣二使於伊勢太神宮一〔定期造替・外宮〕 | 〃 |
| 61 | 一二・九・一一 | 建礼門前 | 伊勢神宮ニ遣使シテ、犬産穢ニヨリ例幣使ヲ停メル由ヲ申ス | 〃 |
| 62 | 一三・一一・二九 | 建礼門前 | (諒闇中) | 〃 |
| 63 | 一四・正・二〇 | 建礼門前 | 京邑咳逆病発、死亡者衆、…以厭レ之 | 〃 |
| 64 | 一四・二・三〇 | 建礼門前 | 満二於　天皇心喪五月之限一 | 〃 |
| 65 | 一四・九・一一 | 建礼門前 | 以二太政大臣薨一也 | 〃 |
| 66 | 一四・九・三〇 | 建礼門前 | | 〃 |
| 67 | 一五・二・二九 | 建礼門前 | 縁二春宮庁院火一也 | 〃 |
| 68 | 一六・正・二九 | 建礼門前 | 右近衛宇保貞主宿ヿ直仗下一、頓得レ病死、或称、気ヿ絶於宮中一、或云出二於宮外一而命終 | 〃 |
| 69 | 一六・九・一〇 | 建礼門前 | 薬師寺僧薬仁在二紫震殿転経六十僧之内一、廿五日奄忽命終 | 〃 |
| 70 | 一六・一一・一六 | 建礼門前 | 木工寮史生出雲嶋成死、喪家人入レ寮、寮官人参ヿ入内裏一 | 〃 |
| 71 | 一六・一二・一一 | 建礼門前 | 縁二右近衛府失火之穢一 | 〃 |
| 72 | 一七・二・二九 | 建礼門前 | (以二冷然院火并救レ火人焼死一也) | 〃 |
| 73 | 一七・一二・一一 | 建礼門前 | 左近衛府人死、神祇官染ヿ汗其穢一 | 〃 |
| 74 | 一八・二・七 | 建礼門前 | 以三大膳職触二死穢一也 | 〃 |
| 75 | 一八・四・二〇 | 建礼門前 | 以二大極殿火災一也 | 〃 |
| 76 | 一八・六・一一 | 建礼門前 | 以二内裏有レ穢也 | 〃 |
| 77 | 一八・九・一一 | 建礼門前 | 以二内裏犬死一也 | 〃 |
| 78 | 元慶元・八・三〇 | 朱雀門前 | 以二来十一月可レ修二大嘗会一也 | 〃 |

| | | | | | |
|---|---|---|---|---|---|
| 79 | | 元・一〇・三〇 | 朱雀門前 | 縁レ欲レ供ニ奉大嘗会一也 | 〃 |
| 80 | | 元・一一・一六 | 建礼門前 | （大嘗祭前） | 〃 |
| 81 | | 元・一一・二九 | 朱雀門前 | 大嘗祭祀解斎也 | 〃 |
| 82 | | 二・八・二六 | 建礼門前 | 伊勢斎内親王欲下以二明日一入中野宮上 | 〃 |
| 83 | | 二・九・一一 | 建礼門前 | 昨日弁官有二人死穢一 | 〃 |
| 84 | | 三・九・八 | 朱雀門前 | 以三明日伊勢斎内親王可二進発一也 | 〃 |
| 85 | | 四・九・一一 | 建礼門前 | 禁中犬死 | 〃 |
| 86 | | 五・二・三 | 建礼門前 | （諒闇中） | 〃 |
| 87 | | 六・四・二三 | 朱雀門前 | 去八日大膳職人死、十日大蔵省人死 | 〃 |
| 88 | | 七・八・二三 | 建礼門前 | 以二廿四日伊勢斎内親王可レ入二野宮一也 | 〃 |
| 89 | | 七・一一・一六 | 建礼門前 | 内裏人死 | 〃 |
| 90 | | 七・一二・一一 | 建礼門前 | 豊楽院北辺人死 | 〃 |
| 91 | | 八・二・一八 | 建礼門前 | 以二明日欲レ奉二伊勢大神宮幣一〔即位ヲ告グ〕 | 〃 |
| 92 | | 八・四・七 | 建礼門前 | 以二十日擬レ奉二幣帛於伊勢大神宮一也〔斎王ヲ定ム〕 | 〃 |
| 93 | | 八・八・二九 | 朱雀門前 | 以レ可レ修二大嘗会一也 | 〃 |
| 94 | 仁和 | 元・四・一〇 | 建礼門前 | 今月八日、弁官有二人死穢一 | 〃 |
| 95 | | 元・九・一六 | 建礼門前 | （斎王、野宮ニ入ル） | 〃 |
| 96 | | 二・四・六 | 建礼門前 | 以三去三日有二人死穢一也 | 〃 |
| 97 | | 二・八・二九 | 朱雀門前 | 以二斎内親王来月応レ入二伊勢大神宮一也 | 〃 |
| 98 | | 二・九・四 | 建礼門前 | 以三明日奉伊勢大神宮神宝使可二進発一也〔定期造替・内宮〕 | 〃 |
| 99 | | 三・六・一四 | 建礼門前 | 以二内蔵寮忽然犬死一故 | 〃 |
| 100 | | 四・八・二九 | 朱雀門 | 為二明日就レ吉也 | 日本紀略 |
| 101 | 寛平 | 元・九・一一 | 建礼門 | 依レ穢 | 西宮記 |
| 102 | | 九・五・二二 | 朱雀門 | | 樗嚢抄 |
| 103 | | 九・七・八 | 建礼門 | （即位ヲ告ゲル諸社奉幣使ヲ発遣ス） | 日本紀略・園太暦 |
| 104 | | 九・八・二九 | 朱雀門 | （大嘗祭前） | 日本紀略 |
| 105 | 昌泰 | 元・六・一四 | 建礼門 | 依二京中諸国疫癘盛并仁王会事一也 | 扶桑略記裏書 |

| | | | | |
|---|---|---|---|---|
| 106 | 延喜 元・二・一一 | 建礼門 | | 日本紀略・本朝世紀 |
| 107 | 六・二・一 | 朱雀門 | 依三左近衛府有二死人一也 | 日本紀略・西宮記 |
| 108 | 一五・一〇・一六 | 紫宸殿大庭、建礼門、朱雀門等三所 | 為レ除二皰瘡一 | 日本紀略 |
| 109 | 二一・四・二一 | 建礼門前 | 依レ穢也 | 西宮記 |
| 110 | 二二・二・一五 | 建礼門前 | 依レ穢 | 〃 |
| 111 | 延長 元・四・一六 | 建礼門前 | 依二前皇太子穢一 | 日本紀略 |
| 112 | 五・一一 | 建礼門前 | 中隔有レ穢 | 西宮記 |
| 113 | 承平 元・二・七 | 建礼門 | 大炊寮申、今夜犬咋二死童於供御院一 | 日本紀略・樗嚢抄 |
| 114 | 元・九・三〇 | 朱雀門前 | （諒闇了ルニ依ル） | 日本紀略 |
| 115 | 元・一二・一七 | 建礼門 | 依二法皇心喪満限一也 | 〃 |
| 116 | 二・九・二一 | 建礼門前 | 一代一度ノ大神宝使ヲ発遣ス | 北山抄・日本紀略 |
| 117 | 天慶 元・四・一七 | 建礼門前 | 依二内膳司人死穢一也 | 貞信公記・日本紀略 |
| 118 | 元・九・一一 | 建礼門前 | 自二去月十二日一死穢相二触内裏一、加之昨日内裏有二犬死穢一 | 本朝世紀 |
| 119 | 元・九・一二 | 朱雀門 | 依下斎王来十五日可上レ向二伊勢一也 | 〃 |
| 120 | 二・五・一五 | 建礼門 | 依二東国西国群賊悖乱事一、奉レ遣二諸社并東海東山両道明神臨時幣帛使一 | 〃 |
| 121 | 二・九・一一 | 建礼門 | 内裏有二犬死穢一 | 〃 |
| 122 | 二・一二・一五 | 建礼門 | 去十二日糸所女死穢之由也 | 〃 |
| 123 | 五・壬三・二五 | 建礼門前 | 以下明日可レ被レ修二仁王会一之由上也 | 〃 |
| 124 | 八・八・二〇 | 建礼門前 | 伊勢斎王奉迎使ヲ発遣ス | 〃 |
| 125 | 八・一二・一三 | 建礼門前 | 神宝使ヲ発遣ス〔定期造替・外宮〕 | 中右記裏書 |
| 126 | 九・二・四 | 建礼門 | 死穢触来 | 日本紀略 |

| | | | | | |
|---|---|---|---|---|---|
| 127 | 天暦 | 元・二・二八 | 朱雀門 | 奉幣帛伊勢大神宮、告斎主《（ママ）》ト定由 | 〃 |
| 128 | | 元・四・二〇 | 建礼門 | 奉遣一代一度大奉幣於伊勢大神宮、并京畿七道諸国神社 | 〃 |
| 129 | | 元・八・一五 | 紫宸殿、建礼門、朱雀門三箇所 | 為攘除疱瘡 | 〃 |
| 130 | | 元・九・一一 | 建礼門 | | 〃 |
| 131 | | 二・九・二五 | 建礼門前 | （斎王、野宮ニ入ル） | 〃 |
| 132 | | 三・六・一一 | 建礼門 | 去月廿九日中宮職穢触及内裏 | 〃 |
| 133 | | 三・九・七 | 朱雀院《（ママ）》 | 依斎宮群行 | 〃 |
| 134 | | 三・九・一一 | 建礼門 | | 〃 |
| 135 | | 九・正・二八 | 朱雀門前 | 依御心喪已満也 | 西宮記 |
| 136 | 天徳 | 元・二・一九 | 建礼門 | 依仁王会也 | 日本紀略 |
| 137 | | 元・五・一四 | 建礼門 | 依明日仁王会也 | 〃 |
| 138 | | 元・六・一一 | 八省院東廊 | 依内裏穢気并御錫紵事 | 〃 |
| 139 | | 元・八・二九 | 朱雀門 | 依可有斎宮群行也 | 〃 |
| 140 | | 三・六・一一 | 建礼門 | 去月奉幣伊勢使皈京之間、於途中触穢之故也 | 〃 |
| 141 | | 四・二・一一 | 建礼門 | 依明日仁王会也 | 〃 |
| 142 | | 四・六・一一 | 建礼門 | 依宮中頓死之穢也 | 〃 |
| 143 | | 四・六・一一 | 建礼門 | 以内裏有死穢也 | 〃 |
| 144 | | 四・一一・二八 | 建礼門 | 内裏木作始也 | 〃 |
| 145 | 応和 | 元・一〇・一八 | 建礼門 | 依可有仁王会也 | 〃 |
| 146 | | 二・九・六 | 建礼門 | 以明日可発遣伊勢大神宮御装束神宝使也〔定期造替・内宮〕 | 〃 |
| 147 | | 二・九・一一 | 建礼門 | 依内裏穢気也 | 〃 |
| 148 | | 三・九・一一 | 建礼門前 | 依穢 | 西宮記 |
| 149 | 康保 | 元・二・四 | 建礼門前 | 依穢〔『紀略』ハ「八省院東廊大祓」トス〕 | 〃 |
| 150 | | 元・二・二三 | 建礼門 | 依可有仁王会也 | 日本紀略 |
| 151 | | 元・七・三〇 | 建礼門 | 皇后崩後、天皇御心喪満三箇月 | 〃 |
| 152 | | 元・九・六 | 建礼門前 | 以明日可遣豊受宮遷宮神宝使也 | 西宮記裏書 |

| | | | | | |
|---|---|---|---|---|---|
| 153 | | 二・一一・四 | 建礼門 | 依二去月廿七日兵庫寮焼亡一也 | 日本紀略 |
| 154 | | 四・六・一一 | 八省院 | 依二先帝御穢中一也 | 〃 |
| 155 | | 四・一一・一一 | 建礼門 | 斎宮帰京使ヲ発遣ス | 本朝世紀 |
| 156 | 安和 | 元・五・二七 | 朱雀門 | 依二諒闇一也 | 日本紀略 |
| 157 | | 元・七・七 | 朱雀門 | 依二斎宮斎院卜定一也 | 〃 |
| 158 | | 元・八・二九 | 朱雀門 | 依二大嘗会一也 | 〃 |
| 159 | | 二・四・九 | 建礼門前 | 依二謀反流罪事一也 | 〃 |
| 160 | 天禄 | 元・三・一六 | 建礼門 | 依二大奉幣一也 | 〃 |
| 161 | | 元・六・一一 | 建礼門 | (依二内裏穢一) | 〃 |
| 162 | | 元・九・二二 | 朱雀門 | 依二大嘗会一也 | 〃 |
| 163 | | 元・一一・一〇 | 建礼門 | 依二明日大神宝一也 | 〃 |
| 164 | | 三・九・一一 | 建礼門 | (自二去七日一、左衛門督家有二犬死穢一、延及二内裏一) | 日本紀略・親信卿記 |
| 165 | 天延 | 二・六・一一 | 建礼門 | 依二内裏穢一 | 日本紀略 |
| 166 | | 二・八・二八 | 紫宸殿前庭、建礼門、朱雀門 | 是為レ除二疱瘡災一也 | 〃 |
| 167 | | 二・一一・二一 | 建庭(ママ)礼門前 | (依二伊勢斎王卒去一、奉二幣帛於太神宮一也) | 親信卿記 |
| 168 | | 三・三・五 | 朱雀門 | 依レ卜二定伊勢斎王一也 | 日本紀略 |
| 169 | | 三・四・一八 | 建礼門前 | (内裏有二微穢一) | 〃 |
| 170 | | 三・七・一〇 | 建礼門 | 依レ可レ有二仁王会一也 | 〃 |
| 171 | | 三・一二・二八 | 八省院東廊 | 伊勢斎内親王於二東河一可レ有二御禊一之由、…本宮被レ申二不具之由一、以二後日一可二遂行一 | 〃 |
| 172 | 貞元 | 元・二・二三 | 建礼門 | 桂芳坊犬死穢 | 〃 |
| 173 | | 元・三・五 | 建礼門 | 依二仁王会一也 | 〃 |
| 174 | | 元・五・二三 | 建礼門 | 依二去十一日内裏火事一也 | 〃 |
| 175 | | 元・一〇・一九 | 建礼門 | (仁王会ニ依ル) | 〃 |
| 176 | | 二・三・二 | 八省院東廊 | 依二仁王会一也 | 〃 |
| 177 | 天元 | 元・二・七 | 八省院東廊 | 依二内裏穢一 | 〃 |
| 178 | | 二・六・一一 | 八省院 | | 〃 |
| 179 | | 四・六・一一 | 建礼門 | 依二内裏穢一 | 〃 |

| | | | | | |
|---|---|---|---|---|---|
| 180 | | 五・四・二三 | 八省院東廊 | 内裏有二犬死穢一 | 〃 |
| 181 | 永観 | 元・四・九 | 八省院東廊 | 依レ可レ有二〔内裏〕造営一也 | 〃 |
| 182 | | 元・九・一〇 | 八省院 | 奉レ遣二伊勢大神宮〔外宮〕廿年一度御遷宮神宝一 | 〃 |
| 183 | | 二・九・四 | 建礼門 | （奉二幣帛於伊勢大神宮一、告下来十月十日可二即位一之由上） | 〃 |
| 184 | | 二・一一・二三 | 建礼門 | 奉レ遣二伊勢以下十一社幣帛使一、…依レ祈レ晴 | 〃 |
| 185 | 寛和 | 元・壬八・三〇 | 朱雀門 | 依レ可レ有二大嘗会一也 | 〃 |
| 186 | | 元・九・二九 | 朱雀門 | 依二大嘗会一也 | 〃 |
| 187 | | 元・一〇・三〇 | 朱雀門 | 依二大嘗会一也 | 〃 |
| 188 | | 二・七・一 | 建礼門 | 依二明日奉幣一也〔伊勢・石清水・賀茂社ニ即位ヲ告グ〕 | 〃 |
| 189 | | 二・九・四 | 建礼門 | （大奉幣使ヲ発遣ス） | 〃 |
| 190 | 永延 | 元・五・二八 | 建礼門 | | 〃 |
| 191 | | 元・一二・四 | 八省廊 | 依二兵庫寮失火一也 | 〃 |
| 192 | | 二・七・二一 | 建礼門 | 為レ可レ行二仁王会一也 | 〃 |
| 193 | 永祚 | 元・六・二八 | 八省院 | 依二太政大臣薨一 | 日本紀略・西宮記裏書 |
| 194 | | 元・八・二五 | 朱雀門 | | 日本紀略 |
| 195 | | 元・一二・八 | 八省院 | 十一月廿三日、大原野祭ニオケル闘乱ニ依リ死者ガ生ズ | 〃 |
| 196 | 正暦 | 元・九・二九 | 八省院東廊 | 今日御心喪 | 日本紀略・小右記 |
| 197 | | 三・二・二四 | 朱雀門 | 依二諒闇了一也 | 日本紀略 |
| 198 | | 三・七・五 | 八省院東廊 | | 〃 |
| 199 | | 四・三・四 | 八省院東廊 | 依二仁王会一也 | 〃 |
| 200 | | 四・五・一四 | 八省院東廊 | 依二仁王会一也 | 〃 |
| 201 | | 四・八・二一 | 紫宸殿、建礼門、朱雀門 | 依二天変并炮瘡一也 | 〃 |
| 202 | | 四・八・二五 | 建礼門前 | 依二仁王会一也 | 〃 |
| 203 | | 四・一〇・二二 | 八省廊 | 俄以二去四日一、有二前大和守藤原朝臣宅傷胎穢一之 | 本朝世紀 |

| | | | | |
|---|---|---|---|---|
| | | | 由云々、其穢已内裏遍満 | |
| 204 | 五・二・二一 | 八省院廊 | 依㆓仁王会㆒也 | 日本紀略 |
| 205 | 五・四・一〇 | 南殿、建礼門、朱雀門 | 為㆑消㆓疾疫之難㆒ | 〃 |
| 206 | 五・四・二五 | 八省院東廊 | 是京中疫癘猶未㆑停、仍以㆓来廿七日㆒依㆘可㆑被㆑立㆓伊勢并諸社奉幣使㆒之故㆖也 | 本朝世紀 |
| 207 | 五・五・一三 | 八省院 | 依㆓仁王会㆒也 | 日本紀略 |
| 208 | 長徳元・二・一七 | 八省院東廊 | 依㆓仁王会㆒也 | 〃 |
| 209 | 元・六・一二 | 建礼門 | （上達部悉有㆓故障㆒） | 日本紀略・小右記 |
| 210 | 二・三・四 | 八省院東廊 | （仁王会ニ依ル） | 日本紀略 |
| 211 | 三・五・五 | 八省 | 依㆓仁王会㆒也 | 〃 |
| 212 | 四・七・五 | 紫宸殿、建礼、朱雀等門前 | 為㆑除㆑疫也 | 権記 |
| 213 | 長保元・九・一一 | 八省院東廊 | 内裏ノ死穢ニ依ル | 日本紀略・小右記 |
| 214 | 元・一一・三 | 八省院東廊 | 依㆓内裏作事㆒也 | 日本紀略 |

（注）事由欄の「 」は補足説明、（ ）は推定によるもの。

注

（1）古代の大祓を論じた論著としては、後掲（3）（5）の論文以外に以下のものがある。次田潤『祝詞新講』（明治書院、一九二七年）二五五～二七五頁、池田啓子「大祓に関する研究」（『熊本女子大学国文研究』一七、一九七一年）、山中裕『平安朝の年中行事』（塙書房、一九七二年）二〇八～二一三頁、川出清彦『祭祀概説』（学生社、一九七八年）二一七～四一頁、小坂真二「禊祓儀礼と陰陽道」（『早稲田大学文学研究科紀要別冊』三、一九七七年）、水野正好「まじないの考古学・事始」（『季刊どるめん』一八、一九七八年）、神野清一「天武十年紀の天下大解除と祓柱奴婢」（『日本古代奴婢の研究』名古屋大学出版会、一九九三年）、田中初夫「おほはらへことば（大祓詞）」（『国学院大学日本文化研究所紀要』四七、一九八一年）、青木紀元『祝詞古伝承の研究』（国書刊行会、一九八五年）、金子裕之「平城京と祭

場」（『国立歴史民俗博物館研究報告』七、一九八五年）、石井進「罪と祓」（『日本の社会史』五、岩波書店、一九八七年）、龍野暁啓「大祓詞の構造と成立」（『立命館文学』五〇五、一九八八年）、加賀見省一「但馬国府と祓所」（『歴史学と考古学』真陽社、一九八八年）など。

また、本稿の初出は一九九〇年であるが、それ以後に発表されたものとして、三橋正「大祓の成立と展開」（『神道古典研究会報』一二、一九九〇年）、並木和子「大祓の構造と変遷」（『神道学』一四六・一四七、一九九〇年）、西宮一民「ミソキとハラへ」（『上代祭祀と言語』桜楓社、一九九〇年）、水林彪『記紀神話と王権の祭り』（岩波書店、一九九一年）四〇一～五一三頁、矢野建一「天下（四方）大祓の成立と公民意識」（『歴史学研究』六二〇、一九九一年）、山本幸司『穢と大祓』（平凡社、一九九二年）、勝田至「中世触穢思想再考」（『日本史研究』三五六、一九九二年）、桜井好朗『祭儀と注釈』（吉川弘文館、一九九三年）、神野「天武十年紀の「祓柱奴婢」と戸座」（前掲書所収）、藤森馨「建礼門前大祓と天皇祭祀」（『国学院雑誌』九四―一〇、一九九三年）などがある。

右のうち、金子論文は平城京から出土する人形・土製模造品・人面土器・土馬などの遺物が大祓と関連することを明らかにされた労作で、本稿においても学ぶべき点が多かった。金子氏には関連論考として、「都人の精神生活」（『日本の古代』九、中央公論社、一九八七年）三四七～三六四頁、「穢の防止対策」（『季刊考古学』二二、一九八八年）、「都城と祭祀」（『沖ノ島と古代祭祀』吉川弘文館、一九八八年）、「日本における人形の起源」（『道教と東アジア』人文書院、一九八九年）、「律令期祭祀遺物集成」（『律令制祭祀論考』塙書房、一九九一年）、「考古資料と祭祀・信仰・精神生活」（『新版古代の日本』一〇、角川書店、一九九三年）がある。

なお、金子説批判として、泉武「律令祭祀論の一視点」（『道教と東アジア』〈前掲〉）がある。

（2）　ハレ・ケガレの問題についての研究文献は膨大な分量にのぼるが、近藤直也『ハライとケガレの構造』（創元社、一九八六年）第一章に学説史の整理がある。また、ケガレに関しては、メアリ・ダグラス（塚本利明訳）『汚穢と禁忌』（思潮社、一九八五年）が参照される。

（3）　梅田義彦「臨時大祓考」（『神道の思想』二、雄山閣出版、一九七四年）二七九～二八〇頁。

（4）　梅田、前掲（3）二八五頁。

（5）　三橋健「大祓研究序説」（『神道史論叢』国書刊行会、一九八四年）。

(6) 三橋健氏が諸国大祓にも恒例の儀があったとされる根拠は次の一点に尽きる。すなわち、『令集解』(神祇令、諸国条)の古記に「天皇即位。惣祭二天神地祇一。必須二天下大祓一。以外臨時在耳」とあるが、これは「諸国の大祓について述べたものと考えられ、したがって、この「古記」により、諸国の大祓にも恒例と臨時のあったことは明らか」(前掲(5)三〇四頁)という点である。
しかし、右の古記からは三橋氏の如き理解は生まれないのではあるまいか。というのは、古記説は天皇即位時の「惣祭二天神地祇一」に際しては必ず天下大祓を行うが、それ以外は臨時に大祓を実施するのみと解釈すべきと思うからである。それゆえ、三橋説は成り立たないと考える。現に恒例の諸国大祓に関する史料を見出し得ない点も考慮されてよいであろう。

(7) 拙稿「諸国大祓考」(本書III—二)。

(8) 本居宣長『玉勝間』一二(『本居宣長全集』一、筑摩書房、一九六八年)三七三頁。

(9) 鈴木重胤『延喜式祝詞講義』一〇(『鈴木重胤全集』一一、鈴木重胤先生学徳顕揚会、一九三九年)二一五頁。ただし、重胤はこの後に『玉勝間』一二の文(本文掲出)を引き、「憚る所無く其の意に随ひ、此には引直せるなり」と宣長説を評価している如くである。

(10) 近藤芳樹『大祓執中抄』(『大祓詞註釈大成』中、内外書籍、一九三八年)五三九頁。

(11) 鈴木、前掲(9)二一五〜二一六頁。

(12) 次田氏も「京中で臨時の大祓を行ふ時には、普通は建礼門の前で行はれたが、時には朱雀門前や八省の東廊で行はれた」(前掲(1)二六八頁)として、真淵・宣長説に近い考えを示している。

(13) 『律令』(日本思想大系、岩波書店、一九七六年)五三八〜五三九頁。

(14) 近藤芳樹は「麻をば祓所に遣はし、残る四種をば直に河に送給ふ」と指摘している(前掲(10)五四六頁)。荒世・和世の御服が河に祓棄されることの関連記事として、『中右記』嘉承二年(一一〇七)一二月三〇日条には「今夜晦御祓、使非蔵人実兼、具二御衣一行二向河原一之間、於二五条坊門富小路辺一、相ㇾ逢蓬芸屋焼雑人打逢一、已破二御衣蓋一了」とある。

(15) 小松馨氏は節折の儀の成立を延長六年(九二八)から天慶九年(九四六)の間と推定されている(「『清涼記』と『西宮記』の節折条について」(『大倉山論集』二四、一九八八年))。

(16) 『東宮年中行事』の「御あがもの」(六月一日〜八日)には「まうけ《儲》のきみ。かはらけのうへにはり《張》たるかみを。御おゆび《指》

してつきやらせ給て。御いきをしかけさせたまふ」とある。

(17) なお、「式部記文」を引く「勘二式部執申大祓行立一事」の日付は弘仁五年（八一四）六月三日であるが、記された大祓の状況は平城京でのことと考えられている（金子「平城京と祭場」〈前掲(1)〉二四六頁）。

(18) 『式』一には「卜部読二祝詞一」とあるが、これは卜部氏による改竄であろう（前掲(13)五三九頁）。

(19) 大祓儀終了後、卜部が祓物を川に流し捨てたことは「六月晦大祓」の末尾に「四国卜部等、大川道尓持退出弖、祓却止宣」とあることから知られる。

(20) 直木孝次郎「律令官制における皇親勢力の一考察」（『奈良時代史の諸問題』塙書房、一九六八年）二六四～二七三頁。

(21) 金子「平城京と祭場」（前掲(1)）二七六～二七七頁。

(22) 『日本書紀』天武五年（六七六）八月辛亥条の「詔曰、四方為二大解除一」が諸国大祓の初見である。したがって、中央の大祓の成立も天武朝に遡る可能性があろう。

(23) 諸司祓については、並木、前掲(1)参照。

(24) 本居『大祓詞後釈』上（『本居宣長全集』七、筑摩書房、一九七一年）八五頁。

(25) 近藤、前掲(10)五四〇頁。

(26) なお、芳樹の該史料の読み方にも問題が残る。引用文は「百官会集」と「其日平旦」の間に「大祓儀」の三字が欠落しており、また、読み方も「張レ幄鋪設。於二大伴壬生二門間大路一各有二常儀一」と改めるべきであろう。それゆえ、芳樹がいうような「この二門の間を幄にて塞ぐ也」という理解は生じないはずである。

(27) ただし、本文で後述する三所大祓も建礼門前大祓の延長型であることからすれば、『式』の二条文を三所大祓の規定の一部とみなすことは不可能ではない。

(28) 近藤、前掲(10)五三九頁。

(29) 『親信卿記』天延二年（九七四）一一月乙未条には「又出御以前、於二建庭（ママ）礼門前一、有二大祓事一」として、建礼門前大祓に天皇が出御していなかったことを示す史料もある。建礼門前大祓と同類の八省院東廊大祓にも天皇出御の形跡は認め難いので、『紀略』にみる当該大祓はその意味では特例といえよう。

(30) 直木「大極殿の門」（『飛鳥奈良時代の研究』塙書房、一九七五年）、橋本義則「平安宮草創期の豊楽院」（『日本政治社会史研究』中、塙書房、一九八四年）二〇一～二〇二頁。

(31) 西垣晴次「民衆の精神生活」（『歴史公論』一〇一、一九八四年）、山本、前掲（1）四八～五八頁。

(32) 西垣、前掲（31）一〇五頁。

(33) 伊藤喜良「四角四堺祭の場に生きた人々」（『日本中世の王権と権威』思文閣出版、一九九三年）五〇～五一頁、西垣、前掲（31）一〇五～一〇六頁。

なお、神事・触穢札については、水野「触穢札と神事札と」（『元興寺文化財研究』九、一九八二年）、山田英雄「平安時代の日記にみえる木簡」（『木簡研究』六、一九八四年）一二二～一二五頁参照。

(34) 山本、前掲（1）九一頁。

(35) 門が宅地を防禦する境界機能をもっていたことについては、小林茂文「古代の都城における境界」（『方法としての境界』新曜社、一九九一年）二三〇～二三三頁も参照される。

(36) 山本氏は「大内裏では一個所に穢が発生したからといって大内裏全体が穢とされた例はない」のに対し、「内裏の中の一個所に穢が発生すれば内裏空間全体が穢とされた」として、内裏空間内裏外郭の内側の閉鎖性を指摘されている（山本、前掲（1）一二〇～一二四頁）。

(37) 大射については、大日方克己『古代国家と年中行事』（吉川弘文館、一九九三年）七～三九頁、橋本、前掲（30）参照。

(38) 『続紀』霊亀元年正月庚子条。

(39) 『続紀』天平一二年正月甲辰条。

(40) 『日本後紀』延暦二四年正月丁亥条に「於二御在所南端門外一射」とある。この「御在所南端門」が建礼門を指していたことについては、福山敏男『大極殿の研究』（平安神宮、一九五七年）九〇頁に指摘がある。

(41) 八省院と朝堂院とは同じものであり、一方が他方の改号であることについては、今泉隆雄「平城宮大極殿朝堂考」（『古代宮都の研究』吉川弘文館、一九九三年）一三三頁・一四八頁参照。

(42) 『江家次第秘抄』には「二省」に「式、兵ナリ」という注がある。

(43) 『江家次第』は「下部」とするが、『兵範記』には「卜部」とある。

(44) 『江家次第秘抄』に「祓ヒノ詞ニ八ツサキニト云所ニ当リ」とある。ちなみに「六月晦大祓」には「天津菅曽乎本苅断、末苅切弖、八針尓取辟弖」とある。

(45)『小右記』正暦四年（九九三）五月辛丑条にも八省院東廊大祓儀の記事がみえる。それは『江家次第』の式次第とほぼ同じであるが、本文の（三）（四）に整理した箇所には若干の相違もある。すなわち、『小右記』には「神祇官執行裂〔引カ〕ヿ木綿一、居二葛莒一、居二余及弁以下前一、祝師着レ座、先生《表》間白、次読二中臣祝一、余置レ笏列《引》ヿ裂木綿二」として、（三）にいう「祓物」、（四）の「解縄」が一〇世紀末では「引ヿ裂木綿二」であったことが知られる。

(46)ただし、八省院の東北角という地点がとくに大祓の場として選定されていたのはそこが鬼門（艮）の方位であったことから陰陽道の影響を考えねばならないかもしれない。神野清一氏は日本における鬼門説の成立は七世紀後半に遡ると指摘されている（「賤身分と卑賤観」〈前掲（1）所収〉七五～七七頁）。

鬼門説については、横井清「中世の触穢思想」（『中世民衆の生活文化』東京大学出版会、一九七五年）二八一～二八三頁、神野『律令国家と賤民』（吉川弘文館、一九八六年）一二六～一三三頁参照。

(47)鈴木、前掲（9）二一五～二一六頁。

(48)平安宮における内裏の罹災については、甲元真之「平安宮内裏の罹災記事と考古学的遺物について」（『古代学論集』古代学協会、一九七九年）参照。

(49)冷然院については、所京子「平安前期の冷然院と朱雀院」（『史窓』二八、一九七〇年）参照。なお、冷然院大祓と同類の大祓と思しきケースに朱雀院の大祓がある。朱雀院は平安宮の南、朱雀大路に東面する御院であるが、『紀略』天暦三年（九四九）九月丁未条に「依二斎宮群行一於二朱雀院一行二大祓一」とある。ただし、当時、村上天皇は朱雀院を御在所としていないことから、当該例は朱雀門前大祓のこととするのが順当であろう。

(50)目崎徳衛「文徳・清和両天皇の御在所をめぐって」（『史元』一〇、一九七〇年）二三～二六頁。

(51)羅城門前大祓については、滝川政次郎「羅城・羅城門を中心とした我が国都城制の研究」（『京制並に都城制の研究』角川書店、一九六七年）一一一頁参照。

(52)折口信夫「年中行事」（『折口信夫全集』一五、中央公論社、一九六七年）一〇六～一〇七頁、平山敏治郎「年中行事の二重構造」（『歳時習俗考』法政大学出版局、一九八四年）、倉林正次『祭りの構造』（日本放送出版協会、一九七五年）七〇～七八頁など。

(53) 御贖については、野口剛「御贖物について」(『延喜式研究』五、一九九一年)参照。

(54) 本文では、建礼門前大祓が行われる期日に偏りが少ないと記したが、二五例を数える一一日のみはその原則に反するともいえる。一一日に小ピークが認められるのには以下のような理由があったと思われる。建礼門前大祓が挙行されるのは、①ケガレの発生→祭の延引・停止→大祓、②ケガレの発生→大祓の二つのケースが多いが、①の場合にはとくに大祓の期日と祭日とは連関する。すなわち、一一日とは、九月神嘗祭の奉幣使発遣日、六・一二月月次祭日にあたっており、ケガレが発生すれば祭との関連から建礼門前大祓が施行される可能性が高い日であった。

(55) 大祓儀の実施時刻については、『年中行事秘抄』に詳しい規定がみられる。それによると「未四点。(十二月二点。)宮内神祇縫殿等三司候㆓延政門外㆒。申一点。(十二月未一点。)叩㆑門参入。四点。(十二月二点。)始祓」とある。「未四点」(午後二時半)から「参入」までは御贖儀の時間であり、申「四点」(午後四時半)に「始祓」という。また、六月の大祓よりも一二月の方が早くはじめられていたことが分かる。

(56) 『小右記』寛弘八年九月丙子条。

(57) 次田、前掲(1)三二三頁。

(58) 『権記』長保三年三月壬午条。

(59) 『左経記』寛仁元年一〇月丁卯条。

(60) 『本朝世紀』康治二年(一一四三)五月癸未条。

(61) 『中右記』嘉承元年(一一〇六)五月丙辰条。

(62) 内訳は内裏内が二七例、宮内が二六例、京内が二例、その他が一例である。

(63) 大山喬平「中世の身分制と国家」(『日本中世農村史の研究』岩波書店、一九七八年)、高取正男『神道の成立』(平凡社、一九七九年)、河野勝行「わが国古代末期から中世初頭における障害者観」(『科学と思想』四九、一九八三年)、門脇禎二「身分制の形成とその展開」(『部落の歴史と解放運動』前近代篇、部落問題研究所出版部、一九八五年)など。ただし、高取氏が『日本後紀』延暦一六年(七九七)正月壬子条に山城国の庶民が死者を家側に埋葬することを禁ずる勅がみえることをもって、庶民における死穢観の不在を説かれた点(同上書、二四四～二四八頁)は正しくない。すでに批判がある通り、死体を埋葬すること自体が死穢忌避を意味していたと考えられるからである(近藤、前掲(2)五八～五九頁、山本、前掲(1)一五三～一五四頁)。しかしながら、高取氏のいわれる、平安初期の貴族の間での穢観念の肥大化は容認さるべきであろう（黒田日出男「こもる・つつむ・かくす」〈『王の身体　国王の肖像』平凡社、一九九三年〉五二～五三頁)。

(64)　斎川真「流刑・左遷・左降」(『続日本紀研究』二二三、一九八一年)二四～二六頁。

(65)　『釈日本紀』七（述義)、飯田武郷『日本書紀通釈』九（教育出版センター、一九八一年）四六九～四七一頁、近藤、前掲(10)五三二～五三三頁。

(66)　岡田重精『古代の斎忌（イミ)』(国書刊行会、一九八二年）一三〇～一三三頁。

(67)　大神宝使発遣時の大祓を『江家次第』一五は「八省東廊」大祓とする。

(68)　諸社への奉幣使のうち伊勢神宮への奉幣例が顕著であるが、伊勢神宮は天皇の地位と一体不可分であった（岡田精司「律令制祭祀における伊勢神宮」〈『古代祭祀の史的研究』塙書房、一九九二年〉)。また、護国法会の仁王会は『式』一一に「凡天皇即レ位、講二説仁王般若経一、一代一講」とある如く、天皇即位に密接する仏教儀式という性格をもっていたといえよう（一代一度の仁王会については、滝川「践祚仁王会考（上）（下)」〈『古代文化』四〇―一一・一二、一九八八年〉、同「一代一度の仁王会考」〈『律令と大嘗祭』国書刊行会、一九八八年〉参照)。

(69)　詳論は省くが、大祓の事由からみても建礼門前と八省院東廊大祓との間には共通項が多く、この点からも朱雀門前型と建礼門前型の区分は明らかであろう。ただし、表18には斎王関係の大祓に八省院東廊大祓がなく、両者の区分を逸脱している如くであるが、一一世紀以降の例として野宮移入に際しての八省院東廊大祓例（『本朝世紀』仁平二年〈一一五二〉九月壬子条）があることを付記しておく。

(70)　『三代実録』貞観五年正月庚寅条に「自二去年冬末一。至二于是月一。京城及畿内畿外。多患二咳逆一。死者甚衆矣」とある。「咳逆」病とは現在の流行性感冒に類するものと指摘されている（服部敏良『平安時代医学史の研究』〈吉川弘文館、一九五五年〉二〇四頁)。

(71)　服部、前掲(70)二〇〇頁。

(72)　波平恵美子氏は「病気はケガレであるとする認識はそれが伝染性が強く、病状が重く、社会への打撃が大きいほど明白に現われる」と指摘されている（『ケガレ』〈東京堂出版、一九八五年〉一五六頁)。

(73)　一一・一二世紀の三所大祓においても、実施理由に疱瘡などの疫病流行を指摘することは可能である。左にその理由のみを示したが、本文に掲げたものはここでは省略した。

「依レ攘ニ疾疫一也」（『紀略』長保三年〈一〇〇一〉四月癸丑条）、「依ニ天下疱瘡事一也」（『本朝世紀』康治二年〈一一四三〉五月甲申条）、「依ニ臨疱御祈一」（『百練抄』建久三年〈一一九二〉一一月甲寅条）

(74) とりあえず、『続紀』編纂三区分説（井上薫「続日本紀」〈『国史大系書目解題』上、吉川弘文館、一九七一年〉）に依拠して各記事を大観すると、『続紀』前半の巻二〇まで（a・b・c）は後半と比べても大祓を取りあつかうことがはなはだ少なかったこと、巻二一～二四（d～h）には「大祓。――也」という記事の定型があったこと、巻三五～四〇（i～k）には釈服に関わる大祓がとくに載録されていたことが看取されよう。

(75) 大祓が月の晦日に行われていない例（a・c・f・h）はすべて朱雀門前大祓ではなかったとまでは推断できない。晦日には朱雀門前で大祓を執行する原則はあったが、例外もある。ちなみにcの「百官大祓」は晦日ではなかった。

(76) cの大祓が長屋王事件の処分の一部であったことについては、斎川、前掲(64)二四頁に指摘がある。

(77) 早川庄八「律令国家・王朝国家における天皇」（『日本の社会史』三、岩波書店、一九八七年）、河内祥輔『古代政治史における天皇制の論理』（吉川弘文館、一九八六年）一八二～一八六頁。

(78) 吉田孝「律令国家の諸段階」（『律令国家と古代の社会』岩波書店、一九八三年）四三五頁。

(79) 服藤早苗「山陵祭祀より見た家の成立過程」（『家成立史の研究』校倉書房、一九九一年）。

(80) 女帝の伝統を終焉せしめた原因としては、律令制の嫡系相続的な継承法の導入によるとする井上光貞説（「古代の女帝」〈『日本古代国家の研究』岩波書店、一九六五年〉二三六頁）、女帝にふさわしい候補者がいなかったことと幼帝の出現によるとする河内説（前掲(77)一八五～一八六頁）、貴族たちの政治・儒教・仏教思想からくる女性排除の思想に可能性を求める佐藤宗諄説（「女帝と皇位継承法」〈『日本女性史』一、東京大学出版会、一九八二年〉）などがある。

(81) 岩井忠熊・岡田精司・河音能平「天皇祭祀と即位儀礼について」（『日本史研究』三〇〇、一九八七年）二三頁における河音氏の発言。
なお、中世において子供が神に近い神聖な存在とされていたことについては、黒田「「童」と「翁」」（『境界の中世象徴の中世』東京大学出版会、一九八六年）、同『［絵巻］子どもの登場』（河出書房新社、一九八九年）、伊藤清郎「中世寺社にみる「童」」（『中世寺院史の研究』下、法藏館、一九八八年）、田辺美和子「中世の「童子」について」（『年報中世史研究』九、一九八四年）など参照。

(82)『式』三に「凡宮女懐妊者、散斎之前退出、有二月事一者、祭日之前、退二下宿廬一、不レ得レ上レ殿、其三月、九月潔斎、預前退二出宮外一」とある。この規定の成立が『貞観式』に遡ることについては、三橋正「「弘仁・貞観式」逸文について」（『国書逸文研究』二二、一九八九年）一八頁、西山良平「王朝都市と《女性の穢れ》」（『日本女性生活史』一、東京大学出版会、一九九〇年）一八四～一八五頁参照。

(83)月事の忌みについては、岡田、前掲(66)三三一～三三六頁参照。

(84)守屋俊彦「月立ちにけり」（『ヤマトタケル伝承序説』和泉書院、一九八八年）。

(85)女帝の問題ではないが、古代仏教史の側からも同様な問題が論ぜられている。牛山佳幸氏は八・九世紀に尼が正統的仏教界から排除されていくことを明らかにされ、その原因を律令国家による儒教的倫理の導入や父系制・家父長制家族の成立に求められている（「古代における尼と尼寺の消長」〈『古代中世寺院組織の研究』吉川弘文館、一九九〇年〉）。また、平雅行氏は九世紀後半に成立する、女性差別文言や女人結界などの仏教的女性差別観の背景に家父長制原理の浸透とケガレ観の肥大化を指摘されている（「顕密仏教と女性」〈『日本中世の社会と仏教』塙書房、一九九二年〉）。

(86)古瀬奈津子「宮の構造と政務運営法」（『史学雑誌』九三―七、一九八四年）、今泉「平城宮大極殿朝堂再論」（前掲(41)所収）一九三～一九四頁。

(87)今江広道「「令外官」の一考察」（『続日本古代史論集』下、吉川弘文館、一九七二年）。

(88)丹生谷哲一『検非違使』（平凡社、一九八六年）。

# 二　諸国大祓考

## はじめに

古代の大祓の儀式は、朱雀門前で行われる中央の大祓と諸国のそれとに大別される。このうち、後者の諸国大祓に関しては、養老神祇令諸国条に「凡諸国須二大祓一者。毎レ郡出二刀一口。皮一張。鍬一口。及雑物等一。戸別麻一条。其国造出二馬一疋一」とあり、その法源として『日本書紀』天武五年（六七六）八月辛亥条の「詔曰、四方為二大解除一。用物則国別国造輸。祓柱、馬一匹・布一常。以外郡司。各刀一口・鹿皮一張・钁一口・刀子一口・鎌一口・矢一具・稲一束。且毎レ戸、麻一条」が指摘されている(1)。天武四・五年頃が律令制祭祀成立の重要な画期であった(2)ことに想到するならば、該記事を（天下）諸国大祓(3)の嚆矢とみることができよう。しかしながら、諸国大祓の実態はこれまでも十分に解明されているとはいい難い。

諸国大祓に関する学説史を振り返ってみても、わずかに梅田義彦・三橋健両氏の言及が目に付く程度である。すなわち、梅田氏は諸国大祓はすべて臨時であったこと、「その範囲は、全天下にわたることもあるが、時により比較的狭い範囲にとどまるものもあった(4)」とされ、三橋氏が該大祓には恒例・臨時の二種があったこと、その範囲は天下諸国におよぶ場合と京・畿内諸国という狭い地域の場合があったことを説かれているのである(5)。

両氏の主張を検討すると、諸国大祓が臨時に実施されるものであったことは実際例に照らしても確かなことといえようが、三橋氏の指摘にある諸国恒例の大祓の存在については必ずしも確証が得られないように思う。(6)しかし、ここで問題視さるべきは、両氏のいわれる諸国大祓の範囲である。指摘された諸国大祓の範囲にはなお検討の余地が残されているのではないだろうか。本章での考察はこの一点をめぐるものである。

# 1　諸史料にみる諸国大祓

## （1）『延喜式』にみる諸国大祓

諸国大祓にあたっては中央から諸国に大祓使が派遣されるが、本節でまず確認しておきたいのは、大祓使は浄化のために国内の津々浦々を巡回するという態ではなかったらしいという点である。それは天平九年（七三七）の『和泉監正税帳』に「祭幣帛并大祓使従七位下村国連広田」らが日根郡内巡行に「経壱箇日」であったことから推想されよう(7)（『和泉監正税帳』には他の大鳥・和泉二郡についての大祓使巡行記載箇所が現存していない）。この史料は、管見の限りで大祓使の実際の行動を示す唯一のものであるが、和泉監日根郡での「祭幣帛并大祓」がわずかに一日であったことから、大祓使による諸国大祓とは、おそらくは各国の国・郡衙において大祓を実施する程度であったと思うのである。ちなみに、但馬国府推定地付近の数ヵ所の遺跡や郡衙推定地の伊場遺跡などの地方官衙から、中央の都城と共通する、木製の人形・馬形などの大祓関係遺物が出土していることも右の推測を裏付けるものといえよう。(8)

ところで、律令における諸国大祓の規定としては前記の条文のみであり、その詳細を知り得ないが、『延喜式』には次の四つの諸国大祓の規定がみえる。

a　凡大神宮装束応レ送二伊勢一者、預先宮中祓潔、亦差二中臣氏一、遣二京畿内及近江伊勢并大神宮司一、（左右京一人、五畿内一人、近江、伊勢及大神宮司一人、）預同祓潔、（豊受宮准レ此、）
（四、伊勢大神宮）

b　凡斎王将レ入二大神宮一、在前七月若八月、同時遣二大祓使一、（左右京一人、五畿内一人、七道各一人、）
（五、斎宮）

c　九月神嘗祭使
右尋常之例、十一日参入、而当二斎王参入之時一、即陪従参入、其幣并明衣料、與二尋常一同、更差二使中臣一人一、遣二近江伊勢二国一、在前祓清、
（五、斎宮）

d　凡大祓使者、八月上旬卜定差遣、左右京一人、五畿内一人、七道各一人、下旬更卜二定祓使一差遣、左右京一人、五畿内一人、近江、伊勢二箇国一人、在京諸司晦日集祓如二二季儀一、
（七、践祚大嘗祭）

aは伊勢神宮の定期造替を前に、装束・神宝が作成され神宮へ奉納される際の大祓で、装束使発遣時に宮中の大祓とともに京・畿内・近江・伊勢・大神宮司に中臣氏が差遣されて大祓が執行されるというものである。また、一三世紀中頃成立の『神祇官年中行事』にも定期造替の時の諸国大祓として、

五畿内□人。
同三ヶ国祓使。（同三ヶ国治祓。近江。伊勢。神宮。）
三ヶ国一人。（使五木一人。三ヶ国一人。）

とある。ここで、宮中・京や伊勢神宮所在の伊勢国が大祓の対象とされていることを予想するのは因難ではあるまいが、ことさらに畿内・近江国も浄化の区域に含められているという点はなお考慮せねばならないであろう（後述）。

次のb・cは斎王の群行に際しての諸国大祓である。斎王は卜定の後、初斎院→野宮→群行という手順を踏んで伊勢神宮へ向かうが、bにあるように、群行直前の「七月若八月」には左右京・五畿内・七道に大祓使が遣わされてい

たことが知られるのである。しかし、それと同時に、cに「差二使中臣一人一、遣二近江伊勢二国一、在前祓清」、『西宮記』臨時五に「遣二五畿七道・近江・伊勢祓使一」とあることは留意されねばならない。これをより詳しく定めているのが『神祇官年中行事』で、左の如くにみえている。

同時清祓使。

左右京職一人。　　　　　五畿内一人。

七道各一人。　　　　　　神部各二人。

三ヶ国一人。伊勢。宮司。近江。

要するに、左右京・五畿内・七道毎に大祓使が派遣されるのと同時に「三ヶ国」（伊勢・宮司・近江）にも使者が遣わされて大祓がなされるというのである。その実例においても、長暦二年（一〇三八）八月二五日太政官符が左右京職、五畿内諸国司、近江・伊勢両国・太神宮司、東海道諸国司、東山道諸国司、北陸道諸国司、山陰道諸国司、山陽道諸国司、・南海道諸国司、大宰府に対して下され、斎王群行により「為レ令レ祓二清諸国一」に大中臣氏人が一人ずつ、各地へ派遣されることが命ぜられている（『類聚符宣抄』一）。bにみえる天下諸国（左右京・五畿内・七道）への大祓使がcや『西宮記』以下の諸史料では近江・伊勢・太神宮司に、いわば別枠で差遣されていたことになるのである。ここにも近江・伊勢両国が大祓の対象として特別扱いを受けていたことが窺われよう。

dは大嘗祭前の大祓で、天神地祇への幣帛使（大神宮・五畿内・七道）の派遣（『式』七）に先行して、八月上旬に天下諸国の大祓使が、下旬には京・五畿内・近江・伊勢に同使が遣わされて、重層的に大祓がなされていたことが知られる。(9) 同じ規定は『北山抄』五にもあり、『儀式』二も八月上旬の大祓使については『式』と共通する。しかしながら、『儀式』は八月下旬に発遣される使を「左右京一人、五畿内一人、近江・伊賀・伊勢一人」として大祓の対象に

「伊賀」を加えていた。これは『式』などと比べて、見逃せない差異であると思う。そもそも、この「伊賀」の有無に関する儀式書間での相違は何に由来しているのであろうか。

　右の問題につき、結論を先に示せば、それは九世紀後半における斎王群行道の変更と密接していると思う。九世紀における群行道は『三代実録』貞観三年（八六一）六月甲子条に「下二知近江。伊賀。伊勢国等国司一。役夫一百人。馬二百九十五疋。来九月四日伊勢斎内親王将レ入二太神宮一。仍預令二点儲一」とあることからも窺われるように、近江↓伊賀↓伊勢の各国を通過していた。この道は斎王のみならず、四度使や臨時奉幣使も伊勢へ向かう時に利用する道であった(10)。ところが、仁和二年（八八六）五月、近江国の「阿須波道」を新たに通ることによる「利害」を「検」するために勅使が派遣され（『三代実録』仁和二年五月癸巳条）、同年六月、「近江国新道」が決定する。すなわち、『三代実録』仁和二年六月己巳条によると「伊勢斎内親王応下取二近江新道一入中於大神宮上。仍下二伊勢国一知。又停二伊賀国旧路頓宮一。下二伊賀国一知」として、斎王（繁子）が「近江国新道」を通って大神宮に入るべき旨を伊勢国に下知し、柘植付近にあった「伊賀国旧路頓宮」を廃止したことが分かる(11)。この時点で群行道は近江国から伊賀国を経て伊勢国に向かうコースから、近江国から鈴鹿峠を越えて直接に伊勢国に入ることになったのである(12)。そして、その後はこの道筋に変更が加えられていない(13)。とすれば、諸国大祓に伊賀国を含む『儀式』の規定は仁和二年以前の群行路を反映している(14)のに対し、『式』『北山抄』などは以後の状況と連関していると解されるのではあるまいか(15)。こうした点からして、諸儀式書において近江・（伊賀）・伊勢国の大祓が別枠で規定されていたことは斎王群行道に代表される伊勢神宮への道――装束使や大嘗祭前の奉幣使なども斎王群行道を利用したと思われる――の通過に関係するものと考えられよう。斎王群行の九月は一日から三〇日に至る間を斎月とし、京・畿内・伊勢・近江等国では北辰を祭り、挙哀改葬することが禁止されていた(16)（『式』五）こともあわせて参照されてよいであろう。いずれにしても、伊勢神宮への道が通る諸国に大祓使を派遣して特別に浄化する可能性は大であったと思うのである。

このように『式』などから窺知される諸国大祓とは、伊勢神宮装束使、大嘗祭前の天神地祇幣帛使の派遣および斎王群行の場合において行われ、そのいずれのケースでも京―畿内諸国―近江・(伊賀)・伊勢国―天下諸国の単位の大祓がなされていたとまとめられよう[17]。そして、そこには伊勢神宮の存在と畿内という枠組が重要な意味を持っていたことに気付かれてよいはずである。

（2）諸国大祓例の検討

左の表20は一〇世紀末までの諸史料に散見する諸国大祓（臨時）例を一括して表示したものである。

この表のなかで、大祓の事由についてみると、儀式書などの規定にある伊勢神宮装束使の発遣、大嘗祭前、斎王群行時の大祓とそれ以外の釈(除)服、疫病流行、奉幣使の差遣などの大祓例とに整理することが可能である。しかし、その双方の場合においても、諸国大祓の対象範囲という観点からすると、次のことが察知されるように思う。

それは第一に、諸国大祓の対象としては天下諸国とするものが圧倒的に多く、二三例中一七例を数えるということである。

第二に、限定された地域を単位とする事例として11と14とがある。前者は京・畿内諸国のみの大祓であり、後者の例は前掲の『式』aの規定に関連する、装束使派遣時の京・畿内と近江・伊賀・伊勢国の大祓であった。

第三として、残りの四例のうち、4の「詔₂諸国₁大解除」が天武天皇の病の祓禳であるとすれば[18]、当該大祓を特別に限定された諸国に対する大祓とは考えにくい。天下諸国におよぶ大祓だったのではあるまいか。5の大祓は大嘗祭前のそれとするならば[19]、この「諸国」も『式』のdに準じて、天下諸国か左右京・五畿内・近江・伊賀・伊勢国の大

表20　諸国大祓例

| No | 年月日 | 対象 | 事由 | 出典 |
|---|---|---|---|---|
| 1 | 天武五・八・一六 | 四方 | | 日本書紀 |
| 2 | 七・是春 | 天下 | 将レ祠二天神地祇一 | 〃 |
| 3 | 一〇・七・三〇 | 天下 | | 〃 |
| 4 | 朱鳥元・七・三 | 諸国 | (天武天皇ノ病気) | 〃 |
| 5 | 文武二・一一・七 | 諸国 | (大嘗祭前) | 続日本紀 |
| 6 | 慶雲四・二・六 | (天下)諸国 | 因二諸国疫一 | 〃 |
| 7 | 天平九 | 和泉監 | (疫病流行) | 和泉監正税帳 |
| 8 | 天平宝字二・八・一六 | 天下諸国 | 欲レ行二大嘗一故也 | 続日本紀 |
| 9 | 宝亀元・九・二二 | 京師及天下諸国 | (天下従レ吉) | 〃 |
| 10 | 五・八・三 | 天下諸国 | 以二斎内親王将一レ向二伊勢一也 | 〃 |
| 11 | 七・六・一八 | 京師及畿内諸国 | 奉二黒毛馬丹生川上神一、旱也 | 〃 |
| 12 | 延暦元・七・二九 | 諸国 | 釈レ服 | 〃 |
| 13 | 三・一二・六 | 畿内七道 | 奉二幣於天神地祇一 | 〃 |
| 14 | 一四・八・三〇 | 宮中及左右京、畿内、近江、伊賀、伊勢国 | 為レ奉二伊勢太神宮装束物一也 | 日本紀略 |
| 15 | 一八・七・二八 | 畿内七道諸国 | 以二斎内親王将一レ入二伊勢一也 | 日本後紀 |
| 16 | 大同元・五・七 | 左右京并天下諸国 | 釈レ服 | 〃 |
| 17 | 嘉祥三・四・四 | 五畿内七道諸国 | 為レ除二凶服一 | 文徳実録 |
| 18 | 天安二・九・一四 | 左右京五畿七道 | 以レ将レ釈レ服也 | 三代実録 |
| 19 | 元慶元・八・二五 | 五畿七道諸国 | 為レ供二奉大嘗会一也 | 〃 |
| 20 | 八・八・一六 | 左右京五畿内七道諸国 | 以二十一月可一レ修二大嘗会一也 | 〃 |
| 21 | 仁和三・九・一五 | 五畿七道 | 為レ除二凶服一 | 日本紀略 |
| 22 | 寛平九・八・二八 | 五畿七道諸国 | 為レ行二来十一月大嘗会一也 | 〃 |
| 23 | 天慶元・九・一二 | 五畿七道 | 依下斎王可上レ向二伊勢一給二五畿七道一可二解除一官符八道、有下捺二内印一之事上 | 本朝世紀 |

(注)　事由欄内の(　)は推定。

祓のどちらかであったと推断される。12例は詔に「其諸国釈服者。待祓使到。祓潔国内。然後乃釈」とあり、釈服の際の大祓であるが、前後の例（9・16・17・18・21）からみても、この「諸国」が天下を指していたことはまず間違いないところであろう。

したがって、和泉監に大祓使派遣が知られるに過ぎない7を措くとすると、表20から帰納される諸国大祓の範囲は京・畿内―近江・（伊賀）・伊勢―天下を対象としたものであったといえよう。これが『式』などに定められていた諸国大祓の対象領域と対応するものであったことは改めて指摘するまでもあるまい。

## 2　諸国大祓の史的意義

以上、『式』および六国史などの諸史料をもとに諸国大祓についての初歩的な考察を試みた。本章で述べてきたのは、梅田・三橋両氏が論及し残された諸国大祓の範囲が京・畿内、近江・（伊賀）・伊勢、天下の三種に限定されていたこと、かつ、その大祓は天武五年（表20、1）にはじまっていたことの二点である。

このうち、とくに諸国大祓の範囲に関しては、京・畿内諸国と伊勢神宮が所在する伊勢国および伊勢神宮への道が通過する諸国の大祓が天下諸国のそれと並んで重視されていた点を看過することはできない。[20]というのも、かかるあり方が伊勢神宮を頂点とし、畿内諸社を幣帛などの面で優遇するという律令制的神祇祭祀体制の構造的特質と一致していたと考えられるからである。[21]既述の如く、天武四・五年頃が律令制祭祀成立の一画期であったことから、右記のような構造をもつ諸国大祓の史料上の初見が天武五年であったというのも十分納得されるはずである。しかも、この点をもう一歩進めれば、こうした諸国大祓の構造を、律令国家とは畿内出身の諸豪族が天皇家を中心に結集して全国を制圧したとする畿内政権論[22]の一証とすることもできるであろう。

本章の最後に、諸国大祓と平安期の陰陽道の七瀬祓[23]との関係について触言しておきたいと思う。七瀬祓は一〇世紀後半に行われていたことは確認できるが[24]、成立事情などには不詳な点が多い。『禁秘抄』上、「毎月事」には「一日。……七瀬御祓。陰陽師進二人形一。入二折櫃一。有レ蓋。書二其所并名一。女房令レ着二色々衣一。自二内蔵寮一召レ之。近代於二台盤上一着レ之。尤無レ謂。……次主上懸二御気一撫レ身。返コ入折櫃一。置二台盤所西御簾下一。侍臣各取レ之。向二河原一代〔祭脱カ〕厄具レ之。帰参之後。主上着二御衣二」として、陰陽師が奉った人形に天皇が「御気」をかけ、御身を撫でて返し、それを殿上の侍臣が河原に向かって解除するとある。その際、ケガレを解除する場所として三種の七瀬祓があった。すなわち、①川合・一条・土御門・近衛・中御門・大炊御門・二条末の洛中七瀬、②耳敏川・河合・東瀧・松崎・石影・西瀧・大井川の霊所七瀬、③難波・農太・河俣（摂津）・大嶋・橘小嶋（山城）・佐久那谷・辛崎（近江）の七瀬である（『師光年中行事』・『公事根源』・『河海抄』九など）。このなかには、地名比定の困難なものがあるが、①の各地が平安京の東域、②が平安京の北辺、③が近江から難波にかけての淀川流域にあたるとみて大過なかろう。

金子裕之氏は平城京から出土する人形・人面土器・土馬・模型カマドなどの遺物が大祓と関連することを明らかにされ、しかも、その発掘地点が京内外に無数に発見されることは祓の効果をあげるために同じ行為を複数回、場所をかえて行ったことによるもので、そうした形は藤原京で芽生え、平城・長岡京を経て平安京の七瀬祓に継承されていったと説かれている[25]。おおむね妥当な考説であると思う。ただ、諸国大祓論の立場から注目しておきたいのは、天皇の浄化を目的とする七瀬祓による解除が京・畿内（その周辺も含めて）[26]で完結していた点である。かかる事実から、七瀬祓は、これまで述べてきた諸国大祓のなかで京・畿内諸国の大祓の系譜を受け継いでいると考えられるのではあるまいか。ここに金子説とは別の意味での律令制下の諸国大祓の平安期の七瀬祓への影響を指摘しておきたいと思うのである。

注

（1）『律令』（日本思想大系、岩波書店、一九七六年）五三九頁、神野清一「天武十年紀の天下大解除と祓柱奴婢」（『日本古代奴婢の研究』名古屋大学出版会、一九九三年）二五頁。

（2）荒木敏夫「伊場の祭祀と木簡・木製品」（『伊場木簡の研究』東京堂出版、一九八一年）、拙稿「日本古代の「名山大川」祭祀」（本書Ⅰ―一）。

（3）『紀』の天武五年八月辛亥条の「四方」とは、とくに畿内との対比でこの語が使用されていないことから、天下諸国を指すとするのが妥当であろう（「四方」については、拙稿、前掲（2）四四～四五頁参照）。

（4）梅田義彦「臨時大祓考」（『神道の思想』二、雄山閣出版、一九七四年）二七九～二八〇頁。

（5）三橋健「大祓研究序説」（『神道史論叢』国書刊行会、一九八四年）。

（6）拙稿「古代大祓儀の基礎的考察」（本書Ⅲ―一）二〇七頁。

（7）『続日本紀』には『和泉監正税帳』にいう「祭幣帛并大祓使」に該当する記事を見出し得ないが、『続紀』天平九年五月壬辰条、同年七月乙未条、同年八月甲寅条には四月より疫病流行のことがみえるので、この大祓は疫病祓除のためであろうか。

（8）金子裕之「平城京と祭場」（『国立歴史民俗博物館研究報告』七、一九八五年）二八〇頁、加賀見省一「但馬国府と祓所」（『歴史学と考古学』真陽社、一九八八年）。
なお、加賀見氏は但馬国府周辺の祓の執行主体を国司に比定されているようである（同上論文、五六二頁）が、本章の考察からも明らかなように、中央から下向した大祓使の役割も評価すべきであろう。

（9）『式』一一（太政官）には大嘗祭前のこととして「十月、遣二諸国一大祓、及差二奉幣使一発遣、即天皇臨二幸川上一為レ禊」という条文がみえる。しかしながら、ここでいう大嘗祭前「十月」の諸国大祓や奉幣使の発遣のことは寡聞にして知らない。これは正しくは八月の諸国大祓と天神地祇奉幣使の派遣（『式』七）を指すのではあるまいか。問題の太政官式文の「十月」は「十月下旬」に実施される御禊（『式』七）にかかるのであろう。

（10）『類聚三代格』一、貞観四年（八六二）一二月五日太政官符、同、元慶六年（八八二）九月二七日太政官符など。

(11)「奉送伊勢斎内親王使中納言藤原朝臣山陰廿八日奏状」によると「今日巳時。王輿出レ自二近江国垂水頓宮一。酉時到二伊勢国鈴鹿頓宮二」とある(『三代実録』仁和二年九月乙巳条)。

(12)田中君於「斎宮群行道並びに入京道について」(『国学院高校紀要』一五、一九七三年)、足利健亮「平安京から伊勢神宮への古代の道」(『環境文化』五一、一九八一年)、同「大和から伊勢神宮への古代の道」(『日本古代地理研究』大明堂、一九八五年)。

(13)『式』五にも斎王の頓宮の所在地が「近江国国府、甲賀、垂水、伊勢国鈴鹿、壱志、総五所」と定められている。

(14)平城京の段階での群行道は大和→伊賀→伊勢であった(前掲(12)の諸論文)ので、『儀式』の規定の上限も平安初期を遡ることはあるまい。

(15)この間の事情は『式』の伊勢神宮装束使派遣時の諸国大祓(a)の範囲についても同様で、『式』では近江・伊勢・大神宮司とあるところを、『紀略』延暦一四年(七九五)八月甲午条の同大祓では大神宮司の代わりに伊賀が入っていた(本文後掲の表20、14参照)。

ただし、『式』以後の時代においても、『儀式』の如き、伊賀国を含む大祓が継承されることもあったらしい。それは次の三史料から知られよう。①『北山抄』五に大嘗祭前の八月下旬の大祓として、左右京・五畿内・近江・伊勢への大祓使派遣を記した後、「神祇官式如レ之。而儀式、伊賀加レ之。可レ依二彼式一歟。符案如二儀式一」とし、その頭注に「延喜、大神宮路次、伊賀駅加二近江駅一。仍此式文停二伊賀一也。而偏依レ旧符案未レ改耳」とあるように『儀式』説が依然として「符案」に受け継がれていること。②『小右記』長和元年(一〇一二)八月壬寅条によると、左中弁(藤原朝経)が実資に示した、大嘗祭前の「当月下旬大祓之符案」にも①と同じく「太政官符近江・伊賀・伊勢等国司」とあったこと。なお、「弁云、神祇式載二近江・伊勢二个国一、儀式載二三个国一、符案同載二三个国一、未レ得二其意一」としたのに対し、実資は「路次伊賀・伊勢也、但尋常往還路用二近江一、仍祓二清三个国一歟、然可レ依二三国例一、又往二還伊勢一之路、用二伊〔賀〕(本定)・近江等一之故歟」と答えている。③『西宮記』臨時七の「大嘗会事」に「遣二諸道大祓使一。後遣二京内・近江・伊勢・伊賀一。」とあり、ここにも伊賀が登場していること。

いずれにしても、以上の史料からすると、一〇世紀に入っても伊賀国を含む諸国大祓が実施されていた可能性も考慮されよう。

(16) 北辰祭については、田中「斎王群行と北辰祭について」(『史学研究集録』三、一九七八年)、吉野裕子『陰陽五行思想からみた日本の祭』(弘文堂、一九七八年)一五六頁・二五二頁参照。

(17) なお、『令集解』神祇令諸国条の古記には「天皇即位。物祭二天神地祇一。必須二天下大祓一。以外臨時在耳」として、天皇即位時の天神地祇惣祭に際して、必ず「天下大祓」が行われる旨が規定されている。この天神地祇惣祭が何を指すのかについては、同じ神祇令即位条の「凡天皇即位。物祭二天神地祇一。散斎一月。致斎三日。其大幣者、三月之内。令二修理訖一」という条文の解釈とともに、以前から問題とされ、諸説がある。
しかし、即位条の古記には「天皇即位之時」として「時」の一字が加わっていたこと、律令用語では即位儀に相当するものは〃践祚〃で、「即位時」とあるのは即位儀を意味せず、「〃就任した時には〃」とみられることから、天神地祇惣祭とは、天皇「代替りに伴う嘉礼としてのすべての行事――即位儀・大嘗祭に伴う由奉幣や諸社奉幣・大神宝は勿論、大嘗祭そのものも、大嘗祭の翌年に難波で挙行される八十島祭、代替りによる伊勢斎王の交替、さらには即位儀も含むものであった」(岡田精司「即位儀・大嘗祭をめぐる問題点」〈『古代祭祀の史的研究』塙書房、一九九二年〉九一頁)という説に従うべきであろう。ちなみに神祇令諸国条の古記にいう諸国大祓とは表20の8・19・20・22が大嘗祭前の「天下大祓」として該当しよう。

(18) 『日本書紀』下(日本古典文学大系、岩波書店、一九六五年)四七九頁。

(19) 林陸朗校注訓読『続日本紀』一(現代思潮社、一九八五年)注釈三頁、『続日本紀』一(新日本古典文学大系、岩波書店、一九八九年)一三頁。

(20) 『続紀』宝亀六年(七七五)八月辛卯条に「大祓。以二伊勢美濃等国風雨之災一也」とある。これは『続紀』の大祓記事からして、中央の朱雀門前大祓例と判断すべきである(拙稿、前掲(6)一九三〜一九四頁)が、この災害に対して大祓儀がなされたのも罹災地に伊勢神宮が所在していた(『続紀』宝亀六年八月癸未条)ことに原因があろう。これも大祓における伊勢神宮重視の証左となろう。

(21) 岡田「律令的祭祀形態の成立」(『古代王権の祭祀と神話』塙書房、一九七〇年)一七二〜一七三頁。

(22) 関晃「律令支配層の成立とその構造」(『新日本史大系』二、朝倉書店、一九五二年)、西本昌弘「畿内制の基礎的考察」(『史学雑誌』九三―一、一九八四年)、早川庄八『日本古代官僚制の研究』(岩波書店、一九八六年)、大山誠一『古代国家

と大化改新』（吉川弘文館、一九八八年）、大津透「律令国家と畿内」（『律令国家支配構造の研究』岩波書店、一九九三年）
など。また、拙稿、前掲（2）も参照されたい。

（23）七瀬祓については、山上伊豆母「禊祓の本質」（『古代祭祀伝承の研究』雄山閣出版、一九七三年）、伊藤喜良「中世における天皇の呪術的権威とは何か」（『日本中世の王権と権威』思文閣出版、一九九三年）、金子「穢の防止対策」（『季刊考古学』二二、一九八八年）、同「都城と祭祀」（『沖ノ島と古代祭祀』吉川弘文館、一九八八年）、同、前掲（8）など。

（24）「応和三年（九六三）七月廿一日御記」（『河海抄』九所引）。ただし、仁和元年（八八五）に藤原基経によって献上されたという『年中行事御障子文』の「月中行事」に「七瀬御祓事」とみえ、これが同書にはじめから備わっていたとするならば、七瀬祓の成立は同書の原型がまとめられた弘仁年間にまで遡ることになろう（『年中行事御障子文』の成立については、黒須利夫「『年中行事障子』の成立」〈『歴史人類』二一、一九九三年〉参照）。

（25）金子、前掲（8）（23）。

（26）七瀬祓が行われる場所のなかで畿内に含まれない近江国の辛崎・佐久那谷に関しては、丸山竜平氏が旧大津市域に畿内型条里が存在していたことなどから、琵琶湖西岸から瀬田川右岸流域は畿外・東国のなかにあって、畿内の顔をした特別区であったと指摘されている（「勢多橋と近江国府」〈『勢多唐橋』（六興出版、一九九〇年）一六三～一六八頁〉）のが留意される。

# 三　古代大儺儀の史的考察

## はじめに

大儺（追儺）とは、日本古代の宮廷で大晦日の夜に行われた方相氏・侲子らによる疫鬼追放の儀式であった。この儀が中国伝来であったことは周知の通りであろう。

本章の考察の出発点はこの中国の儀式を日本がどのように受容していたのかという点にある。というのも後述の如く、日本では本来、鬼を追う役の方相氏が時代の経過とともに鬼とみなされて追放されるという、きわめて不可思議な変化が生まれていたからである。これは中国・朝鮮においてけっしてみられなかったことからも、日本の大儺受容のあり方とも関わる問題であったのではないだろうか。

そもそも、日中の大儺儀の比較検討に関しては、その共通性を指摘する説と相違を強調する学説とがあり[1]、未だ十分な解決に至っているとはいい難いのが現状である。また、大儺は朝鮮においても導入されていた。この朝鮮の大儺は日本のそれを考えるうえでも貴重な比較材料と思われるにもかかわらず、従来、比較分析の対象に取り上げられることが少なかったように思う。

そこで、本章では中国で発達した大儺儀の諸相をまず見極めていくことからはじめたい。次に、それを受容した側の朝鮮と日本の大儺を論じ、同一の儀式を受け入れつつも相異なった様子を示した日朝両国の関係を考察していきたい。そして、そのうえで日本の大儺儀の変質についても論じてみたいと思う。

## 1 中国・朝鮮・日本の大儺儀の比較検討

### （1）中国の大儺儀

中国の大儺については、これまでも小林太市郎(2)・上田早苗(3)・中村喬氏(4)らに論考があるが、本論の基礎となる事柄であるので、ここに煩をいとわず、先行研究に導かれながらまとめておきたいと思う。

儺とは鬼を追い払う「鬼やらい」の行事であった。『礼記』六（月令）(5)には三時儺として一年に三度執り行われるとある。すなわち、①季春三月に「命レ国難、九門磔攘以畢二春気一」、②仲秋八月に「天子乃難、以達二秋気一」、③季冬一二月に「命二有司一大難、旁磔、出二土牛一、以送二寒気一」というのである。『論語』郷党第一〇にみえる「郷人儺」とは、①の「国難」に他ならない。この時、孔子は「朝服而立二於阼階一」のであるが、これは鬼やらいの行事の際に祖先神をしずめるためという。

右の『礼記』の三時儺に関しては、後漢の鄭玄が次のような注を加えている。それによると、①に「此難難二陰気一也。陰寒至レ此不レ止。害将レ及レ人。……気佚則厲鬼随而出行」、②に「此難難二陽気一也。陽暑至レ此不レ衰。害亦将レ及レ人。……気佚則厲鬼随而出行」、③に「此難難二陰気一也。難レ陰始二於此一者、……為下厲鬼将中随二強陰一出、害上レ人也」とある如くで、陰陽がバランスを失うと厲鬼が活動して人々に害をもたらすとしている。鬼を追却する儺が行われる所以である。

こうした儺と陰陽との関係を説くのは『礼記』のみではない。『呂氏春秋』一二（季冬紀）の一二月の大儺に対する前漢の高誘注（「大儺逐㆒㆑尽陰気㆒為㆓陽導㆒也」）や後述の『隋書』八・『大唐開元礼』九〇にも確実に見出される。また、日本の儀式書にもよく引用された唐の李邕の『金谷園記』（6）（『年中行事秘抄』所引）にも「陰気将㆑絶。陽気始来。陰陽相激。化為㆓疾癘之鬼㆒。為㆓人家㆒作㆑病」とみえるところであった。

この儺の場における鬼追いの役割を演ずるのが方相氏であったことは前記『礼記』鄭玄注の①②の引用文に引き続いて「命㆓方相氏㆒、帥㆓百隷㆒、索㆑室殴㆑疫以逐㆑之」とあり、また、『周礼』八（夏官・司馬）に「方相氏。掌蒙㆓熊皮㆒、黄金四目、玄衣朱裳、執㆑戈揚㆑盾、帥㆓百隷㆒而時難、以索㆑室殴㆑疫」とある通りである。同様なことは多くの書物にみえるが、ここではもう一例として、『捜神記』一六の記載を左に追加しておきたい。

昔顓頊氏有㆓三子㆒、死而為㆓疫鬼㆒。一居㆓江水㆒、為㆓瘧鬼㆒、一居㆓若水㆒、為㆓魍魎鬼㆒、一居㆓人宮室㆒、善驚㆓人小児㆒、為㆓小鬼㆒。於㆑是正歳命㆓方相氏㆒帥㆑肆儺。以駆㆓疫鬼㆒。

以上の史料から、中国の大儺の基本構成とは、いわば二本建てであったことが窺われよう。すなわち、それは（A）陰陽のバランスが失われると、（B）厲鬼が活動し人々に害を及ぼす。そこで、大儺を実施して（a）犠牲を磔して陰陽のバランスを回復せしめ、（b）方相氏が厲鬼を駆逐するということになる。この（A）―（a）、（B）―（b）の二部構成から成り立つ大儺は実際にはどのような儀式として執行されていたのであろうか。

古代中国で大儺儀の施行が知られるのは前漢代からで、後漢の衛宏著『漢旧儀』（『後漢書』礼儀志注所引）には前漢の大儺の様子が「方相氏帥㆓百隷及童女〔子〕㆒、以㆓桃弧・棘矢・土鼓㆒、鼓且射㆑之、以㆓赤丸・五穀㆒播㆒㆑灑之㆓」として断片的に伝えられている。（7）しかし、その宮中の大儺の詳細な記述は『後漢書』礼儀志を待たねばならない。そこで、同書によって、儀式の核心と思しき部分を整理すると、以下の通りとなる。（8）

（一）臘の前日、夜漏（水時計）が水を上すると、朝臣は会集する。
（二）侍中・尚書・御史・謁者・虎賁・羽林郎将は皆、赤幘（ずきん）して、天子の護衛をする。
（三）乗輿（天子）が前殿に御す。
（四）黄門令が「侲子（一二〇人）備、請レ逐レ疫」と奏上する。
（五）中黄門（一二獣）は「甲作食レ殸、胇胃食レ虎、雄伯食レ魅、騰簡食二不祥一、攬諸食レ咎、伯奇食レ夢、強梁・祖明共食二磔死一、寄生・委随[9]食レ観、錯断食レ巨、窮奇・騰根共食レ蠱。凡使下十二神追二悪凶一、赫二女躯一、拉二女幹節一、解二女肉一、抽中女肺腸上。女不二急去一、後者為レ糧」（傍線部が一二獣名、「食」字の後が一二獣に食べられる鬼の名前）という呪文を唱え、侲子がこれに和す。
（六）方相と一二獣が舞をなし、嚾呼して「周徧前後省三過[10]」。
（七）炬火を持って疫鬼を端門から送ると、門外の騶騎（騎士）がそれを伝えて司馬闕門を出、そこで五営騎士が受け継いで火を雒水中に棄てる。

この後は北魏に実施の記録をみる。すなわち、『魏書』一〇八（礼志）に和平三年（四六二）「因二歳除大儺之礼一、遂耀レ兵示レ武。更為レ制、……有二飛龍騰蛇之変一、為二函箱魚鱗四門之陣一、凡十余法」、同書五（高帝紀）に「制二戦陣之法十有余条一。因二大儺一耀レ兵、有二飛龍、騰蛇、魚麗之変一、以示二威武一」とある。しかし、これは大儺付属の「戦陣之法」が定まったというものであって、大儺自体の記述は一切みられない。したがって、ここから北魏の大儺儀を窺うことは困難といわざるを得ないであろう。

北魏以降では北斉の例が知られる[11]。この北斉の大儺（『隋書』八〈礼儀志〉）は後漢との共通点が多い。両者の間の顕著な相違としては後者が大儺を臘の前日の執行とするのに対し、前者がそれを「季冬晦」と改めた点であろう。この変更が北魏の太和一五年（四九一）になされたことは『南斉書』五七（魏虜伝）に「又詔罷ニ臈前儺一、唯年一儺[12]」とある通りである。いずれにしても、北斉の制は後漢のそれをおおむね継承したといってよいであろう。

ところで、これが隋代になるといささか様相が変わる。『隋書』八（礼儀志）の大儺の記述は簡略であるので、その儀の中身は隋制を比較的忠実に継承したと思われる唐の大儺を述べる時に一括して論ずることとしたいが、さしあたって隋では北斉との違いとして、①『礼記』月令にみる三時儺が実施されていたこと、②大儺によって陰陽を禳うとあること、③大儺儀の最後に「諸祝師執レ事、預副ニ牲胸一、磔ニ之於門一、酌レ酒禳祝。挙ニ牲并酒一埋レ之」とあり、祝師が犠牲を供えて祝す（祝文を読む）ことがなされていたこと——の三点を指摘しておきたい。それ以外の方相氏らによる鬼の追放部分は後漢以来、大きな変化をみるところではなかった。

次の唐では『大唐開元礼』九〇（軍礼）・『新唐書』一六（礼楽志）・『大唐六典』一四などに大儺儀が記されているが、そのなかでは『開元礼』の規定がもっとも詳しい。それによると隋の大儺の儀式次第は唐に受け継がれていったようである。ただし、唐では三時儺ではなく、年末の一儺に戻り、新たに地方の諸州県儺が登場したという違いもあった。以下、『開元礼』によって儀式の概要を整理すると左の通りになる（諸州県儺もほぼ共通の内容である）。

（一）其日（大晦日）未明、諸衛が所部を率いて門に列仗し、近仗が（大極殿）階下に陳ぶ。

（二）鼓吹令が儺者（方相氏・侲子〈一四四人〉[13]・一二獣ら）を統率して宮門外に至ると、内侍が皇帝出御の殿（太極殿）に詣り、「侲子備、請レ逐レ疫」と奏上する。

（三）内侍伯六人が儺者を長楽門・永安門より引き入れ、左右上閤に至る。その間、儺者は鼓譟して進む。

（四）方相氏が戈を執り楯を揚げると、唱師と侲子が唱和して「甲作食レ殈」以下の呪文を唱える。この呪文は『後漢書』にみるもの（前記の（五））とほとんど変化がない。ただ、『後漢書』に「胇胃食レ虎」とあるとこ

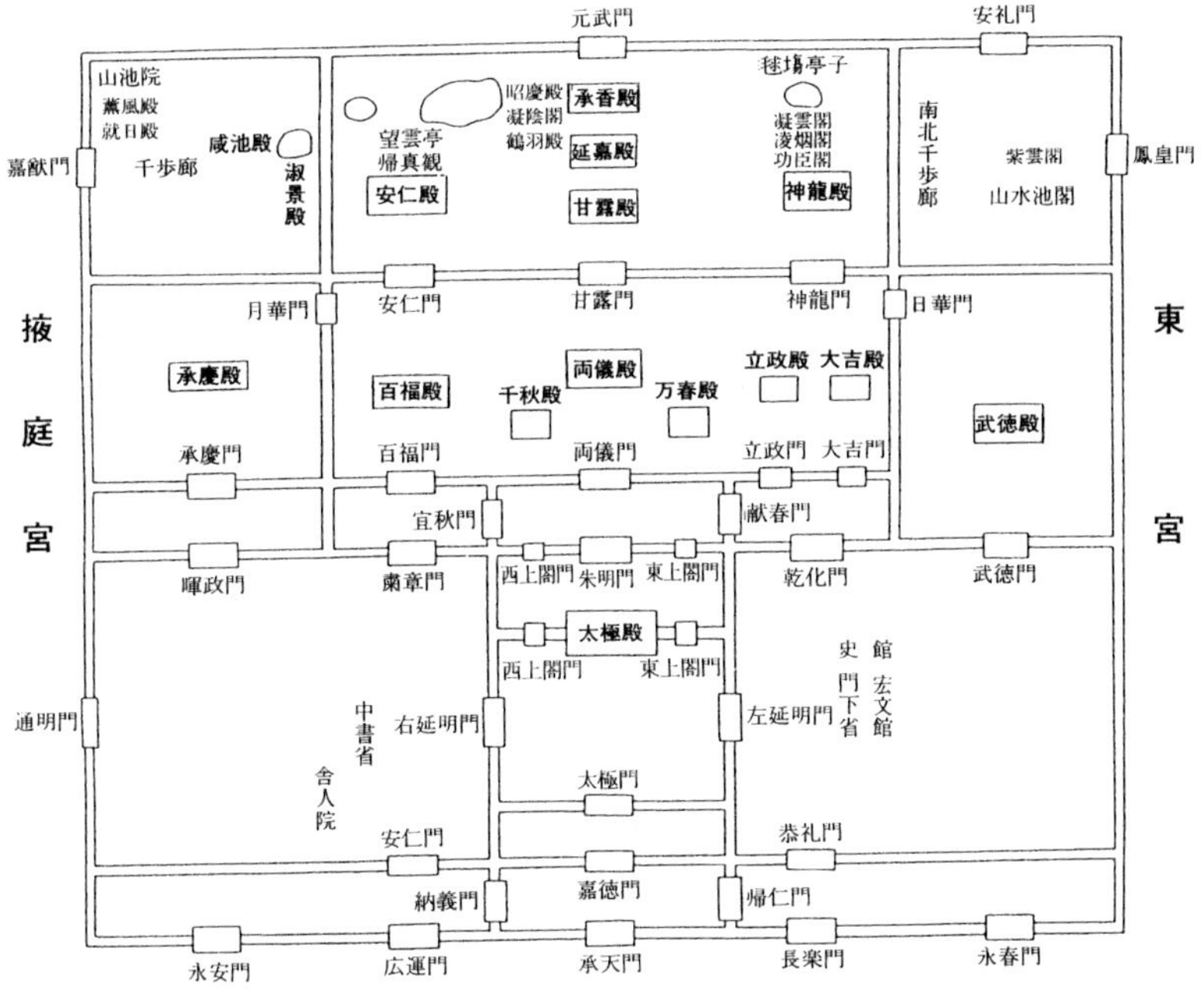


長安宮城図

ろを『開元礼』が「虎」字を「疫」字に改めている点だけが唯一の相違点であった。『開元礼』のように「疫」とするものは中国では他に例をみない[14]ことから、この点は中国の大儺が継受された場合の中国側のモデルを探る一つの手がかりになるはずである（後述）。

（五）儺者は再び鼓譟して進み、順天門（承天門[15]）を経て、諸隊に分かれて諸城門（皇城諸門）から出、（長安城）郊外まで至って止む。

（六）儺者が出発する頃、太祝・宰手[16]・斎郎によって中門（朱雀門）に神席が設けられ、そこに犠牲と酒が奠ぜられる。

（七）祝史は（神席の）座の右に跪き、以下の祝文を読む。「維某年歳次月朔日、天子遣㆓太祝臣姓名㆒敢昭㆓告於太陰之神㆒、玄冬已謝、青陽馭節、惟神屏㆓除凶厲㆒、俾レ無二後艱一、謹以二清酌一敬薦二於太陰之神一、尚饗」。最後に犠牲や酒を埳に埋めて終わる。

この『開元礼』の大儺の構成とは大別して、方相氏・侲子・一二獣らによる疫鬼追放の件（（一）～（五））と斎郎が犠牲を磔したうえで祝史が太陰之神に対し冬から春への順調な推移を祈る祝文を読む件（（六）（七））の二部からなっていたとまとめることができよう。このうち、前者が先の『礼記』などにみた大儺のあり方では（B）―（b）に、後者が（A）―（a）に対応するものであったことはいうまでもあるまい。すなわち、唐では『礼記』などの大儺のあり方が比較的忠実に執行されていたことになる。そして、この唐での大儺の基本形は前記の如く、隋のそれを継承したものと思われるので、大儺の二部構成は隋についても該当するといえよう。

ひるがえって、かかる観点から、後漢・北斉の大儺の制を見直すと、後漢・北斉の特徴として、方相氏らによる疫鬼追放は（B）―（b）に同じであるが、（A）―（a）の儀が欠如しているか、きわめて稀薄であることが指摘できよう。すくなくとも、後漢・北斉の大儺には唐のような犠牲獣や太陰之神への祝文が登場していなかったことが改めて留意されるのである。

このようにみてくると、中国の大儺とは後漢・北斉のような（B）―（b）を中心とするものと、隋・唐のように（A）―（a）と（B）―（b）とをあわせ持つものと二型あったことが窺知されよう。日本や朝鮮がこのうちどちらのタイプを受容していたのかというのは興味深い問題であるが、それは『開元礼』以後の大儺についても一瞥を加えてから論ずることとしたい。

『開元礼』以降としては、唐末の『楽府雑録』駆儺に記述を見出すことができる。同書には大晦日の儀式の核心的な行事部分が詳述されていないが、方相氏・侲子・一二獣についてはその容姿からして後漢以来の伝統が受け継がれているようである。なお、『楽府雑録』の駆儺に関しては、これが方相氏らの活躍する大儺としては最後であったこと、そして、同書に至るまでの間、中国では日本のように方相氏が鬼に転落してしまうというような変化がけっして生じなかったことを付言しておきたい。

次の宋代になると大儺の様子は唐末までと比べて一変する。一二世紀はじめの北宋の首都、汴京の様子を描いた『東京夢華録』一〇によると、「将軍・門神・判官・鐘馗・小妹・土地神・竈神」の類に扮装した「千余人。自二禁中一駆祟（鬼やらい）」という。[17] この大儺に「政和中」（一一一一～一一一七）のこととして「八百枚」もの多数の「面具」が用いられていたことは『老学庵筆記』一にもみる通りである。また、こうした大儺の盛んなる様子は南宋の首都、臨安においても変わりがなかった（『夢粱録』六）。ただし、宋以後の元・明・清には宮中での除夜の大儺は実施された形跡はないようである。

ところで、かかる唐から宋への大儺儀の変質について、中村氏は唐までの大儺は後漢の制の継承で、方相氏らが登場するなど、「なお古代的観念の伝統下にあった」とされ、一方、宋代には方相氏を用いず、「一般庶民に馴染みの神鬼にかわったということは、そうした古代的観念にもとづく形式を一掃し、新しい観念にもとづいた大儺へと変化した」[18]と指摘されている。おおむね妥当な見解であろう。

なお、これまで述べてきたところはあくまでも宮中の大儺の系譜であった。民間では清代の杭州地方の習俗を記録した、顧禄著『清嘉録』一二に記された「跳竈王」（一二月の始めから二四日までの乞食たちの乞銭の習慣）、「跳鐘馗」（一二月の始めから除夕までの乞食たちの鬼払いの習慣）が民間大儺の系譜を引くものであった。[19] これと類似のものは宋代では「打夜胡」の名で知られ（「打夜胡」は『東京夢華録』に「駆祟之道也」、『夢粱録』に「駆儺之意也」とある）、さらに時代を遡れば、南朝梁の『荊楚歳時記』一二月八日臘日の「村人並繫〔撃カ〕二細腰鼓一、戴二胡公頭一、及作二金剛力士一、以逐レ疫」や『礼記』月令にみる三月の「国儺」および『論語』の「郷人儺」にその先蹤が求められよう。こうした宋代以降の民間の大儺の継承は右記の杭州地方などでは窺われるところであったが、中国全土では、明・清代の地誌に儺を記すものが少なく、全体的には廃れていったようである。[20]

（2）朝鮮の大儺儀

朝鮮における大儺[21]受容の嚆矢は文献のうえでは『三国史記』三二（楽志）にみる崔致遠（八五七〜？）の「郷楽雑詠五首」のなかの「大面」詩で、新羅末期にまで遡る。同詩のなかの「黄金面色是其人、手抱㆓珠鞭㆒役㆓鬼神㆒」は大儺の光景をうたったものといわれている。[22]新羅に関しては上記以外に手がかりはないが、これ以前に新羅での大儺実施の明徴が得られないことからも、新羅末において中国式の大儺儀が開始された可能性も考慮されるのではないだろうか（後述）。

次の高麗では、『高麗史』六四（礼志）に詳しい儀式次第が掲載されている。『増補文献備考』六四（礼考）によると、高麗の大儺は「毅宗時詳㆓定季冬大儺儀㆒」とあり、『高麗史』五九（礼志）の冒頭の序文に「至㆓毅宗時㆒平章時崔允儀撰㆓詳定古今礼五十巻㆒」とあるので、毅宗の時（在位一一四七〜一一七〇）制定の『詳定古今礼』五〇巻に大儺が規定されていたものと思われる。

高麗の大儺の特色は唐の『開元礼』と一致点が多く、『開元礼』の翻案であったことである。確かに、高麗では唐のような諸州県儺は実施されておらず、季冬の一儺のみであったが、『開元礼』の文章との類似性からして、また、何よりも『高麗史』では侲子らの呪文が「赫（ママ）胃食㆑疫」とあって『開元礼』の特徴を示していることが右記の結論を導くのである。

もっとも、『高麗史』の大儺が『開元礼』とまったくの同文でなかったことも事実である。若干の修正箇所もあった。それは第一に、たとえば、『開元礼』で儺者が順天門から出、諸隊に分かれて諸城門より郭外に至る（『開元礼』の整理では二三三頁の（五）というのを『開元礼』の原文には「諸隊各趨二順天門一以出。分詣二諸城門一。出レ郭而止」とあるが、これを『高麗史』では「諸隊各趣レ門以出。出レ郭而止」と節略している点があげられよう。このような傾向は当該例に留まるものではないが、『高麗史』では『開元礼』のなかから宮城施設名を削除しているわけである。また、挙例は省くが、官職名についても同様な処置が取られている(23)。これは高麗が『開元礼』を導入する際に、そのなかから固有名詞を省いて『開元礼』の制を適用し易くしようとした高麗側の〝努力〟のあらわれと解されるのではないだろうか。

第二の顕著な違いは『開元礼』にみられた犠牲に関わる箇所を『高麗史』がすべてカットした点が指摘されよう。これも一例をあげると『開元礼』で大儺の最後に「牲并酒」を埳に埋めるという件(24)（前出では（七））のうち、『高麗史』では「牲」を「禳物」に改変している。かかる例は他の『開元礼』における記述にもみられ、その結果、高麗の大儺は唐とは異なり、犠牲を欠くという形になった。この犠牲の忌避は『高麗史』六四にみる靖宗六年（一〇四〇）一一月詔で「朕即位以来心存二好生一」ので「歳終儺礼磔二五雞一以駆二疫気一」のを止めて「可レ貨二以他物一」としたことに由来しよう。ここから、高麗の大儺では一一世紀中頃に犠牲が削除されたことが分かるが、また、それと同時にそれ以前では唐にならった犠牲の供せられる大儺が執り行われていたことも推測されよう。

高麗の大儺儀は『開元礼』を土台に一部を改変して成立したものであり、唐などにみられた大儺の基本構成をそのまま踏襲した形であったが、高麗の儺を特徴付けていたのは以上の点だけではなかった。それは高麗では大儺は駆儺・儺礼（ナレ）とも呼ばれたが、その後に余興として行われた見世物・演劇的行事が儺戯（ナヒ）・雑戯として展開したことが注目すべきこととして指摘される。儺戯・雑戯の活発化は『高麗史』六四、睿宗一一年（一一一六）一二月条に見出すことができる。この時、大儺にあたって、宦者によって儺者が二組に分けられ勝敗を争わしめた。そのため「倡優雑伎以至二外官遊妓一」まで動員されて、「王将二観楽一左右紛然浄〔争カ〕レ先呈レ伎。無二復条理一」とある。儺戯の盛んなる状況を伝える一齣といえよう。

かかる儺戯の様子は高麗末の李穡の「駆儺行」という詩（『牧隠集』二一）[25]にも窺われる。この詩の前半部分で一二神（獣）や侲子らが疫鬼を追う儀式がうたわれているが、後半では駆儺が終了した後、倡優たちが入場して演ぜられる「新羅処容」などの歌舞が詠まれている。処容舞は『三国遺事』二にその起源説話がある。該説話の紹介は省略に従うが、処容伝説からも明らかなように、処容舞とは邪鬼を追い払い、幸運を迎える「辟邪進慶」の舞であった。こうした大儺と共通の性格を持つ辟邪の舞が儺戯として儺礼に付加されていったわけである。

朝鮮朝においても高麗と似た状況があった。朝鮮朝でも大儺儀は季冬の一儺が原則であったが、[26]『朝鮮王朝実録』世宗（五礼・軍礼儀式）の大儺儀はやはり基本的には『開元礼』のそれと類同している。[27]先程の高麗のケースと同じで、侲子らが唱える呪文の一節に「胇胃食レ疫」とあることがこの裏付けである。朝鮮でも唐の『開元礼』の強い影響下にあったといえよう（もっとも直接には高麗の大儺を継承したものであろうが）。また、高麗で一時廃止されていた犠牲が復活しており、朝鮮朝の大儺の構成はそれだけに『開元礼』により接近した格好となっている。

その他、朝鮮朝では、成俔（一四三九～一五〇四）の『慵斎叢話』一に「昌徳昌慶闕庭」での駆儺儀が記されている。同書で目に付くところとして、①儺者として方相氏・侲子・一二神（獣）以外に「指軍〔将カ〕・判官・竈王神・小梅」という新しいキャラクターが姿をみせるようになったこと、②一二神が「子神着二鼠形一。丑神着二牛形一」というようにそれぞれ一二支の形をとっていたこと、③侲子らの呪文が「仏胄（ママ）食レ虎」として『開元礼』型ではなくなっていること、④犠牲を供えて太陰之神に祈る祝文がみられないことが指摘できる。[28]『慵斎叢話』の大儺儀の史的意義については未だ十分な考えを持ち得ないでいるが、いずれにしても、日本の方相氏が鬼とされるといった変化は中国同様、高麗から朝鮮朝においてもやはり検出できないということは確かであろう。この点からも、日本の大儺は日本独自の展開を遂げていったといわねばなるまい(29)。

ところで、高麗朝での大儺に朝鮮固有の儺戯が付加され、儺戯が発達したことは前述の通りであるが、この状況は朝鮮朝においても同じで、むしろ儺戯がさらに活発化したといってよい。とくに、儺礼・儺戯が季冬以外にも多くの機会に行われるようになった。崔南善氏(30)や李杜鉉氏(31)がすでに指摘されたところであるが、たとえば、明使の来朝、先王の位牌を宗廟におさめる附廟、定期的な宗廟親祭後の還宮、王妃の胎盤を埋める安胎などの折にも実施されるようになったのである。

かかる儺礼・儺戯も一五世紀末の壬辰の倭乱（文禄・慶長の役）、一七世紀の中頃の丙子の乱（清の侵略）によって衰退に向かうようである(32)。この間の事情の一端は『朝鮮王朝実録』（粛宗一八年〈一六九二〉一二月壬辰条）にも明らかである。すなわち、「復二季冬大儺之礼一、初　仁祖丁丑乱（一六三七年）後、以レ多二浮費一、権罷レ之。……攷二五礼儀一復二旧制一。但方相氏所レ着紙面、代以レ木、為レ省レ費也」とある通りである。粛宗の時に復旧した儺礼も、その後の『朝鮮王朝実録』にほとんど記載がみられなくなることから、以後は衰微の一途をたどった模様である。現に朝鮮朝末期の『東国歳時記』にも「闕内自二除夕前日一発二大砲一。号二年終砲一。放二火箭一鳴二鑼鼓一、即大儺駆疫之遺制。又倣二除夕元朝爆竹一驚レ鬼之制也」として「年終砲」のことなどが「大儺駆疫之遺制」として記録されているに過ぎないのである。

以上、朝鮮における大儺受容とその展開のあり様を概観してきた。朝鮮での大儺儀については、新羅末が史料上の初見であったこと、高麗から朝鮮朝に至るまで基本的には唐の『開元礼』に則った大儺（儺礼）が実施されていたこと、大儺に付随して朝鮮固有の儺戯・雑戯が盛大化したこと――の三点が指摘される。これは同じ儀式を受容した日本を考える場合の好個の比較材料となるであろう。

### （3）日本古代の大儺儀

日本での大儺の史料上の初見は朝鮮よりも早く、『続日本紀』慶雲三年（七〇六）是年条の「天下諸国疫疾。百姓多死。始作二土牛一大儺」に求められる。もっとも、この時の大儺の中身はまったく不明であるという他はない。中国・朝鮮の大儺と比較可能な大儺儀の史料は九世紀前半の『内裏式』以降のものばかりである。

そこで、『内裏式』中を軸に『儀式』一〇で一部を補うという形で平安初期の大儺儀をまとめてみると、次の如くである（『儀式』に依拠した部分は〔　〕を付した）。

（一）諸衛が所部を勒して諸門に屯し、近仗が（紫宸殿）階下に陣す。

（二）近衛将曹が近衛を率い、承明門を開く。

（三）闈司が桃弓・葦矢を内侍に授け、内侍がそれを女官に班給する。

（四）大舎人が（承明門前で）叫門（ミカドゴヒ）する。「万都理礼」という勅があり、闈司が儺人らの参入を伝宣する。

（五）中務省が侍従以下を、陰陽師が斎郎を率い、方相・侲子（二〇人）と共に（紫宸）殿庭に列立する。

（六）陰陽師が斎郎を率いて奠祭する〔『儀式』では斎郎が五色薄絁・飯・酒・脯・醢・堅魚・鰒・乾魚・海藻・塩・柏・匏・缶・陶鉢を庭中に陳列するとある〕。

（七）陰陽師が呪文を読む（呪（祭）文の内容は『儀式』によると、（ア）陰陽道の守護神が各位置を定めて番をせよ、（イ）神祇官宮主のまつる神々（神祇官西院坐御巫等祭神二三座）は平安に居るように、（ウ）穢悪の疫鬼は五色の宝物・海山の種々の味物を給うから東方は陸奥、西方は遠値嘉、南方は土左、北方は佐渡よりも遠方へ出て行け、それでもなお留まっているものがあるならば、大儺公・小儺公が五種の武器をもって刑殺するぞ、というものであった」。

（八）方相氏が儺声を作り、戈で楯を撃つ（三遍）。群臣が相承し和して呼び悪鬼を逐い、内裏の四門より出る。[33]

（九）宮城門外で京職に接引する。京職は鼓譟して逐い、郭外に至って止む。[34]

この日本のもっとも古い形の大儺儀を中国の大儺の二部構成と照合してみると、日本では（b）の部分は中国とおおむね類似しているが、（A）—（a）の陰陽の調和の部分は明瞭とは言い難いことに気付かれる。勿論、日本の大儺に陰陽寮官人が関与していたことは事実ではあるが、それは陰陽師が疫鬼追放のための祭文を読むのであって、唐の如き太陰之神をまつる祝文や犠牲の磔禳は『内裏式』『儀式』はもとより、それ以後の儀式書などにおいても遂に登場することがなかった。つまり、日本では隋・唐の大儺を部分的に受容したに過ぎなかったこと、日本の儀は隋・唐よりもむしろ、（b）のみの後漢・北斉の制にはるかに近いものであったことが指摘されよう。日本では隋の如き三時儺や唐の諸州県儺に該当するものが行われていなかったことも右の傍証となろう。ただし、こうした日本と中国の大儺儀の比較から、直ちに日本が後漢・北斉のそれをモデルにしたとまで断ずるつもりはない。そもそも後漢から北斉までの中国の大儺儀に関する史料がほとんど欠如しているので、これ以上の限定は差し控えるべきと思うからである。[35]しかしながら、ここでは次の一点は確認しておきたい。それは日本が七・八世紀以降において、隋・唐の儀礼を積極的に摂取しようとしていたにもかかわらず、すくなくとも大儺儀は隋・唐と一致するものではなかったことである。これは日本の大儺には中国と異なる別個のとらえ方がもともとあったこと、かつ、当時の日本の国際的地位を反映して、儀式の受容もかなり選択的に行われ得たことを予想せしめるが、これについてはもう少し日中の比較検討を加えた後で論じてみたいと思う。

さて、日本と中国の大儺の比較論の大枠は右に述べたところであるが、なお、細部に至る点にまで検討を試みるならば、また、朝鮮との比較までも視野に含めるならば、次のような議論を提示することができよう。

まず第一は、大儺における犠牲の問題である。大儺において九門に犠牲を磔して陰陽の気を禳したことは『礼記』月令などにみるところであった。犠牲の動物は『呂氏春秋』一二（高誘注）では「犬・羊」、後漢、応劭の『風俗通義』八（祀典）では「犬」、『隋書』が「雄鶏・羝羊」、『開元礼』が「雄雞」であった。大儺儀における犠牲とは、本来、犠牲に供された動物が犬であり、犬のよく門を守って盗賊を防ぐという習性から牲狗が用いられたといわれているが[36]、『風俗通義』では犬の磔禳を五行相剋の理から犬が金蓄であり金気を抑えて木気（春）を害せしめないことにもとづくと説明している。

この牲獣は朝鮮にも受け継がれていたことはすでにみた通りである。高麗朝の一時期に犠牲が忌避されたことがあったが、それが長続きせず、完全に定着するところにはならなかった。

ところが、日本の大儺では犠牲の継受はまったくといってよいほど認められない。わずかに斎郎が疫鬼追放のために弁備する祭物のなかの「脯」（ホジシ・乾肉）・「醢」（シシビシホ・しおから）[37]が関連するかと思われる程度であるのであった（『儀式』にみる祭物参照〈前記の（六）〉）。とくに前者は唐の諸州県儺で「各諸州門及城四門」に奠ぜられ埋められるものであった（『開元礼』）こと、日本の祭物の多くは宮廷祭祀に幣物として使用されていたが、両者だけは例外で幣物にはみられないものであったこと、両者は中国から伝わった孔子などをまつる釈奠でも使われる（『延喜式』二〇）ものであったことが留意される[38]。かかる「脯・醢」に中国の影響を読みとることは不可能ではあるまい[39]。しかし、それにしてもなお両者は祭物全体では一部を占めたに過ぎず、中国の牲獣とはかなりの距離があるといわざるを得ない。やはり日本の大儺儀は原則的には犠牲を取り込むことはなかったと判断してよいのであろう。

それではなぜ日本では犠牲が忌避されたのであろうか。犠牲忌避は大儺のみならず、律令制的祭祀にも当てはまる特徴であったが、それについて、荒木敏夫氏(40)は律令国家段階において王権が仏教思想(就中、殺生禁断思想)を梃子として、民間に流布している屠殺をともなう儀礼を否定したことに根源的な理由を求められている。首肯すべき見解であろう。

以上の比較検討からすれば、日本の大儺の儀式における犠牲忌避の姿勢は朝鮮よりもはるかに強固であったことが知られる。また、それと同時に、日本の大儺がそれだけ中国とは懸隔した内容であったことも事実として指摘できよう。

第二に比較さるべき点は儺者についてである。中国では鬼を追却するにあたって方相氏・侲子・一二獣が中心的役割を演じていた(後漢・北斉)。隋・唐ではそれに唱師・鼓角が加わっている。また、儺者の人数には王朝毎に多少の変動もあったが、いずれも小異とみて差し支えあるまい。

朝鮮では、『開元礼』をモデルとしていたことからして、儺者も唐と一致する面が多い。唐と若干の相違もあるが、これも根本的な違いとする必要はないだろう。

これを日本についてみると、日本では様相が異なることが認められる。侲子の人数を比べただけでも、日本の場合、中国・朝鮮とは極端に少ない(41)ことに気付かれるが、何よりも顕著な相違点としては中国では後漢から唐末まで変わることなく活躍する一二獣が出てこないことである。日本で一二獣に代わって悪鬼を追うのは王卿以下であった。また、一二獣の欠落と並行して、日本には侲子らが「甲作食𥝱」以下の呪文を唱えることがない。すくなくとも、儺者をみる限りでは日本は中国の方相氏と侲子のみを導入したといえよう。日本が一二獣をカットした事由についてはこの次に述べる問題とも関わるところであるので、ここでは上述の言及までに留めておきたい。

比較の第三点は、中国の「甲作食㓙」の呪文と日本の陰陽師が唱える祭文である。これは一二獣の有無とも関連するが、日中の呪（祭）文を比べると両国の儀式の異同がいっそう際立ってくるように思う。

まず、中国の呪文は甲作らの一二獣が㓙以下の悪鬼を食い、悪鬼の躯を赫し幹節を拉ぎ肉を解し肺腸を抽くことを宣言した後、「女不急去、後者為糧」と脅迫する（『後漢書』）。それに対する日本の祭文は前述の通り（『儀式』）である。

日本の祭文のなかでは（ア）の部分が漢文体で中国風であり（（ア）の前半部には「已上音読」として読み方が指示されている）、主要な語句のほとんどが道教関係の中国の古典に出典があるといわれているが[42]、中国の大儺の呪文には類似したものを見出すことができない。祭文のなかで強いて中国との関係を指摘できる箇所があるとすれば、それは次の二点であろう。すなわち、（イ）の神祇官に坐す神々が平安であるようにという件が『論語』の鬼やらいの時、孔子が祖先神をしずめるために「朝服而立於阼階」という記述の日本流の翻訳と推考されること、（ウ）の留まり隠れる鬼を武器で刑殺するという脅迫文言が中国の一二獣による鬼への脅迫的呪文と一脈の共通性を有していたことである。

こうした一致点とは逆に日本の大儺の祭文で様々な祭物を陳列したうえで、疫鬼に五色の宝物などを与えて追放しよう（（ウ）の前半）というのは、中国では悪鬼に対して一二獣が高圧的・脅迫的であったこととは対照的であった。かかる日本の疫鬼追放の方法はすくなくとも中国の影響下にはないといえよう。それでは、日本の場合、いったい何にもとづいているのであろうか。野田幸三郎氏は「令制定時代以来、饗祭（道饗祭などを指す——引用者注）が、わが国の伝統的習俗として存在し、またこれの反映として、追儺のうちに、饗祭が附加されたのではなかろうか[43]」とされ、また、野田説とは別に岡田精司氏は当該方法に、国譲り神話や「遷却崇神」（『式』八）と共通するところの「悪霊・邪神に対して徹底的に殺し亡すことなく、なだめすかして人間界の外へ追い出せばよいという」日本の伝統的な考え方の反映を指摘されている。(44) これによって大儺の祭文を観察すると、中国式の脅迫的な疫鬼撃退法は全体からすれば、部分的なものであったこと、それも日本流の鬼追放の後に、いわば付加的に唱えられているに過ぎなかったことが注意されよう。

かくして、日本の大儺での疫鬼追却は中国の影響を被った部分があったことは間違いないとしても、それはあくまでも部分的なものに留まったと評することができる。これは先の中国の犠牲を日本が「脯・醢」としてのみ受容したあり方とも共通する問題であったといえよう。また、日本の大儺において儺者の仲間で一二獣が姿をみせないのも、中国では一二獣が脅迫的に鬼を追う役であったため、日本はその呪文とともに一二獣自体も一緒に削除したものと考えられるのである。

以上、日中の大儺儀の大枠の比較に加えて、犠牲・一二獣・呪（祭）文の三点の検討結果をも重ねあわせてみるならば、日本の大儺儀は中国の影響を受けつつも、朝鮮とは異なり、中国の儀式の全面的な継承には至らなかったことはもはや明らかであろう。基本的な部分では中国・朝鮮との不一致が目立つのである。とすると、日本の大儺儀とはもともと何を意味する儀式であったと定義付ければよいのであろうか。

これについての手がかりは日本の場合、中国の大儺儀における（b）の方相氏による疫鬼の駆逐の部分は全面的に継受していたこと、かつ祭文のなかの「疫鬼」に「穢久悪伎」（『儀式』）という形容語が冠してあったことであろう。とくに後者の点は注目に値する。なぜならば、この語は中国の疫鬼追放の呪文には登場しない、日本独自のものであるからである。すなわち、このケガレ＝疫鬼の追放（ハラエ）こそが日本の大儺の主要な眼目とすべきではあるまいか。かかる観点から、大祓と大儺の同一性が浮かびあがってこよう。しかも、両者の同一性については次のような事実も注目される。

それは、第一点として、『式』一三（大舎人寮）の「儺」の語に平安末から鎌倉初期の古写本である九条家本が「ハラヒ」の古訓を付していたことである。[45]

第二点として、大儺の初見の『続紀』慶雲三年是年条（前掲）に後接する記事としての慶雲四年二月乙亥条に「因二諸国疫一。遣二使大祓一」とあり、両方の記事とも同じ「疫（疾）」によって大儺・（諸国）大祓の実施が記録されていることである。

第三点として、右と同じ慶雲三年是年条にみえる「土牛」も大祓と関係が深いことである。「土牛」を諸門に立てる風習も中国に起源があり、中国では寒気をおわらせ厲鬼を禳うための行事であった（『礼記』月令、鄭玄注）のが、後漢以後は立春に農耕の開始を告げる勧農儀礼へ転化していった。しかし、日本の「土牛」は前者のみが受容され、勧農儀礼として受け入れられた形跡はない。[46]したがって、「土牛」も疫鬼追放の祓の一手段として導入されていたのであろう。

また、第四点として、柴田博子氏は唐祠令と養老神祇令の諸条文とを比較して、唐祠令の「Ⅰ祀・祭・享の別と等級、Ⅱ公的祭祀、Ⅲ運営一般、Ⅳその他」という構成と神祇令の「Ⅰ公的祭祀、Ⅱ運営一般、Ⅲその他」とは同一であり、しかも、唐・日本令がともに「その他」の冒頭に配置していたのが儺と大祓であったと指摘されている。[47]すなわち、日本令編者が儺と大祓との対応を認めていたことである。

以上の点からすれば、大儺には同じ大晦日に執行されていた大祓との共通項が窺えるのではあるまいか。要するに、大祓が神祇官人中心の罪穢追却の儀式であったのに対し、大儺儀は陰陽寮官人によるケガレ追放の儀式であったと位置付けられるように思うのである。[48]

このように日本の大儺儀の成立を考察してくると、日本の大儺は中国の大儺を部分的に受容したというよりも、ケガレ追放（ハラエ）に都合のよいところを選択的に受け入れたというのが実際ではなかったかと思われる。とすれば、次に考えねばならないのは、日本はなぜ中国の儀式を選択的に受容したのかという問題である。勿論、今述べた通り、日本にはケガレ追放というベースが強固に存在していたが故に、それに合致する箇所だけを中国から選択して受容したといえば、それは日本的大儺の成立の内的要因という限りではけっして誤りではあるまい。しかし、それだけではやはり不十分であろう。なぜならば、すでに検討したように中国の大儺を継承したのは日本だけではなく、朝鮮も同じであったにもかかわらず、朝鮮の受容と日本のそれとに著しい不均等があったからである。この不均等さについては、見通しから先に述べるとすると、東アジアの国際環境に規定されたものであったと考えられる。その点からしても、日本の大儺成立のいわば外的要因を次に指摘しなければならないように思うのである。

そこで、当時の国際関係をもとに右の課題に答えていきたい。しかしながら、本章で古代東アジア世界での朝鮮・日本の史的位置を全面的に論じていく余裕はもとよりない。ここでは、朝鮮における「律令制」の受容を対外的な面から論及した北村秀人氏の見解[49]をもとに考察してみたいと思う。

まず、北村説を要約すると、以下の如くである。すなわち、朝鮮の中国への服属・隷属関係のもとでは、中国側からの圧力が働き、朝鮮における中国制の導入は対中国関係に規定された。たとえば、新羅の「律令」や支配体制は唐制を参照しながらも、そのなかには中国色が反映されず、多くの面で新羅固有色が強かった。このように新羅において唐制導入が実現しなかったのは唐制受容が宗主国への僭越とみなされたからで、新羅に対して宗主国の唐と日本から新羅が政治的圧力を受けたからである。逆に唐制の導入が果たされたのは唐の混乱期に唐の政治的圧力が弱まった時期にのみ限られている。ところが、一〇世紀に入ると、東アジアでは北方諸民族の台頭によって、契丹（遼）・金と宋との対立、抗争が国際政局の主軸となる。高麗はその対立関係から一歩外れた形で、両者対立の側面の支えとして比較的自主的な国際的立場を保持し得た。その分、高麗では唐・宋を中心とする中国制を積極的に導入し、一方で高麗の固有法にもとづく「律令」や支配体制を形成することが可能となった。このあり方は次の朝鮮朝においても変更はなかった——というものである。

ここに北村説を長々と紹介したのは他でもない。北村氏が示された朝鮮における中国制の導入の過程は高麗・朝鮮朝が唐の『開元礼』の大儺を比較的忠実に模倣した儺礼を執行しつつも、一方で朝鮮固有の儺戯を発達させた関係とパラレルであったと思うからである。朝鮮の大儺・儺戯が中国・日本とも不均等な展開を遂げたのも右の如き国際関係に規定されていたものといえよう。しかも、前記の如く、朝鮮における中国式大儺の初見が新羅末であったのも唐末の混乱期に唐の圧力が弱化したことを背景とする大儺儀の開始とも憶測されるのではないだろうか。

こうした観点からすると、日本が五世紀末に中国の冊封体制から早くも離脱し、隋・唐に対して、不臣の客としての立場を保持していたこと(50)は注目に値する。すなわち、日本が新羅などと異なり、中国の圧力・規制の外にあったといえよう。しかも、それと同時に日本が新羅・渤海を従属せしめる道を歩んだことも重要である。ここに中国制の導入を日本の立場で選択的に行わしめる一契機があった。この結果、日本において中・朝両国とは別個の大儺儀が形成されていったものと思うのである。

以上、日本の大儺儀の成立とは、ケガレの追放（ハラエ）という内的要因と日本が隋・唐に対して不臣の立場を、新羅などに対しては小帝国の立場を貫いたという外的要因のもとで、中国の大儺を模倣しつつも、日本独自の大儺の形態をとるに至ったということになろう。そして、この日本の受容のあり方が最後には方相氏が鬼とみなされるという独自の変容を招いた一因であったともいえよう。日本における方相氏を中心とする大儺儀の変質については節を改めて論じてみたい。

## 2　日本古代の大儺儀の変質

### （1）日本古代の大儺儀の諸相

これまでも何度か述べたように日本の大儺では方相氏が鬼追いの役から反対に鬼として追われるという劇的な変化があった。一二世紀中頃の『伊呂波字類抄』一のなかで「方相氏」に「ハウサウ　鬼名也」という注があるのも、一五世紀前半の『公事根源』に「鬼といふは方相氏の事なり」とあるのも、方相氏が鬼に転化したことを記載する書物の代表例である。しかし、かかる様相に至る道程は短期間に生じたというわけではない。ここでは大儺儀変質のプロセスを具体的に跡付けていくこととしたい。

表21は『内裏式』以下の主要な儀式書類にみる大（追）儺儀の儀式次第をその変化を把握し易いように時代順に配列したものである。(51)

最初に、表21自体に関して簡単に述べておきたい。表21に掲出しなかった儀式関係書に『九条年中行事』と『清涼記』（『政事要略』二九所引）がある。どちらも追儺儀の次第を記しているが、このうち、『九条年中行事』の文章は簡略で、『内裏式』などの儀式書と比べてもさしたる特徴もみられない。とくに表21に掲げなくとも本論には影響がないと判断して表示を省いた。『清涼記』は『内裏式』に共通する部分とそうでない部分に大別されるが、全体としては『西宮記』恒例第三の追儺儀の内容と小異である。それゆえ、表21のなかに加えず、触言の要がある場合のみ、本文中で取り上げることとした。

表21　儀式書にみる大儺儀の儀式次第

| 内裏式 | 儀式 | 延喜式 | 西宮記 | 北山抄 | 江家次第 |
|---|---|---|---|---|---|
| 諸衛、所部を勒し、諸門に屯す | 戌二刻、諸衛、所部を勒す | 平旦、中務少輔以上、親王・大臣以下の分配文を内侍をして進奏せしむ | 中務省、分配文を内侍所に付す（「近代、不」） | 中務省、分配文を内侍に付して奏す | 中務省、分配文を内侍所に付す（「近代不㆑然」） |
| | | | | | 蔵人、分配を小壁に押す |
| | | 戌時、親王・大臣以下、承明門外東庭幄に著座す | 戌剋、王卿以下、長楽門外東廊前庭幄に着座す（衛府は弓箭を帯す） | 王卿、中隔幄に就く | 戌刻、王卿、外弁に著座す（衛府は弓箭を帯す） |
| 近仗、階下に陣す | | | 近仗、南階に陣し（弓箭を帯す）、兵衛、承明門外に陣す | | |
| 近衛将曹、近衛を率い、承明門を開く | | | | | |
| | 中務輔以下、承明門外東庭に列す | 昏時、中務輔以下、承明門外東庭に列す | 亥一点、中務丞、分配簡を上卿以下に進む | 亥一刻、中務丞、分配簡を上卿以下に奉る | 亥一尅、中務丞、分配簡を上卿以下に奉る |
| | 録、四・五位を喚す | 録、四・五位を喚す | 録、五位以上を召す | 録、五位以上を召す | 録、召し計る |
| | 史生、丞・内舎人を喚す | 史生、丞・内舎人を喚す | 史生代、六位以下を召す | 史生、六位以下を召す | 史生代、六位を召す |
| | 陰陽寮官人、斎郎らを率い、承明門外に候し、桃弓・葦矢・桃杖を儺人に頒つ | 中務省、桃弓・葦矢・桃杖を儺人に頒ち充つ | 陰陽助以下、桃杖・弓・葦矢を王卿以下に班ち進む | 陰陽寮、桃杖弓・葦矢を親王以下に頒つ | 陰陽寮、桃杖弓・葦矢を上卿以下に進む |
| | | | 或《ママ》いは天皇、南殿に御す（「不㆑御㆓帳中㆒」） | 天皇、南殿に御す（「不㆓必御㆓帳中㆒」） | 主上、南殿に渡御す（「不㆑著㆓御帳内㆒、近代殊不㆓出御㆒」） |

| | | | | | |
|---|---|---|---|---|---|
| 闈司、桃弓・葦矢を内侍に授く　内侍、女官に班給す | | | | 近仗、階下に陣す（衛府公卿は弓箭を帯す） | 近仗、階下に陣し（弓箭を帯す）、兵衛、建礼門外に陣す |
| | | | 王卿、承明門巽壇上に立つ | 王卿、左兵衛陣南に立つ | |
| | | 承明門を開く | 承明門を開く | 所司、承明門を開く | 所司、承明門を開く |
| 大舎人、叫門す　闈司、伝宣す | 大舎人、叫門す　闈司、伝奏す | 亥一刻、舎人、叫門す　闈司、伝奏す | 大舎人、叫門す　闈司、伝宣す | 闈司、奏す（「近代無二出御例一、仍無二奏事一」） | 闈司、著座す（「近例不レ見」） |
| | | | | | 王卿、承明門巽壇上に立つ |
| | | | 陰陽属、桃弓・葦箭を闈司に授く　内侍、女官に給う | 陰陽寮、桃弓・葦矢を闈司に授く | 陰陽寮、桃弓・葦矢を闈司に授く　闈司、女官に伝う　女官、石灰壇に置く |
| 中務省、侍従以下を、陰陽師、斎郎を率い、方相一人、侲子廿人と共に殿庭に入りて列立す | 儺人、陰陽寮共に庭中に入り列立す | 中務省、侍従以下を、方相、親王以下を、陰陽寮官人、斎郎を率い、入りて中庭に立つ | 方相（後に侲子八人）、参入して立ち、王卿、侍従以下を率い、南庭に列立す | 方相、侲子を率い、参入して立ち、王卿、侍従以下を率い、方相の後に列立す | 方相、侲子八人を率い、参入して立ち、王卿、侍従以下を率い、方相の後に列す |
| 陰陽師、斎郎を率い、奠祭す | 斎郎、庭中に祭物を陳ぬ | 斎郎、庭中に祭物を陳ぬ | 陰陽下部、安福殿より出、月華門より入り、方相に饗を給う | 陰陽師、斎郎を率い、月華門より入り、奠祭す | 陰陽寮の下部、安福殿より出、饗を方相に給う（「件饗近代不レ見」）　陰陽師、斎郎を率い、月華門より入る |
| 陰陽師、呪文を読む | 陰陽師、祭文を読む | 陰陽師、祭文を読む | 陰陽寮官人、方相の前に立ち、宣命を読む | 陰陽師、呪文を読む | 陰陽允、呪を読む |
| 方相、儺声を作り、戈で楯を撃つ（三遍） | 儺長の大舎人、楯・槍を、小儺の今良、桃 | | 方相、声を揚げ楯を撃つ（三度） | 方相、儺声を作り、戈で楯を撃つ（三度） | 方相、儺声を作り、戈で楯を叩く（三箇度） |

| | | | | | |
|---|---|---|---|---|---|
| | 弓・葦矢・桃杖・砕瓦を持ち、儺長、儺と称す | | | | |
| 群臣、相承し和して呼び、悪鬼を逐い、四門より出づ | 小儺・分配人、同じく称して宮中を駈く | 親王以下、桃弓・葦箭・桃杖を執り、宮城四門より儺出づ | 群臣、相和して呼び、四門に分れて儺を追う | 群臣、相承し和して呼び、これを追う | 群臣、相承し和して呼び、これを追う |
| 方相、北門より出づ | | | 方相、宣華・名義門を経て、北廊中戸より出づ | 方相、仙華門を経て、北廊戸北門より出づ | 方相、明義・仙華門を経て、北廊戸より出づ |
| | | | | 分配人、方相の後に従い、御前を度りて出づ（「近例、不レ依二分配一、皆度二御前一退出也」） | 上卿以下、方相の後に随い御前を度り、滝口戸より出づ |
| | | | | | 殿上人、長橋内にて方相を射、主上、これを南殿で密覧す |
| 宮城門外で京職に接引す | 十二門より出で、京職に接引す | | | | |
| 京職、鼓譟して逐い、郭外に至りて止む | | | | | |

一方、表に掲げた諸史料についてみると、『式』は厳密には儀式書ではないが、儀式書的性格をもつことは否定できない(52)。現に追儺儀についても『内裏式』などとも比較可能な規定を掲載しているので、表21に加えることとした。ただし、『式』の場合は原則として諸官司別に追儺の規定が分載されており、他の儀式書のように首尾一貫した儀式の内容を知り得ないこと、『式』の条文のなかには先行の『弘仁式』『貞観式』文を継承したものがあり、編纂時の一〇世紀前半の実情を直ちに反映しているとは速断できないこと——という史料上の限界がある。ここでは、以上の問題点を念頭に置いたうえで、『式』の諸司単位に分載されている追儺儀を可能な限り復元して表21に載せ、年代的に

は奏進年次の延長五年（九二七）段階の史料として『儀式』と『西宮記』の間に便宜的に位置付けた。また、『西宮記』の追儺儀は『政事要略』二九所引文と『西宮記』現行文との双方にみられる。前者は源高明の原撰本、後者は一一世紀前半の源経頼作成本といわれている。[53] ここでは原撰本をもとに現行本で補うという形で『西宮記』文を整理したことをあらかじめ断わっておきたい。

そこで、本題に立ち返って、表21をもとに九世紀以降の大儺儀の変容を考察すると、次の諸点が指摘できよう。[54]

まず、第一として、大儺の儀場における天皇出御の問題である。天皇出御のことは『式』まではまったく記述がないが、『西宮記』に「或《ママ》天皇御二南殿一、不レ御二帳中一」とあり、注意される。天皇が南殿に出御しつつも御帳に著座しないことがあるというのである。かかるいい方は『西宮記』よりも少し早く、一〇世紀中頃に成立した『清涼記』[55]にみられていた。ここから、大儺儀には本来、天皇が南殿の御帳に出御していたと推定されること、また、一〇世紀中頃から御帳に著座しなくなることもあったことが知られよう。ところが、この変化はさらに年代が遡って生じていた節がある。それは『西宮記』（裏書）に「延木五年十二月卅日、亥一刻、御二南殿一。友于朝臣申云、元慶御時、故太政大臣言、晦日儺儀式、不三必御二御帳一。以二其更深夜暗兼世俗忌一如レ此也。前朝故事猶如レ此也。仍此夜、雖レ出二南殿一、不レ着二倚子一云々」とあるからである。すなわち、「（在原）友于朝臣」によると「元慶御時」に「故太政大臣」の藤原基経が大儺での天皇の「不三必御二御帳一」を「前朝故事猶如レ此云々」と指摘したという点に着目したい。「元慶御時」（陽成朝）からみて「前朝」とは清和朝（八五八〜八七五）である。しかれば、天皇の御帳台への不著座という事態は『清涼記』や『西宮記』の年代よりもさらに一〇〇年ほども古く、九世紀中・後半に惹起していたということになろう。[56]

この天皇の出御のあり方は一一世紀はじめの『北山抄』九になると、もう一段の変容をみるようである。同書のなかで闈司が儺人らの内裏参入を天皇に奏上するに際し「近代無㆓出御例㆒、……但密々御㆓南殿㆒御㆔覧之㆓」と注しているからである。これと『西宮記』などが示す状況との区別は必ずしも判然としないが、やはり時代の経過のなかで天皇の出御が後退しつつあったと理解すべきであろう。なお、天皇の「密覧」については『北山抄』の文章が最初ではない。『小右記』永観二年（九八四）一二月乙巳条にみえるので、一〇世紀後半からの現象であろう。この後では、一二世紀前半の『江家次第』一一にも「近代殊不㆓出御㆒、……主上於㆓南殿㆒密覧」とあった。

第二として、変化は方相氏にもみられた。方相氏が鬼を追う役を果たしていたことは『内裏式』から『式』に記載されている通りであるが、『西宮記』から様子が変わってくる。それは陰陽寮下部八人が紫宸殿の前庭において方相氏に「饗」を給わるという事態である。もともと鬼追放の一手段であった「饗」が方相氏に向けられているということは方相氏が鬼とみなされつつあったことを示すものであろう。しかも、『西宮記』には陰陽寮官人が「饗」を供えるにあたって、安福殿から月華門（紫宸殿前庭の西門）を通って前庭に入ることを記している。『内裏式』などは内裏内郭の正門（承明門）からの参入としていたのを方相氏に「饗」を供えることから、その参入の門を月華門に改訂したものであろうか。方相氏への「饗」自体は『清涼記』『北山抄』にはみえないが、両書とも陰陽寮官人が月華門から参入するとしていることから、やはり一〇世紀中頃から後半を画期として方相氏の身上に変化が生まれたといわねばなるまい。

ところで、『江家次第』になると「件饗近代不㆑見」として方相氏への「饗」が実施されていないことが窺われる。貴族の日記で「饗」のことを記録している最後の例は管見の限りでは『権記』寛弘八年（一〇一一）一二月戊辰条で、以後、かかる例をみない。とすると、方相氏への「饗」はすでに一一世紀前半には姿を消していたことも考えられよう。この「饗」の消滅は方相氏が一方的に追放される存在へ位置付けられるに至ったことを雄弁に物語るものであった。

かかる段階での儺の様子の典型は時代がかなり下るが、『建武年中行事』に「追儺。大とねりれう鬼をつとむ。陰陽寮の祭文をもちて南殿のへんにつきてよむ。上卿以下これを追。殿上人ども御殿の方に立て桃の弓にている」、『康富記』康正元年（一四五五）一二月庚午条に「鬼形（割注略）自二右近陣橘樹辺一出現、指レ南走、則上卿已下各放二矢一了」とある通りで、「饗」も陰陽師の呪文も登場せず、「鬼」「鬼形」への弓射のみの儀式が行われているのである。

第三として、侲子にも変化があった。侲子の人数は『内裏式』で二〇人、『式』からは八人に減少し、以後、変更がない。なお、『式』以降に成立した『清涼記』には二〇人とあるが、これは『内裏式』と同文の箇所にみえるものであり、おそらくは『内裏式』文をそのまま踏襲しただけであろう。

この侲子の数の減少は方相氏の鬼化と表裏であったとみられる。方相氏が鬼とし忌避されていったのと軌を一にして侲子の鬼追い者としての存在意義も薄れていったと考えられよう。『式』（一三、大舎人寮）の古写本（九条家本）に「コオニ」の傍訓があることからして、侲子も方相氏と同じく最終的には鬼に転落していったものと思われる。

第四は、儺者が手にする桃弓・葦矢の問題である。儺者としての王卿以下が桃弓・葦矢などを持つことは『儀式』以下に明記されているが、それは勿論、無形の鬼に向けられるのが本来であったと推考される。ちなみに『文選』三（東京賦）には「桃弧棘矢、所レ発無レ臬」とある。それが『江家次第』では「殿上人於二長橋内一射二方相一」とある如く変化をみせている。方相氏を弓で射ることの初見は『春記』長暦二年（一〇三八）一二月辛卯条（「予（藤原資房――引用者注）等於二御前一射レ之、用二葦弓箭一」）であるので、その起源は『江家次第』よりも古く、一一世紀代に遡ることは確実である。そして、方相氏（＝鬼）への弓射の形が定着していくことは前掲の『建武年中行事』や『康富記』康正元年一二月庚午条からも明白であろう。

第五として、内裏を警固する衛府の公卿が桃弓・葦矢とともに弓箭を帯するようになるという変化もあった。この事実の初見は『西宮記』であるが、『北山抄』八には「大将及諸衛督帯二弓箭一。此事无レ所レ拠、又不レ見二旧例一。然而近代帯レ之。未レ得二其意一」としてこの点に疑問を呈し、その後に「府式、少将以上執二弓箭一之日、中将帯二参議以上一者不レ執云々」という規定をあげて「候二殿上一時如レ之。況於二中重一行レ事、又已執二桃弓・葦矢等一、何重帯レ之哉。可レ尋レ之」と指摘している。したがって、「中重」（内裏）における衛府公卿の武装化は『北山抄』にいう「近代」における後発的なことであったといえようが、それは如何なる理由にもとづくのであろうか。これには『政事要略』二九が的確な解答を用意している。すなわち、上記の疑問に対して、「法式之中。無レ有二所見一。今此追儺。方相為レ首。已執二楯桙一。入二立中庭一。異二他節会一。仍備二不虞一。若有二此儀一歟」という。つまり、元来、方相氏の「楯桙」とは鬼に向けられるべきであったはずであるが、それが「不虞」の備えとして「此儀」（衛府の公卿の武装化）が行われているというものである。これも方相氏忌避の一つのあらわれとすべきであろう。

第六として、王卿以下の儺追の方法がある。『内裏式』や『式』によると、方相氏らの儺者は内裏および宮城の東西南北の四門に分配され、鬼を追って宮城一二門へ出、そこで左右京職に接引するという。これが『北山抄』二では「近例、不レ依二分配一、皆度二御前一退出也」とあり、『江家次第』でも「上卿以下随二方相後一度二御前一、出レ自二龍〔瀧〕口戸一」として上卿以下が四門の分配によらず方相氏の後のみを追う――方相氏は朔平門（内裏外郭の北門）から内裏外へ出る――ようになっている。実際例に照らしてみても『兵範記』仁安二年（一一六七）一二月癸亥条に「次儺西行、臨二弓場殿一之間、上卿以下分散、下官帰華」とあり、四門分配による鬼追いが実行されていない。これは儺者が分配に従って無形の鬼を内裏から四方へ追却する本義が遅くとも一一世紀には崩れて、目前の方相氏＝鬼だけを追放するようになったと指摘できよう。

第七として、大日方克己氏が鋭く指摘された、追儺の場における参加者の変化も重要である。(57)『権記』長保元年

（九九九）一二月戊寅条には「追儺事平中納言申行、令レ奏云、貞元二年以往、大中納言参議相二共此夜事一、而年来之間上卿一人有二行レ之時一」とあり、貞元二年（九七七）以降、大中納言以下の不参があったことが分かる。一方、一一世紀に入ると、天皇の里内裏や貴族の私宅などでも追儺が行われるようになる（『政事要略』二九）。かかる状況は大儺儀の変質として既述した、第一の天皇の出御の後退や第六の儺者の鬼追い法の変化と連関するものであった。すなわち、天皇が出御した前で親王以下諸臣が参列して疫鬼を四方に追うという大儺本来の形が一〇世紀後半には、内裏とは別個に天皇や貴族の居所などでも実施される多元的な構造に転換したものであろう。

以上、七点にわたって日本の大儺儀の変貌の諸相を追及してきた。上記からは、まず、方相氏が「穢ク悪キ疫鬼」を追放する段階から、時代の流れのなかで徐々に方相氏自身が鬼として忌避され、追われる存在になっていった傾向が読みとれよう。第一に述べた天皇の「密覧」も、第三の侲子の人数の減少も、このことと密接していたと推考される。そして、天皇の出御が後退しはじめるのが九世紀中・後葉の清和朝であったことは、換言すれば、方相氏忌避の第一歩を記したのが当該時期であったといえよう。以後、一〇世紀後半を一画期として、この動向は拡大の一途をたどったことは本節での議論からも明瞭であろう。しかも、右の大儺儀の変容は内裏を中心とした国家的儀礼から一〇世紀後半の多元的構造への転換とも並行していたことが留意されるのである。

また、これまで指摘してこなかったが、方相氏が忌み嫌われた様態としては、『北山抄』に儀式終了後、「此間還御。候二御後一人、忌レ行二逢方相一云々」とある例[58]や、『春記』長暦二年（一〇三八）一二月辛卯条に方相氏への弓射の後、「垂二御簾一渡畢、下二御格子一」として「御簾」や「御格子」を下ろしてしまう例[59]などもあげられよう。かくして、表21の儀式書のなかでは『江家次第』にもっとも変質した大儺儀の姿をみることになるのであった[60]。

ところで、かかる大儺儀の変質は大儺から追儺への改称[61]と即応関係にあったとすべきであろう。この改称について、山中裕氏は、①『三代実録』における大儺・追儺の呼称の分布状況をもとに、貞観一一年（八七〇）の追儺以後、大儺・追儺の混用期を経て、貞観一八年以降、すべて追儺になると指摘され、②その理由としてははじめ中国渡来の行事をそのまま行っていた段階から次第に日本化するにつれて大儺から追儺に変化したとされた[62]。

このうち、①の変化の年次に関しては嵐義人氏に批判があり[63]、『三代実録』の史料批判に依拠して立論された嵐説に従って貞観一二年に特定さるべきであろう。また、②も大儺の名称の段階において隋・唐そのままの儀式であったとはいい難いことは前述の通りである。しかし、山中氏が大儺儀の内容の変化と名称の改正との関連を指摘された点は十分支持できる。そもそも、追儺という呼称が中国・朝鮮にみられるものではなく、日本独自の呼び名であったらしいこと、「儺」字そのものに鬼やらいの意味があり[64]、それに「追」字を冠して「追儺」とするのは重言であること[65]、さらには追儺は本来、オニ（＝儺）ヤラヒと訓まれていたらしい[66]（儺には前述の如く、「ハラヒ」という古訓もあった）[67]が、鬼＝儺という理解も日本的であることが想起されるからである[68]。しかも、この改称年次がちょうど、方相氏が鬼とみなされはじめる時期と一致していたことが改めて注意されるのである。日本において大儺から追儺へと儀式の名称が改正されるのは鬼としての方相氏の追放を意識してのことだったのではないだろうか[69]。

（2）大儺儀変質の背景

ところで、前項で指摘した大儺から追儺への変化はなぜ起こったのであろうか。この疑問に対する解答には「（方相氏の）姿がおそろしいことから、方相氏が悪鬼と考えられるように」なったとする説[70]、「無形の鬼に飽き足らなくなって、方相氏を鬼と見立てて追うこととなった」とする説[71]、「（方相氏の）人々の先に立って無形の鬼を追う姿を誤解して、方相氏が鬼で、これを群臣が後から追出すのであると考えられるようになった」とする説[72]などがある。これらの諸説が首肯するに値しないわけではない。しかし、いずれの説においても方相氏の忌避が九世紀中頃からはじまる理由が説明できないという共通の欠点がある。この変容の背景には日本の大儺儀受容時に一つの手がかりがあることはすでに述べた通りであるが、ここではもう少し別の角度からアプローチしていきたいと思う。

そこで、この問題の解決の糸口を方相氏と葬送儀礼との関係に求めてみたいと思う。方相氏は大儺で鬼を追う以外にも、葬送儀礼の場でも活躍の機会があった。しかも、葬送との関係はやはり中国に源流がある。したがって、ここでも、まず、中国に遡って葬送儀礼のなかの方相氏について行論に必要な限りで簡説し(73)、次に、大儺同様、それを受容した朝鮮の葬送儀礼に関しても略述しておきたい。

『周礼』八（夏官・司馬）には「方相氏掌……大喪先レ匶、及レ墓入レ壙、以レ戈撃二四隅一殴二方良一」とあり、方相氏の葬送における役割が記されている。このうち、前半の柩の先導役については『後漢書』礼儀志に「方相氏黄金四目、蒙二熊皮一、玄衣朱裳、執レ戈揚レ楯、立二乗四馬一先駆」とある通りである。要するに方相氏は葬送にあたって四頭立ての馬車に立乗して葬列を先導し墓穴では邪鬼を駆逐する職掌をもっていた(74)。六世紀後半の北斉の喪葬令は「三品已上及五等開国、通二用方相一。四品已下、達二於庶人一、以二魌頭一」（『隋書』八）として、方相（四目）と同類の魌頭（二目）(75)が葬儀に使用されることを規定している。これは隋・唐の喪葬令においてもおおむね同じであった(76)。また、方相氏は北宋には険道神の号を得（『事物紀原』九）、明代の『三教源流聖帝仏師捜神大全』七では開路神君の名で登場するが、その職務は後の時代にも継承されていった。開路神君は現代でこそみられぬものの比較的最近まで命脈を保っていたようである(77)。

葬送に活躍する方相氏は朝鮮においても導入されている。慶州の壺杅塚（五～六世紀の新羅王族の墓）出土の木心漆面が方相面か、あるいは単なる埋葬のための仮面かははっきりしないが(78)、文献上、確実なところでは『朝鮮王朝実録』世宗（五礼・凶礼儀式）の「発引班次」と「遷奠儀」にそれぞれ「次方相氏車四、分二左右一」、「方相氏先至、入二玄宮一、以レ戈撃二四隅一」として中国のそれとまったく同じ役割を果たす方相氏がみえる。同書世宗二年（一四二〇）九月辛巳条の太宗の葬儀の際にも、「方相氏車四、其制如レ常車而小、車上施二小牀一、方相氏四、以二黄金四目一、耳環蒙二熊皮一、玄衣朱裳、執レ戈揚レ盾」とあるので、朝鮮朝には王の葬送儀礼に方相氏の存在が定着していたことは間違いあるまい。また、この習俗が中国と同様、後世に受け継がれていったことも確かで、現に葬儀の場で方相氏を実見したとの証言もある(79)。

日本にも葬送で悪鬼を駆逐する方相氏は導入されていた。藤ノ木古墳出土の馬具透彫内の鬼神像が方相氏像であるか否か(80)は措くとしても、養老喪葬令親王一品条には親王一品と太政大臣に限って葬儀に「方相車」一具が支給されることが規定されており、『令集解』同条の古記から大宝令に「方相」の語があったことが知られる。おそらく、葬列および埋葬の場面で中国同様の役目を方相氏が遂行していたものと思われる。ただし、日本においては、方相氏が登場する葬儀は実例からする天皇・太上天皇のもの（後述）と喪葬令文から知られる親王一品・太政大臣に限定されていたようで、唐などと比べてもその使用されていた範囲はきわめて狭い。また、日本には魌頭は遂にみられなかったようで、かかる点では中国との相違も少なくなかった(81)。

右の喪葬令の規定以外では、聖武太上天皇・光仁太上天皇・桓武天皇の葬儀に際しての葬司(82)の一つに「作（造）方相司」官人の任命があった。また『続日本後紀』嘉祥三年（八五〇）三月癸卯条の仁明天皇の埋葬時には、「薄葬」により「鼓吹方相之儀。悉従二停止一」とあるが、次の文徳天皇の時は「殯葬之礼。一如二仁明天皇故事一。但有二方相氏一」（『文徳実録』天安二年（八五八）九月甲子条）とあり、「送終之礼。皆従二倹約一」（『三代実録』同日条）にもかかわらず、方相氏が復活している。しかし、これ以後の史料からは葬儀での方相氏の存在を確認することができない(83)。

この後の方相氏については二説ある。一つはこの習俗が「平安以降も存続していた」とみる神野清一氏の説[84]、もう一つは延喜・天暦までは続いたものの、その後は消滅したとする滝川政次郎氏の説[85]である。卑見では基本的には後者の説に賛成したいと思う。なぜならば、上記の文徳天皇の葬送時以後に方相氏および作(造)方相司の史料が検出できないこと、『式』一一(太政官)の葬官条に「凡親王及大臣薨、即任二装束司及山作司一」とあり、作(造)方相司が見出せないことが考慮されるからである。おそらくは方相氏が天皇などの葬送儀礼に不可欠な存在ではなくなったものと推定されよう。そして、その消滅年代は滝川説よりも少し早く、文徳天皇の葬送時を上限とし、『式』完成時を下限とする九世紀中葉から一〇世紀前半までの間としておきたいと思う。

このようにみてくると、日本では中国・朝鮮と異なり、方相氏が殊更に早く姿を消していたことが留意されるのである。ここにも大儺のケースと同じく、同一の習俗を導入しながらも日・朝両国で不均等な展開がみられたことになるが、日本の場合、いったい如何なる事情に基因してかかる事態に至ったのであろうか。この点については、薄葬思想の流行が原因のかなりの部分を占めていたとして、もとより誤るまい。しかし、それだけの説明ではなお割り切れぬものを覚える。右に引用した文徳天皇の葬送において、薄葬が強調されているなか、なお方相氏だけは挙用されているからである。そこで、そのような意味からしても先に述べた大儺儀で方相氏の扱いに変化が生じた事実と関連させて説明する、次の神野氏の見解は示唆的であるように思う。

> 方相が追儺行事の中で鬼とされてしまうのは、以上に述べたような方相と葬送の係わりが触穢思想の発展過程でクローズアップされた結果であろう[86]。

この神野氏が示された見通しに左袒したいと思うのは、第一に大山喬平[87]・高取正男[88]氏の指摘にあるように、ケガレへの禁忌意識が八世紀末から九世紀の律令貴族層の間で急速に累積架上されていったこと、第二に、本章で論じた如く、日本の大儺儀は中国と異なりケガレ追放の儀式として成立したものであったこと、第三に、大儺儀の変質がはじまる時期と方相氏が葬送儀礼から姿を消す年代がおおむね九世紀後半代と目され、大きな開きがないこと、の三点を併考したいからである。

要するに、平安初期における触穢思想の強化は葬送の場での方相氏の役割を終焉せしめ、ほぼ同時期にかかる死穢との結び付きの強い方相氏が追儺の場で鬼として忌避されていったのではあるまいか。そして、このうち、後者の関係をさらにはっきりさせていえば、追儺における方相氏とは単なる鬼にみなされ追い払われたというよりも「穢久悪伎疫鬼」として、すなわち、ケガレとして追放されるようになったと思うのである。

なお、方相氏がケガレとして退けられていく際、より直接的な契機はその独特の眼にあったと想像される。というのも、方相氏の四目は本来、邪霊や鬼を屈服できる「慈眼」の範疇に属することはいうまでもない。一方、その対極が「邪眼」であるが、「邪眼」とはその眼にみられると人々は害を受けるというものであった。[89]「邪眼」の典型は死霊で、たとえば、古代中国では死者の顔に幎目（ベキモク）という布をかけて死者の邪視を防ぐ（『儀礼』士喪礼）という。方相氏と死霊との関係が強く意識されるようになると、その「慈眼」の四目も「邪眼」として忌避されるようになったのではあるまいか。すでに指摘したところであるが、一一・一二世紀の儀式書や貴族の日記のなかに、追儺の場で「御簾」や「御格子」を下ろす例がみられたが、これは方相氏の眼が「邪眼」とされたことと対応するのであろう。

以上、日本の大儺儀の変質として次の二因があることを指摘した。すなわち、一つには前節で述べたように中国から大儺を導入した時点で日本ではケガレ追放の儀式として受け入れていたこと、もう一つには、平安初期において方相氏が死穢と関連付けられていったことである。かくて、日本の大儺儀は九世紀中頃以降に、方相氏が鬼＝ケガレとされるという、中国・朝鮮に例をみないユニークな形態をとるに至ったものと思うのである。

# まとめ

これまで述べてきたところをまとめると、以下の通りである。

Ⅰ　中国の大儺の基本構成とは（A）陰陽の調和が喪失すると、（B）鬼が活動して人々に害を及ぼす。そこで、大儺を実行して（a）犠牲を磔して陰陽のバランスを回復せしめ、（b）方相氏によって鬼の駆逐を図るというものであった。これを各王朝の大儺儀について検討してみると、後漢・北斉の大儺は（B）―（b）のみ、隋・唐制は（A）―（a）、（B）―（b）の双方から成り立っていたといえる。

Ⅱ　朝鮮では新羅末期から中国式大儺を受容し、高麗・朝鮮朝では基本的には唐の『開元礼』を直訳した形の大儺を実施していた。しかし、その一方で、大儺に付属した朝鮮固有の儺戯を発達せしめるという独自の展開がみられた。

Ⅲ　日本では中国の大儺構成のうち、（B）―（b）の部分のみを継承し、かつ、それを「穢久悪伎疫鬼」追放の儀式として日本的大儺儀を成立せしめた。これは日本ではケガレ追却（ハラエ）にふさわしい部分を中国の大儺から選択的に受容した結果と考えられる。

Ⅳ　日・朝両国において、中国から同一の儀式を導入しつつも、右の如き不均等な発展が見出されるのは朝鮮諸王朝が中国の冊封体制内の服属国であったのに比べて、日本が隋・唐に対して不臣の客でありつつ、新羅・渤海を従属せしめるという東アジアの国際関係に規定された面も強かったと思われる。

Ⅴ　日本の大儺儀は九世紀の中・後葉以後、元来、鬼を追う役の方相氏が鬼として忌避され追放されるという大きな変化が生じた。それは儀式書や貴族の日記などによると、大儺の儀における天皇の南殿御帳台への不出御、方相氏への「饗」の登場と消滅、侲子の人数の減少、儺者による方相氏への弓射などにみられた。また、内裏を中心とした国家的な大儺儀が一〇世紀後半には貴族の私宅などでも内裏とは別個に行われるという形への転換もあった。

方相氏が忌避されていく背景としては、日本の大儺儀が最初からケガレを祓除する儀式であったこと、葬送儀礼の場にも方相氏が携わっていたこと、平安初期に貴族の間で死穢への忌避意識が増大したことなどがあり、最終的にはケガレ追放の追儺儀において方相氏自身が「穢久悪伎疫鬼」として追放されるに至ったものと考えられる。

## Ⅵ

本章では日本の大儺儀の成立と展開の背景を中国・朝鮮に遡って考察してきた。その結果、日本ではケガレ追放の要素が大(追)儺の形成に大きな意味を持っていたことが明らかになったと思う。

ところで、一二世紀前半には、この追儺は寺院の修正会・修二会の場でも実施されるようになる。それは鬼に象徴される障碍・穢悪を打ち払うという追儺儀式が年頭に浄化と再生を祈る修正会・修二会の意図に合致していたためといわれている。[90]

その際に、重要なことは延慶元年（一三〇八）一二月一五日付の「右大将源具守御教書」（『石清水文書』）に「内殿長日御香并正月十四日夜達魔以下、境内散所法師等、如レ旧可レ致二其沙汰一也」として、石清水八幡宮の修正会において、「達魔」という鬼役を「散所法師」という被差別民が勤めていたという事実である。[91] ここに中世的な身分秩序を見出すことは可能であろう。もっとも、本章で指摘した追儺のハラエ―ケガレと中世のキヨメ―ケガレ構造との間にはなおミッシング・リンクがあることは否定できない。しかしながら、前者が後者の一源流となったことも間違いないところであろう。かかる観点からすると、日本の大儺がその成立当初からケガレ追放の儀式であったという歴史的意義を看過することはできないように思うのである。

注

(1) 大儺・追儺に言及した論著は少なくない。ここでは主だったものをあげておく。

小林太市郎『漢唐古俗と明器土偶』（一条書房、一九四七年）一一七～一二八頁、野田幸三郎「陰陽道の一側面」（『歴史地理』八六—一、一九五五年）、滝川政次郎「令の喪制と方相氏」（『日本上古史研究』四—一、一九六〇年）、山中裕『平安朝の年中行事』（塙書房、一九七二年）二六二～二七一頁、鳥越憲三郎『歳時記の系譜』（毎日新聞社、一九七七年）一二四～一四一頁、熊田亮介「蝦夷と蝦狄」（『東北古代史の研究』吉川弘文館、一九八六年）一六九～一七三頁、榎村寛之「儺の祭」についての基礎的考察」（『文化史論叢』上、創元社、一九八七年）、上田早苗「方相氏の諸相」（『橿原考古学研究所論集』一〇、吉川弘文館、一九八八年）、大日方克己『古代国家と年中行事』（吉川弘文館、一九九三年）一八四～二一〇頁、諏訪春雄「日中韓の仮面劇」（『日中比較芸能史』吉川弘文館、一九九四年）。

以上の諸論を日中の大儺比較論からみると、その共通性を指摘するのが小林・山中・上田説、相違点を重要視するのが野田・熊田・榎村・大日方説といえよう。このうち、熊田論文では日本と唐の大儺を比較するに際して、『開元礼』の宮中大儺ではなく、諸州県儺と対比されている点、榎村論文の場合、日中の大儺の相違の指摘はその通りとしても、両者の本質的な違いがどこにあったのかが一向に明らかにされていない点がそれぞれ問題として残る。

(2) 小林、前掲(1)。

(3) 上田、前掲(1)。

(4) 中村喬『続中国の年中行事』（平凡社、一九九〇年）二三一～二五八頁。その他、斉伯守「方相氏について」（『民俗学』五—九、一九三三年）、白鳥清「古代支那人の民間信仰」（『岩波講座東洋思潮』一二、一九三五年）、伊藤清司「古代中国の祭儀と仮装」（『史学』三〇—一、一九五七年）、守屋美都雄訳注『荊楚歳時記』（平凡社東洋文庫、一九七八年）二三二～二四七頁、上原淳道「委随・蝼蛇・委蛇について」（『上原淳道中国史論集』汲古書院、一九九三年）などがある。

（5）なお、『淮南子』時則訓の「季春之日」「季冬之日」にも同様の記述をみる。

（6）『金谷園記』については、守屋『中国古歳時記の研究』（帝国書院、一九六三年）二六六～二六七頁参照。

（7）後漢代の大儺儀は『文選』東京賦などにもみえる。

（8）『後漢書』の読解に関しては、上原、前掲（4）一〇～一一頁、守屋、前掲（4）二四〇～二四二頁、中村、前掲（4）二三五～二三六頁を参照した。

（9）「委随」はもともと「寄生」の注の如き存在であり、万物を焼き尽くす火の意であったことについては、上原、前掲（4）参照。

（10）この句を守屋氏は「周偏し、前後省みること三過」と読み（前掲（4）二四一頁）、中村氏は「あまねくめぐる。これを三たびくりかえした後」と解釈されている（前掲（4）二三六頁）。

（11）臘祭とはすべての神霊に感謝し、神人ともにその疲弊を労る祭で、臘日は一年の農事の閉鎖の日ではあるが、歳終ではないといわれている（中村「臘祭小考」〈『三田村泰助博士古稀記念東洋史論叢』立命館大学人文学会、一九八〇年〉）。

（12）『南斉書』の当該記事に具体的年次が書かれているわけではない。しかし、その直前の記事が「詔三公卿参二定刑律一」であり、その後が「自レ今罷二小歳賀一、歳初一賀」とあるのが、いずれも太和一五年の出来事である（『魏書』七）ので、大儺の期日変更も同年になされたと判断した。

（13）侲子の人数は『開元礼』に「二十四人為二一隊一」とある。しかし、『開元礼』三には「凡季冬晦行レ儺大内六隊東宮二隊」、『六典』一四に「堂贈大儺天子六隊太子二隊」とあることから、該引用文の「一隊」後に「凡六隊」の如き語句を補うべきであろう。したがって、侲子の総数は本来、一四四人であったと推定される。

（14）「腓胃食レ虎」とするのは、中国では『後漢書』礼儀志以外に『新唐書』一六・『六典』一四・『政和五礼新儀』一六三・『広東新語』六である。

（15）『六典』七に「承天門……武徳元年（六一八）改曰二順天門一神龍元年（七〇五）改曰二承天門一」とある。

（16）北宋の『政和五礼新儀』一六三には「宰人」とある。

（17）『政和五礼新儀』の大儺儀は『開元礼』と酷似しているが、入谷義高・梅原郁訳注『東京夢華録』（岩波書店、一九八三年）に「型通りの形式的説明にすぎぬ」（三七〇頁）という指摘がある。

(18) 中村、前掲(4)二三八頁。

(19) 中村訳注『清嘉録』(平凡社東洋文庫、一九八八年)二四八～二五〇頁。

(20) 民間の儺については、中村、前掲(4)二三八～二四四頁参照。

(21) 朝鮮の大儺については、宋錫夏「朝鮮の民俗劇」(『民俗学』四―八、一九三二年)、安廓「山台戯と処容舞と儺」(『朝鮮研究』二〇一、一九三二年)、印南高一『朝鮮の演劇』(北光書房、一九四四年)一一〇～一一四頁、金学主(井上秀雄訳)「儺礼と雑戯」(『朝鮮研究年報』六、一九六四年)、崔南善(相場清訳)「演劇」(『朝鮮常識問答』宗高書房、一九六五年)、野村伸一『仮面劇と放浪芸人』(ありな書房、一九八五年)四八～五一頁、李杜鉉『朝鮮芸能史』(東京大学出版会、一九九〇年)などを参照した。

(22) 李、前掲(22)四九～五〇頁。

(23) 『高麗史』は『開元礼』の文をおおむね抄略しているが、ただ、『開元礼』が儺者を「隊別鼓吹令一人。太卜令一人。各監二所部一。巫師二人(注略)以逐二悪鬼於禁中一」とするのを『高麗史』が「執旗四人。吹角四人。持鼓十二人以逐二悪鬼一」と高麗独自の形に改めているのが唯一の例外である。

(24) 他の二箇所の改正は、①『開元礼』が前一日に門毎に「雄雞及酒」を「磔禳」するというのを『高麗史』では「備上設酒果禳物下」とし、②『開元礼』の「宰手斎郎疈レ牲匈上磔之神席之西下」(本文に掲げた『開元礼』の整理では(六)の一部に当たる)を『高麗史』が「斎郎陳二神座一」(「宰手」を欠く)と改めている——の二点であった。

(25) 『牧隠集』については、朝鮮総督府中枢院編輯『高麗以前の風俗関係資料撮要』(朝鮮総督府中枢院、一九四一年)を参照した。

(26) 『朝鮮王朝実録』燕山君一二年(一五〇六)正月辛丑条によると、『周礼』『文献通考』によって三時儺が開始されたことが知られるが、後に三時儺実施の記録が継続しないので、長続きしなかったらしい。

(27) 『高麗史』の大儺儀は『開元礼』のなかから固有名詞を削除する形であったが、『朝鮮王朝実録』の場合は朝鮮朝の官職名や景福宮の建物名に改変している。

(28) 『慵斎叢話』の駆儺儀で問題として残るのは侲子らが唱える呪文のなかに「惟爾十二神。急去莫レ留」として「十二神」を脅迫している点である。この「十二神」を前文に出てくる「十二神」(＝十二獣)のことと解すると、鬼を追う役の一二獣が追われる役に転落したとも考えられる。その際、同書で一二獣が一二支の格好をすること、呪文のなかに「佛胄（ママ）食レ虎」として一二支の一つの「虎」が鬼の仲間として登場していることとの関連性も想起される。しかし、この見方では鬼を追う「十二神」が「十二神」を脅迫するということになり、不自然というべきであろう。やはり「惟爾十二神。急去莫レ留」の「十二神」は追却される鬼（実際には一〇神しか出ていない）を指すものと思われる。

(29)　その他、『朝鮮王朝実録』燕山君一〇年一二月己卯条には「伝曰、今後並於三車駕過二行都城大路及閭閻中路一、令三方相氏持二錚鼓一、率二坊里軍一、逐レ疫放レ炮」として、方相氏が君主の行幸に従って疫を逐うとある。

(30)　崔、前掲(22)二八一～二八三頁。

(31)　李、前掲(22)八〇～八五頁。

(32)　李、前掲(22)八五～八六頁。

(33)　「儺声」とは中国では「儺儺」と連呼することであったらしい（『論語義疏』五・『金谷園記』逸文・『楽府雑録』）。

(34)　『儀式』には「京職門別備二夫一人・馬一疋一候レ之」とあるが、大日方氏は、同上箇所を京職が疫鬼を馬に乗せて京外に退却させると解されている（前掲(1)一八七頁）。

(35)　日本の大儺儀が朝鮮から輸入された可能性も配慮されねばならない。しかし、本文で後述する如く、朝鮮での中国式大儺の導入は新羅末期からのようである。もし、この見解が正鵠を射ているとすると、日本の大儺のはじまる年代は朝鮮よりも古く遡る。それゆえ、日本は中国から直接に学んだものと推定されよう。

(36)　小林、前掲(1)一七〇頁。その他、磔禳に関しては、栗原圭介「磔禳の習俗について」（『東方学』四五、一九七三年）参照。

(37)　「脯・醢」については、関根真隆『奈良朝食生活の研究』（吉川弘文館、一九六九年）二四五頁・二四八頁参照。

(38)　『式』によると、「脯」は釈奠以外に御本命祭（一六、陰陽寮）、織女祭（三〇、織部司）、供御月料（三九、内膳司）などにも使われている。「醢」の方は釈奠だけに使用されるものであった。

(39)　唐祠令第三五条によると、唐の祭祀では食料品として「脯・醢」が広く用いられていたことが知られる（西宮秀紀「日唐律令に見える神への捧げ物考」〈『日本古代の律令制神祇祭祀の成立過程と構造の研究』研究成果報告書Ⅰ、律令祭祀研究会、一九八九年〉五八～六二頁）。

(40) 荒木敏夫「伊場の祭祀と木簡・木製品」(『伊場木簡の研究』東京堂出版、一九八一年)。
(41) 侲子の数は後漢が一二〇人、北斉・隋が二四〇人、唐では『開元礼』が一四四人(推定)、『楽府雑録』が五〇〇人、高麗・朝鮮朝が四八人であったのに対し、日本は二〇人(『内裏式』)と少ない。
(42) 福永光司「道教における「醮《まつり》」と「章《のりと》」」(『道教と東アジア』人文書院、一九八九年)。
(43) 野田、前掲(1)五二頁。
(44) 岡田精司「記紀神話の成立」(『岩波講座日本歴史』二、岩波書店、一九七五年)三〇五頁。
(45) 虎尾俊哉『延喜式』(吉川弘文館、一九六四年)二三五頁。
(46) 『続日本紀』一(新日本古典文学大系、岩波書店、一九八九年)三七八頁、大日方、前掲(1)二〇五～二〇八頁。
(47) 柴田博子「神祇令の成立」(『奈良女子大学文学部研究年報』三四、一九九〇年)四三～四四頁。
(48) 大祓については、拙稿「古代大祓儀の基礎的考察」(本書Ⅲ—一)参照。
(49) 北村秀人「朝鮮における「律令制」の変質」(『東アジア世界における日本古代史講座』七、学生社、一九八二年)。なお、北村氏が「律令制」として律令制にカッコを付されるのは、律令制とは体系的な法典としての律令格式の編纂・公布が必須条件であるが、その意味で体系的な律令の編纂に至らなかった新羅・高麗の国家体制を中国との同質性を連想せしめる律令制と規定するのは必ずしも正確ではないからとされている(二一五～二一六頁)。
(50) 石母田正『日本の古代国家』(岩波書店、一九七一年)二二一～二一八頁、同「天皇と「諸蕃」」(『日本古代国家論』第一部、岩波書店、一九七三年)など。
(51) 表21に掲げた諸書の成立時期については、所功『平安朝儀式書成立史の研究』(国書刊行会、一九八五年)参照。
(52) 滝川氏は、儀式とは「儀の式であって、式の一種」とされている(「大唐開元礼と貞観儀式」〈『儀礼文化』七、一九八五年〉六頁)。
(53) 所、前掲(52)一〇一～二二二頁。
(54) 大儺儀の変容については、野田、前掲(1)五三～五四頁に本文で示した第二と第四点に関する、大まかながら正しい指摘がある。
(55) 『清涼記』の成立年代については、清水潔「清涼記と新儀式と天暦蔵人式」(『皇学館論叢』九—二、一九七六年)参照。

(56) 神谷正昌氏は奏成選短冊・奏銓擬郡領・献御杖・進御暦・奏御卜の五儀式の例を中心に、天皇が紫宸殿に出御して行われる天皇出御儀から不出御儀への転換の画期が文徳天皇の仁寿・斉衡年間にあったとされた（「九世紀の儀式と天皇」〈『史学研究集録』一五、一九九〇年〉）。もし、神谷説を大儺儀に援用すれば、当該儀における天皇不出御も清和朝よりも一代遡って文徳朝に求められるかもしれない。

(57) 大日方、前掲(1)二一一～二一五頁。

(58) 『江家次第』にも「還御之時、扈従人忌三最前行二逢方相一」とある。

(59) 『江家次第』に「或放二格子一」、『雲図抄』に「下二格子一儺レ之」、『中右記』嘉承二年（一一〇七）一二月三〇日条に「仍垂二御簾一、密々御覧歟」とある。

(60) 追儺の変質は貴族の邸宅での追儺についても認められる。『小右記』寛仁三年（一〇一九）一二月壬子条には「子時始許追儺、依二新屋一不レ儺、依二世俗風一」として「新屋」により「不レ儺」という状況が『殿暦』永久五年（一一一七）一二月三〇日条では「新宅追儺云々」と変化している（他に『兵範記』久寿元年〈一一五四〉一二月戊申条にも「追儺如レ例、……私家雖二新宅一、令二追儺一、是先例也、見二于年々旧記一」とある）。かかる史料から、貴族の新邸宅（新屋・新宅）の追儺が遅くとも一一世紀前半にはじまったこと、本文で後述することとも関連するが、新屋にも追儺によっていっそうの清浄観が求められつつあったことが窺われよう。なお、「新内裏」の追儺の例は長久二年（一〇四一）が早い（『樗嚢抄』）。

(61) 大儺・追儺以外では「駈儺」という呼称が唯一、『文徳実録』斉衡元年（八五四）一二月辛巳条にみえる。「駈（駆）儺」というい方は中国・朝鮮にあり、けっして珍しい用例ではない。

(62) 山中、前掲(1)二六八頁。ただし、山中氏は元慶二年（八七八）の「大儺」の例（『三代実録』元慶二年一二月庚寅条）を見落されている。

(63) 嵐義人「儺儀改称年代考」（『国学院大学日本文化研究所紀要』四六、一九八〇年）。

(64) 諸橋轍次『大漢和辞典』一（大修館書店、一九五五年）九六七頁。

(65) 『河海抄』四に「除夜に儺を追事也鬼やらいといふ追の字をやらふとよむ也又儺の一字をも鬼やらいと読也」という指摘がある。

(66) オニヤラヒの語のヤラヒに追放の意味があることについては、森田悌「古典にみる制裁」（『古代文化』四二―六、一九九

〇年）四一頁、水林彪『記紀神話と王権の祭り』（岩波書店、一九九一年）四四〇頁参照。

(67)『かげろふ日記』中に天禄二年（九七一）一二月大晦日の出来事として「月日はさながら、「おにやらひきぬる」とあれば、あさまし〳〵とおもひはつるもいみじきに、人はわらは、おとなともいはず、「儺やらふ〳〵」とさはぎの、しるを」とある「おにやらひ」「儺（ナ）やらふ」が追儺の訓にあたろう。ちなみに「儺（を）やらふ」という表記は『源氏物語』紅葉賀・幻、『夫木和歌抄』一八（歳暮）にもみえる。

(68)『伊呂波字類抄』五は「儺」に注して「ナ　鬼名也」とする。

(69) 榎村、前掲(1)一〇一八〜一〇二〇頁。

(70) 山中、前掲(1)二六六頁。他に、鈴木棠三『日本年中行事辞典』（角川書店、一九七七年）三二〇頁、高橋昌明『酒呑童子の誕生』（中公新書、一九九二年）一三頁。

(71) 鳥越、前掲(1)一二九頁。他に、野間清六『日本仮面史』（芸文書院、一九四三年）一四二頁。

(72) 西角井正慶編『年中行事辞典』（東京堂出版、一九五八年）四九二頁。他に、『国史大辞典』九（吉川弘文館、一九八八年）六九八頁（中村義雄氏執筆）も「誤解」説である。

(73) 中国の葬送儀礼の方相氏については、上田、前掲(1)論文が詳しい。

(74) 丁孚の『漢儀』（『後漢書』礼儀志注所引）に永平七年（六四）の陰太后の葬列に「方相、鳳皇車」が配置されていたのが文献上ではもっとも早い例といえよう。

(75) 魌頭については、『周礼』の「方相氏」に鄭玄が「如二今魌頭一也」と注し、『通典』八六に「魌頭與二方相一小異」とある。

(76) 各王朝毎の方相氏・魌頭の使用に関しては、隋以降、方相氏が四品以上、魌頭が七品以上という使い分けが定着する。ただし、唐の開元七年のみは方相は五品以上であった。同様な規定は宋天聖喪葬令にもみえ（仁井田陞『唐令拾遺』〈東京大学出版会、一九三三年〉八二三〜八二五頁）、また、明代においても継承されている（『明史』六〇〈礼志〉）。

(77) 胡撲安編輯『中華全国風俗志』三（大達図書供応社、一九三六年）、デ・ホロート（清水金二郎・荻野目博通訳）『中国宗教制度』一（大雅堂、一九四六年）一四四〜一四九頁、丁秀山『中国の冠婚葬祭』（東方書店、一九八八年）二三一〜二四三頁。

(78) 李「韓国仮面の歴史」（『古面』岩波書店、一九八二年）二六二頁。

(79)　滝川、前掲(1)一頁。また、一九七〇年には昌徳宮の倉庫から葬礼用具と一緒に方相氏の木製仮面が発見されている(李、前掲(78)二六二頁)し、国書刊行会編『目で見る李朝時代』(国書刊行会、一九八六年)一四一頁には葬列の先頭に立ち、車に乗って先導する方相氏の写真がある。野村氏は一九八八年一月三〇日、慶尚北道陜川郡草渓で、儒学者の葬礼が行われた際の方相氏の写真を紹介されている。それはかつての『後漢書』などの方相氏の様相と異なり、半ば動物、半ば老人のような姿でかなり民間化しているという(「東アジアの中の芸能」〈『国文学解釈と教材の研究』三七―一四、一九九二年〉九八～九九頁)。

その他、今村鞆「朝鮮の葬儀」(『朝鮮風俗集』国書刊行会、一九七五年)、萩原秀三郎・崔仁鶴『韓国の民俗』(第一法規、一九七四年)二一三頁参照。

(80)　上田氏は方相氏説である(前掲(1)三七二～三七五頁)が、小杉一雄氏は蚩尤神説である(「藤の木古墳の蚩尤神とその年代」〈『学苑』五九一、一九八九年〉)。

(81)　滝川、前掲(1)七頁。

(82)　葬司については、虎尾達哉「上代監喪使考」(『史林』六八―六、一九八五年)参照。

(83)　『本元興寺縁起』(『太子伝玉林抄』八所引)に推古元年(五九三)、島大臣宅から舎利を法興寺の刹柱に納める時に「有二大輅四両一、……第四輅載二引導方相一也」として方相氏がみえる。この文は養老喪葬令と葬具が異なるので、一概には後世の造作文とは考えられず、成立は『日本書紀』編纂後「余り時を経ぬ頃であった」と指摘されている(松木裕美「二種類の元興寺縁起」〈『日本歴史』三二五、一九七五年〉二九～三三頁)。

(84)　神野清一「日本古代社会と賤民」(『歴史評論』三九二、一九八二年)一六頁。ただし、神野氏は同上論文の再録「賤身分と卑賤観」(『日本古代奴婢の研究』名古屋大学出版会、一九九三年)では「方相の習俗はこのころ(文徳天皇葬送時――引用者注)までは存続していたことになる」(八一頁)とされている。

(85)　滝川、前掲(1)九頁。

(86)　神野「賤身分と卑賤観」(前掲(85))八一頁。

(87)　大山喬平「中世の身分制と国家」(『日本中世農村史の研究』岩波書店、一九七八年)。

(88)　高取正男『神道の成立』(平凡社、一九七九年)。

(89)「慈眼」と「邪眼」については、土橋寛『日本語に探る古代信仰』(中公新書、一九九〇年)六九〜七五頁参照。もっとも、この点にはすでに南方熊楠「邪視について」(『南方熊楠全集』四〈平凡社、一九七二年〉二九七頁)において、「最初方相四眼もて悪鬼を睨みおどしたことが……いつのまにか謬伝されて、方相四眼もて人に邪視を加うると信ぜられ……」と明快に指摘されていた。

(90) 丹生谷哲一『検非違使』(平凡社、一九八六年)二〇七頁。

(91) 能勢朝次『能楽源流考』(岩波書店、一九三八年)一二九〜一三〇頁、森末義彰『中世芸能史論考』(東京堂出版、一九七一年)四〇〜四一頁、神野『律令国家と賤民』(吉川弘文館、一九八六年)二五八頁、鈴木正崇「修正会」(『岩波講座東洋思想』一五〈岩波書店、一九八九年〉)一三二〜一三六頁、丹生谷、前掲(91)二〇八〜二〇九頁など。

〔付記〕 本稿脱稿後、野村伸一「儺と仮面戯の諸相」(『東アジアのシャーマニズムと民俗』頸草書房、一九九四年)と金文京「敦煌本「舜子至孝変文」と広西壮族師公戯「舜児」」(『慶応義塾大学言語文化研究所紀要』二六、一九九四年)に接した。野村論文は、主として朝鮮を中心とする民間の儺の系譜を論じており、また、金論文は、中国の大儺儀礼が民間で娯楽化・芸能化した儺舞・儺戯のうち、広西壮族自治区の師公戯「舜児」の北方からの流伝を考察されている。両論文とも示唆的である。是非、参照されたい。

# 主要史料典拠刊行本一覧

## 中国史関係

| | |
|---|---|
| 魏書 | 中華書局刊行本 |
| 荊楚歳時記 | 守屋美都雄『中国古歳時記の研究』（帝国書院、一九六三年） |
| 後漢書 | 中華書局刊行本 |
| 周礼 | 『周礼注疏』（阮刻一三経注疏本） |
| 隋書 | 中華書局刊行本 |
| 政和五礼新儀 | 欽定四庫全書本 |
| 捜神記 | 叢書集成初編本 |
| 大唐開元礼 | 汲古書院影印本 |
| 大唐六典 | 広池学園事業部刊行本 |
| 通典 | 中華書局刊行本 |
| 唐令 | 仁井田陞『唐令拾遺』（東京大学出版会、一九三三年） |
| 南斉書 | 中華書局刊行本 |
| 文選 | 全釈漢文大系本 |
| 礼記 | 全釈漢文大系本 |
| 呂氏春秋 | 国学標準典籍本 |
| 論語 | 全釈漢文大系本 |

## 朝鮮史関係

| | |
|---|---|
| 高麗史 | 国書刊行会本 |
| 三国史記 | 〃 |
| 増補文献備考 | 明文堂刊行本 |
| 朝鮮王朝実録 | 国史編纂委員会刊行本 |
| 東国歳時記 | 韓国漢籍民俗叢書本 |
| 慵斎叢話 | 〃 |

## 日本史関係

| | |
|---|---|
| 意見封事十二箇条 | 『古代政治社会思想』（日本思想大系） |
| 伊呂波字類抄 | 雄松堂影印本 |
| 石清水八幡宮記録 | 大日本史料 |
| 雲図抄 | 群書類従本 |
| 延喜式 | 神道大系本（ただし、祝詞式は『祝詞・宣命註釈』〈神道大系〉によった） |
| 園太暦 | 史料纂集本 |
| 小野宮年中行事 | 群書類従本 |
| 河海抄 | 玉上琢弥編『紫明抄・河海抄』（角川書店、一九六八年） |
| かげろふ日記 | 日本古典文学大系本 |

| | |
|---|---|
| 菅家文章 | 〃 |
| 儀式 | 神道大系本 |
| 禁秘抄 | 群書類従本 |
| 公事根源 | 新註皇学叢書本 |
| 九条殿記 | 大日本古記録本 |
| 九条年中行事 | 群書類従本 |
| 建武年中行事 | 〃 |
| 江家次第 | 神道大系本 |
| 皇字沙汰文 | 大神宮叢書本 |
| 国内神名帳 | 神道大系本 |
| 古語拾遺 | 岩波文庫本 |
| 後二条師通記 | 大日本古記録本 |
| 権記 | 増補史料大成本 |
| 西宮記 | 神道大系本（尊経閣善本影印集成本も参照した） |
| 左経記 | 増補史料大成本 |
| 山槐記 | 〃 |
| 三代実録 | 新訂増補国史大系本 |
| 春記 | 増補史料大成本 |
| 正税帳 | 林陸朗・鈴木靖民編『復元天平諸国正税帳』（現代思潮社、一九八五年） |
| 小右記 | 大日本古記録本 |
| 続日本紀 | 新訂増補国史大系本（新日本古典文学大系本も参照した） |
| 神祇官年中行事 | 群書類従本 |
| 新儀式 | 〃 |
| 神宮雑例集 | 神道大系本 |
| 新抄格勅符抄 | 新訂増補国史大系本 |
| 政事要略 | 〃 |
| 即位部類記 | 大日本史料 |
| 続左丞抄 | 新訂増補国史大系本 |
| 内裏式 | 神道大系本 |
| 為房卿記 | 大日本史料 |
| 親信卿記 | 〃 |
| 柱史抄 | 群書類従本 |
| 中右記 | 増補史料大成本 |
| 朝野群載 | 新訂増補国史大系本 |
| 壒嚢抄 | 群書類従本 |
| 貞信公記 | 大日本古記録本 |
| 殿暦 | 〃 |
| 東宮年中行事 | 群書類従本 |
| 中臣氏系図 | 〃 |
| 二所太神宮例文 | 〃 |
| 日本紀略 | 新訂増補国史大系本 |
| 日本後紀 | 〃 |
| 日本書紀 | 日本古典文学大系本 |
| 年中行事秘抄 | 群書類従本 |
| 年中行事御障子文 | 続群書類従本 |

| | |
|---|---|
| 百練抄 | 新訂増補国史大系本 |
| 藤原保則伝 | 『古代政治社会思想』（前掲） |
| 扶桑略記 | 新訂増補国史大系本 |
| 兵範記 | 増補史料大成本 |
| 北山抄 | 神道大系本 |
| 法曹類林 | 新訂増補国史大系本 |
| 本朝月令 | 群書類従本 |
| 本朝世紀 | 新訂増補国史大系本 |
| 万葉集 | 日本古典文学大系本 |
| 御堂関白記 | 大日本古記録本 |
| 文徳実録 | 新訂増補国史大系本 |
| 康富記 | 増補史料大成本 |
| 令義解 | 新訂増補国史大系本 |
| 令集解 | 〃 |
| 類聚国史 | 〃 |
| 類聚三代格 | 神道大系本（新訂増補国史大系本も参照した） |
| 類聚符宣抄 | 新訂増補国史大系本 |

# あとがき

本書は、筆者がここ一〇年程の間にとりくんできた研究成果をまとめたものである。臨時奉幣・『延喜式』祝詞・大祓儀など、従来、あまり取り上げられてこなかったテーマを題材に、律令国家の神祇祭祀体制の平安期への展開を具体的に跡付けようとしたのがその主な内容である。

律令国家の特質とその変容を明らかにする場合、様々な角度から検討することが可能であろう。そのなかでも、神祇・祭祀の問題は避けて通れないはずである。それは『延喜式』にみる神祇関係の条文数が全体の三分の一以上におよんでいたことからも窺えよう。神祇や祭祀は律令国家にとって、統治の手段としても無視できない、重要な意味をもっていたものと思われる。その点は平安期以降においても基本的には変わらないであろう。平安期の史書、儀式書、あるいは古記録のなかにもおびただしい数の祭祀関係史料を見出すことができるからである。

とすれば、古代の神祇や祭祀の諸相から、律令国家の支配機構のいかなる特質が浮かび上がってくるのか、また、律令国家体制の変質にともない、それがどのように変容していったのであろうか。右のような問題関心のもとに、本書の眼目は神祇・祭祀のあり様が時代の流れのなかで国家体制と連関して、いかに変貌していったかの解明にある。本書を『古代国家の神祇と祭祀』と題した所以である。

しかしながら、本書でも扱った、平安期の諸史料を丹念に読解していくことはけっして容易なことではない。たとえば、『延喜式』の関係条文のなかから、どのような情報が読みとれるのか、なお未解決の問題が数多く残されている。儀式書にしても同様で、その内容を逐一正確に理解することはやはり至難であろう。

また、こうした文献史料とは別に、最近、全国各地から考古学の発掘成果としての祭祀や祓に関する遺物・遺跡のデータも我々の前に提示されつつある。いわゆる「律令期祭祀遺物」（遺跡）で、都城から地方まで、網羅する範囲は広く、かつ、分量も厖大である。個々のデータの蓄積からどのように全体像を総括し、さらにそれを文献史料の分析結果と突き合わせていくか、など課題は多い。

そうした問題状況のなかで、本書は、奈良・平安時代の神祇・祭祀関係史料をもとに、筆者が考察してきた古代神祇祭祀研究の現状報告である。もっとも、筆者の研究もようやく緒についたところといったに過ぎない。とくに平安期以降の諸史料の解読はまだ不十分である。本書の刊行を一つの契機として、これからも少しずつ史料の検討を進め、古代の神祇・祭祀像、さらには古代史像全体を点検する作業を継続していきたいと思う。

序論にも記したが、神祇や祭祀はともすれば、古来の伝統文化であるとか、あるいは天皇が神をいかに敬っていたか、という観点から扱われる傾向が少なくない。しかし、そのような平板な議論では古代の神祇・祭祀の諸様相がとらえきれないというのが、これまで関係史料に取りくんできた筆者の率直な思いである。平凡で当たり前のことかもしれないが、古代の神祇・祭祀の研究はそれを古代国家や社会、あるいは東アジア世界との関わりのなかで歴史的に正しく位置付けていくことこそ肝要であろう。そして、それは今後も継承さるべき基本的な視座と考えている。

本書をまとめるにあたっては実に多くの方々にお世話になった。長年にわたって御指導・御鞭撻下さった慶応義塾大学の諸先生、筆者のささやかな研究に適切な御助言を賜った岡田精司先生、本書の刊行をお薦め下さった佐伯有清先生にまずもってお礼申し上げたいと思う。また、本書所収の論文の多くは、もともと研究会の場で口頭発表したものが土台になっているが、発表の機会を与えて下さり、席上、忌憚のない御意見を開陳して下さった祭祀史料研究会（京都）・名古屋古代史研究会・三田古代史研究会の会員諸氏には、この場を借りて謝意を表したい。

最後に私事になって恐縮であるが、自分の好きな道に進む我がままを許し、何かと支援してくれた両親に、感謝の念をこめて本書を捧げたいと思う。

一九九五年六月

三宅和朗

著者略歴

一九五〇年　東京都に生まれる

一九八〇年　慶応義塾大学大学院文学研究科博士課程中退

現　在　慶応義塾大学文学部助教授

〔主要著書・論文〕

記紀神話の成立（一九八四年、吉川弘文館）

神祇官の周辺（『続日本紀研究』、第二〇六号、一九七九年）

賀茂斎院の再検討（『日本古代の祭祀と仏教』、一九九五年、吉川弘文館）


古代国家の神祇と祭祀

平成七年九月一日　第一刷発行

著　者　三《み》宅《やけ》和《かず》朗《お》

発行者　吉川圭三

発行所　株式会社　吉川弘文館

郵便番号一一三

東京都文京区本郷七丁目二番八号

電話〇三―三八一三―九一五一〈代〉

振替口座〇〇一〇〇―五―二四四番

印刷＝明和印刷・製本＝石毛製本

# 索　　引

## Ⅰ　一般項目

### あ　行

## か　行

## さ　行

## た　行

## な　行



## は　行

## ま　行



## や　行



## ら　行



# Ⅱ　研究者名

## あ　行

## か　行



## さ　行



## た　行